高等学校经济管理类专业
应用型本科系列规划教材

GAODENG XUEXIAO JINGJI GUANLILEI ZHUANYE
YINGYONGXING BENKE XILIE GUIHUA JIAOCAI

证券投资学

ZHENGQUAN TOUZIXUE

主 编 黄贞贞 臧真博
副主编 苏 娟 李聪慧 王 屿

Economics and management

重庆大学出版社

内容提要

全书共分为 10 章,主要内容包括绪论、证券投资概述、股票、债券、证券投资基金、金融衍生工具、证券发行市场、证券上市与交易、证券价格与价格指数、证券投资的基本分析和证券投资的技术分析。本书结合中国经济生活中的大量案例和现象,遵循经济学规律安排章节,用生动的语言来阐述证券投资学原理及其现实应用,力图使读者从分析和解决经济问题的独特视角去学习证券投资学。

本书较好地实现了理论学习与现实经济实践的有机结合,非常适合经济管理类专业本科生全面了解和掌握证券投资学的基本原理,也适合对证券投资学感兴趣的其他专业学生和社会读者阅读。

图书在版编目(CIP)数据

证券投资学 / 黄贞贞,臧真博主编 . --重庆:重
庆大学出版社,2017.8(2023.7 重印)
高等学校经济管理类专业应用型本科系列规划教材
ISBN 978-7-5689-0636-4

Ⅰ.①证⋯ Ⅱ.①黄⋯②臧⋯ Ⅲ.①证券投资—高
等学校—教材 Ⅳ.①F830.53

中国版本图书馆 CIP 数据核字(2017)第 161403 号

证券投资学

主　编　黄贞贞　臧真博
副主编　苏　娟　李聪慧　王　屿
策划编辑:顾丽萍

责任编辑:杨　敬　江欣蔚　　　版式设计:顾丽萍
责任校对:张红梅　　　　　　责任印制:张　策

*

重庆大学出版社出版发行
出版人:饶帮华
社址:重庆市沙坪坝区大学城西路 21 号
邮编:401331
电话:(023) 88617190　88617185(中小学)
传真:(023) 88617186　88617166
网址:http://www.cqup.com.cn
邮箱:fxk@ cqup.com.cn(营销中心)
全国新华书店经销
重庆愚人科技有限公司印刷

*

开本:787mm×1092mm　1/16　印张:15.25　字数:362 千
2017 年 8 月第 1 版　　2023 年 7 月第 6 次印刷
印数:9 501—10 500
ISBN 978-7-5689-0636-4　定价:39.00 元

前　言

改革开放以来,我国国民经济得到了迅速发展,我国的金融也走上了高速发展的快车道。金融的发展推动了我国证券市场的迅速发展,交易规模日益扩大,证券市场在交易制度、投资者队伍和市场环境建设等方面都取得了重大成就。为适应我国证券市场的发展,我们需要培养大批掌握市场经济游戏规则的专业人才,特别需要既具有证券投资理论知识又掌握证券投资操作技巧的人才。

本教材围绕"知识、能力、素质"的人才培养目标展开,力求体现经管类专业培养方案中对人才培养规格的要求,反映新的教育理念,处理好现代与传统、理论与实践、技术与应用的关系。编写教材过程中力图做到 4 个同步:与金融发展改革相同步,与教学改革相同步,与人才培养目标相同步,与科学研究相同步。同时,我们力求注重以下 5 个方面:第一,教材编写应该明确的 3 个问题,即由谁编写、为谁编写和如何编写;第二,教材编写者应具备 3 个条件,即编写者应具有编写高水平教材的经历、具有一定的科研水平和实践的经历;第三,教材编写应做到 3 个结合,即理论与实践相结合、定量分析与定性分析相结合、综合练习与实验实训相结合,尤其是我们经济管理学院大经管生态圈即将建成,教材的编写,更注重投资实践的教学;第四,教材编写应体现 3 个特性,即系统性、新颖性、实用性;第五,教材编写应突出 3 个特色,即教材结构设计特色、案例设计特色、教材编写特色。在突出特色的同时,形成集主教材、多媒体教材、辅助教材、电子教案于一体的立体化教材。

总之,教材的编写要将理论和实践统一起来,能经得起大经管生态圈中的金融仿真模拟实验室的检验,在实验实训中提高学生理论联系实际的能力,为建设应用技术型大学添砖加瓦。

全书由黄贞贞和臧真博担任主编,苏娟、李聪慧、王屿担任副主编。具体编写分工如下:黄贞贞负责编写第 8 章,以及全部章节的统筹、审核、修改和定稿;臧真博负责编写绪论和第 9 章,以及全书的审核、修改;苏娟负责编写第 7 章和第 10 章;柴瑜负责编写第 1 章;李聪慧负责编写第 2 章;彭蛟负责编写第 3 章;宋娟娟负责编写第 4 章;王屿负责编写第 5 章;杨利负责编写第 6 章。

尽管编者在编写过程中力求完美,但由于水平有限,书中难免存在一些疏漏,恳请读者批评指正。

编　者
2017 年 4 月

目录

绪论 ·· 1

第1章　证券投资概述 ·· 3
1.1　证券的基本概述 ··· 3
1.2　证券投资概述 ··· 6

第2章　股票 ··· 18
2.1　股票的含义及特征 ··· 19
2.2　股票的种类 ·· 22
2.3　中国现行的股票种类 ·· 24
2.4　股权分置改革 ·· 27

第3章　债券 ··· 35
3.1　债券的含义及特征 ··· 36
3.2　债券的种类 ·· 40
3.3　中国债券市场的改革与发展 ·· 43

第4章　证券投资基金 ·· 50
4.1　证券投资基金概述 ··· 51
4.2　证券投资基金的分类 ·· 56
4.3　投资基金的投资运作与管理 ·· 64
4.4　投资基金的收益、费用与利润分配 ·· 66

第5章　金融衍生工具 ·· 72
5.1　金融衍生工具概述 ··· 73
5.2　期货 ··· 74
5.3　期权 ··· 86
5.4　互换市场 ·· 91

第6章　证券发行市场 ·· 98
6.1　股票发行市场 ·· 99
6.2　债券发行市场 ·· 116

第7章 证券上市与交易 ……128

7.1 证券上市制度 ……128

7.2 证券交易概述 ……132

7.3 股票交易程序 ……139

7.4 债券的回购交易 ……150

第8章 证券价格与价格指数 ……158

8.1 证券价格 ……159

8.2 股票价格指数 ……167

第9章 证券投资的基本分析 ……178

9.1 宏观分析——宏观经济分析 ……179

9.2 中观分析——行业分析 ……185

9.3 微观分析——公司分析 ……189

第10章 证券投资的技术分析 ……206

10.1 技术分析概述 ……207

10.2 技术分析理论 ……209

10.3 主要技术指标分析 ……224

参考文献 ……238

绪　论

改革开放以来,随着市场经济的不断发展,我国融资与投资渠道和方式都发生了根本性的变化。其中最重要的变化是我国建立了资本市场。以前人们把资本市场称为证券市场,实际上这并不准确。证券市场只是资本市场的一部分。资本市场本质上是长期投融资市场,资本市场不仅包括证券市场,而且还包括企业产权市场;不仅包括权益市场(股票市场),而且还包括长期债权(银行中长期信贷和债券市场);不仅包括现货市场,而且还包括期货市场。就证券市场而言,应当包括股票市场(包括主板市场和创业板市场)、债券市场(主要是企业和公司债券市场)、投资基金市场、衍生工具市场。就资本市场的交易体系而言,不仅包括交易所市场,还应该包括非交易所市场。人们称这样的资本市场为多层次资本市场或广义资本市场。

中国资本市场的建立是以1990年年底成立的上海证券交易所和深圳证券交易所为标志的,经过20多年的发展,已经基本形成了多层次的资本市场体系。就股权和股票发行及交易市场来说,有主板市场、中小板市场、创业板市场,还建立了非上市公司股份柜台转让系统(俗称"新三板"市场),准备筹建场外交易市场(OTC)。已经建立了银行间债券市场和交易所债券市场。形成了规模较大的证券基金市场和私募股权基金市场(创业投资基金、产业投资基金等),建立了期货交易所和金融交易所,交易商品期货和金融期货等品种。目前,我国资本市场的建立、发展对于我国经济体制改革与经济快速发展有着非常重要的意义和作用。

首先,改变了单纯依靠国家、财政、银行、计划融资和投资的习惯,通过市场方式进行投融资,通过市场调配社会资源、企业资源,发挥了社会存量资本在经济和企业发展中的作用。资本市场融资和资源配置功能逐步发挥,形成了国家、企业、个人包括国外投资者的多渠道投融资的局面。

其次,资本市场促进了中国企业的发展。最重要的是使中国企业从传统企业变为现代企业。股份制的推行促进了现代公司制度的发展。资本市场推动了企业的发展壮大和行业整合,上市公司的行业布局日趋丰富;资本市场促进了企业和资产价值的重新发现,引领了企业制度变革,促进了国有企业和国有资产管理模式的变革,促进了民营企业的发展。上市公司日益成为中国经济体系的重要组成部分。资本市场还丰富了我国企业吸引国际资本的方式,有助于我国经济更好地融入国际经济体系。

再次,资本市场的发展促进了企业家队伍的形成与发展,培育了大批懂市场、会经营、具有国际视野的企业家、金融家、风险投资家,形成了包括银行、证券公司、基金管理公司、投资公司、资产管理公司等比较完善的金融机构体系,发展了其他金融中介机构,包括为金融市场服务的会计师事务所、律师事务所、评估机构和专业人员。

最后,改变了人们的观念,形成了资本市场文化。人们懂得了什么是投资、如何投资,懂得了什么是风险、如何防范风险,形成了庞大的投资者队伍。资本市场不仅增加了我国融资和投资渠道,促进了资源通过市场方式在社会范围内的优化组合,加速了经济市场化的进程,更重要的是,它给我国广大公众(包括机构投资者)提供了广阔的投资场所,增加了投资渠道和投资机会,使他们不仅可投资于实际资产(经商、办企业),而且可以投资于金融资产。居民资产持有形式已多元化。居民不仅可以得到按劳分配收入,而且可以得到资产投资收益。居民的投资意识、风险意识有所增强,对培养适应现代经济需要、有现代意识和素质的人才也有重要意义。

应当承认,我国的资本市场只有20多年的历史,是一个发展中的市场、不完善的市场和不成熟的市场。我国的投资者仍是不成熟的投资者。面对变幻莫测的市场,有些投资者不知所措,有些投资者盲目投资,亏本套牢者甚多。应当说,市场有自己的变化规律,只有懂得了这些规律,才能利用它。投资本身是一门学问,它包括投资理论、方法、策略、投资组合等。只有合理投资,才能以最小风险获得最大收益。我国的投资理论和方法的研究起步很晚,尤其是证券投资理论与方法的研究几乎还是处于起步阶段。为了适应证券市场发展的需要,提高我国投资者的整体素质,使更多的投资者掌握投资策略和方法,也为了培养更多的能够懂得证券理论与实务,并能进行操作的人才,有必要对证券投资进行深入的研究。

第 1 章

证券投资概述

◆学习目标

1. 掌握证券的基本知识;
2. 掌握有价证券的概念及其分类;
3. 掌握证券投资的内涵;
4. 区别证券投资与投机;
5. 掌握证券投资的基本过程。

◆创设情境

2016 年 3 月 30 日,国家外汇管理局新闻发言人就 2016 年国际收支和国际投资头寸状况答记者问时表示,2016 年,外国来华直接投资、证券投资和其他投资等外来投资净流入 2 441 亿美元,上年净流出 1 010 亿美元。其中,来华证券投资净流入 412 亿美元,较上年增长 512%,体现了我国证券市场对外吸引力的增强以及开放度的加深。

开放度的加深是我国政府对 WTO 的承诺,不过随着我国资本市场的开放,证券市场也受到了很大的冲击。普及证券基础知识,加强投资者风险管理水平是我国引导投资者理性投资的一个重要任务。

(资料来源:中国财经网.)

1.1 证券的基本概述

从法律意义上说,证券是指各类记载并代表一定权利的法律凭证的统称,用以证明持券人有权依其所持证券记载的内容而取得应有权益。从一般意义上来说,证券是指用以证明或设定权利所做成的书面凭证,它表明证券持有人或第三者有权取得该证券拥有的特定权益,或证明其曾经发生过的行为。

1.1.1　有价证券的定义

有价证券是指标有票面金额,用于证明持有人或该证券指定的特定主体对特定财产拥有所有权或债权的凭证。有价证券是虚拟资本的一种形式。所谓虚拟资本,是指以有价证券形式存在,并能给持有者带来一定收益的资本。虚拟资本是独立于实际资本之外的一种资本存在形式,本身不能在生产过程中发挥作用。通常,虚拟资本的价格总额并不等于所代表的真实资本的账面价格,甚至与真实资本的重置价格也不一定相等;一般情况下,虚拟资本的价格总额总是大于实际资本额,其变化并不反映实际资本额的变化。

1.1.2　有价证券的分类

有价证券有广义与狭义两种概念。狭义的有价证券即指资本证券,广义的有价证券包括商品证券、货币证券和资本证券。属于商品证券的有提货单、运货单、仓库栈单等。货币证券主要包括两大类:一类是商业证券,主要是商业汇票和商业本票;另一类是银行证券,主要是银行汇票、银行本票和支票。资本证券是有价证券的主要形式,本书中的有价证券指资本证券。

1)按证券发行主体的不同分类

按证券发行主体不同,有价证券可以分为政府证券、政府机构证券和公司证券。

政府证券通常是由中央政府或地方政府发行的债券。中央政府债券也称国债,通常由一国财政部发行。地方政府债券由地方政府发行,以地方税或其他收入偿还,我国如今尚不允许除特别行政区以外的各级地方政府发行债券。政府机构证券是由经批准的政府机构发行的证券,我国如今也不允许政府机构发行债券。公司证券是公司为筹措资金而发行的有价证券,公司证券的范围比较广泛,有股票、公司债券及商业票据等。在公司债券中,通常将银行及非银行金融机构发行的证券称为金融证券,其中金融债券尤为常见。

2)按是否在证券交易所挂牌交易分类

按是否在证券交易所挂牌交易分类,有价证券可分为上市证券与非上市证券。

上市证券又称挂牌证券,是指经证券主管机关批准,并向证券交易所注册登记,获得在交易所内公开买卖资格的证券。

非上市证券也称非挂牌证券,是指未申请上市或不符合在证券交易所挂牌交易条件的证券。

3)按募集方式分类

按募集方式分类,有价证券可以分为公募证券和私募证券。

公募证券指发行人向不特定的社会公众投资者公开发行的证券,审核较严格,并采取公示制度。

私募证券指向少数特定的投资者发行的证券,其审查条件相对宽松,投资者也较少,不采取公示制度。目前,我国信托投资公司发行的信托计划以及商业银行和证券公司发行的理财计划均属私募证券。

4)按证券所代表的权利性质分类

按证券所代表的权利性质,有价证券可以分为股票、债券和其他证券三大类。股票和债券是证券市场两个最基本和最主要的品种;其他证券包括基金证券、证券衍生产品等,如金融期货、可转换证券、权证等。

1.1.3 有价证券的特征

1)收益性

证券的收益性是指持有证券本身可以获得一定数额的收益,这是投资者转让资本所有权或使用权的回报。

2)流动性

证券的流动性是指证券变现的难易程度。

3)风险性

证券的风险性是指实际收益与预期收益的背离,或者说是证券收益的不确定性。

4)期限性

债券一般有明确的还本付息期限,以满足不同筹资者和投资者对融资期限以及与此相关的收益率需求。债券的期限具有法律约束力,是对融资双方权益的保护。股票没有期限,可以视为无期证券。

5)产权性

产权性指有价证券总是以合法的形式记载着权利人的某种财产权内容,代表着一定的财产所有权利。拥有证券就意味着享有对财产的占有或使用、收益、处分的权利。

6)价格波动性

价格波动性指证券的市场价格与证券的券面金额往往不能保持一致,且经常处于变动之中的特性。

1.2 证券投资概述

1.2.1 证券投资的特征

证券投资是指围绕形成证券形态的金融资产投入货币资金,并通过持有和运用这种资产获取增值收益的行为,具体表现为在证券市场上买卖或持有有价证券的活动。相对于实物投资而言,证券投资具有如下特征。

1)流动性强

证券资产的流动性高于实物资产。

2)价格不稳定

证券相对于实物资产来说,受人为因素的影响较大,且没有相应的实物作保证,其价值受政治、经济环境等各种因素的影响较大,具有价值不稳定、投资风险较大的特征。

3)交易成本低

证券交易过程快速、简捷、成本较低。

1.2.2 证券投资与投机

证券投资指经济主体通过购买股票、债券等有价证券,以期获取未来收益的金融投资行为。证券投机指证券市场的参与者利用证券价格的波动,短期内频繁地买卖证券以赚取证券买卖差价收益的行为,是证券市场存在的必然结果。进一步的合理理解是,投机是市场经济的常态,是理性的经济人寻求其利益最大化的行为过程,并在不同的制度背景和组织环境下具有不同的表现形式。

1)证券投资与证券投机的联系

证券投资与证券投机虽然在理论上很容易区别,但在实际中二者却很难分开,因为人们的动机是可以随时转化的。例如,投资者购买证券的本意是持券到期或作较长期投资,但当证券行市暴涨时,他又可能决定把证券卖掉而获得巨额利润,成为事实上的证券投机者。另一方面,购买证券试图在短期内获取暴利的投机者,特别是银行信用的进入,又可能因证券行市暴跌而改变主意,持有证券到期,这样他又变成了事实上的证券投资者。

2）证券投机与证券投资的区别

（1）交易目的不同

证券投资者在市场上购买证券的目的是为了获得正当的股利或债息,他们在市场上出售前期所购买的证券,是为了避免因证券价格过度跌落而造成的损失。证券投机者在市场上购买或出售证券,目的不在于获得证券所能带来的股利或债息,而是为了赚取证券买卖的差价收入。

（2）交易行为不同

一般说来,证券投资者在证券行市上涨或稳定时才积极购买证券,而在行市下跌或波动过大时则出售证券,而且他们通常只做单向交易,很少参加买空卖空和套利交易,预测未来。证券投机者则不论证券行市涨跌,运用经验判断现状、证券价格波动大小,证券投机者敢于承担别人不愿承担的风险,只要有利可图都积极参与买卖,并且证券价格波动越大,他们的交易活动就越发活跃。

（3）资金来源不同

证券投资者的资金来源一般都是自有资金,一般以他们所拥有的资本数量或持券数量为限。而证券投机者的资金来源大多是从银行或其他金融机构的贷款购买证券。

1.2.3　证券投资的原则

1）自有资金原则

证券投资具有较高的收益,但也有较大的风险。证券投资的风险是难以预料的,而且有些风险也是不能以多样性的分散投资而加以避免的。因此,投资者在投资证券时,应以闲置的自有资金作为入市的资金,这样,才能在没有任何心理压力的情况下进行投资。

首先,投资者运用自有的资金进行投资,要量力而为,不能为贪图厚利而孤注一掷,或者以扩张信用,借钱来做证券投资。这样,万一投资者购买的证券被高位套牢,如以自有资金进行投资,则可以被迫作长期投资,等行情上涨以后,或在低位补进摊低成本以后获利出售。而如以借入资金进行投资,万一债权人追着要收回资金,则投资者将面临债务的催讨压力,不得不在低位赔本卖出证券。

其次,投资者应运用自有的闲置资金进行投资。因为证券价格随时会变化,而股票价格的波动更大,如果投资者把短期内急用的资金也用来购买证券,就必须看准行情,在短期买进卖出,来回做差价,获取投机差价收益;万一行情看错,短期内买进又亏本卖出,则会遭受很大的投机风险。

2）长期投资原则

在股票投资过程中,投资者要把眼光放远一些,而不要让投资的目光停留在短时间内的股价日常变动上。由于我国目前的股市还很小,因而容易被投机者利用,进行投机操纵,形成短时间内的股价巨幅波动。对于广大中小投资者而言,由于不可能在第一时间获得准确的内幕信息和其他各种消息,因而在投机操作过程中处于不利地位;等到各种信息公开发布时,广大中小散户往往在高位被套牢。

长期投资一定要选择具有良好经营业绩或具有良好发展前景的公司股票,并长期持有。而对于一些业绩较差或发展前景不明的公司股票,则不宜长期持有。而对于没有良好的发展前景的公司股票,或者经营状况变坏和经营业绩不断下降的公司股票,则应坚决抛出。长期投资要经常关心和了解公司的经营情况,分析公司的财务状况和产品的市场占有情况,才能做到心中有数,从而坚定投资信心。

3)投资分散组合原则

在证券投资过程中,一旦投资的资金确定后,为了尽量降低投资风险,投资者应将资金分散投资于各种不同的有价证券上。股票投资的收益比较高,但投资者所承担的风险也较大,因此,爱冒险的投资者可能将较大部分的资金投资于股票,但所投资的资金不应局限于一只股票上,为了降低非系统风险,投资者应选择不同类型的几种股票进行投资。而保守的、谨慎的投资者为降低投资风险,会更多地购买债券。

1.2.4 证券投资的基本过程

1)开户

在我国,上海和深圳证券交易所实行的都是会员制。证券交易所接纳的会员应当是由权威部门批准设立,并具有法人地位的境内证券公司或境外证券经营机构设立的驻华代表处。普通投资者是不可能直接进入证券交易所交易的,只能委托有会员资格的证券公司代理才可以。因此,普通投资者和证券公司之间首先需要建立起具体的代理委托关系,开户则是投资者与证券公司建立这种关系的第一步。投资者通过开户可以取得通过证券公司代理在证券交易所买卖证券的资格。开户过程包括两个步骤:开立交易账户和开立资金账户。

(1)开立交易账户

投资者进入证券市场交易应首先到证券登记结算公司及其代理点开立证券账户。根据我国现行法律法规对自然人和法人开立证券账户和买卖证券品种的限制,按目前上市证券品种和证券账户的用途,证券账户可以分为股票账户、债券账户、基金账户。其中后两者是专用账户,股票账户是可以买卖股票、债券、基金和其他上市证券的通用账户。投资者可以根据自身需要选择开立不同的账户。通常,自然人开立的为个人账户。开户时,个人投资者(国家规定不允许办理的人员除外)须持本人有效的身份证件(一般为居民身份证);法人开立证券账户应提供有效的法人注册登记证明、营业执照复印件、单位介绍信、法定代表人的证明书及身份证复印件等文件。而且,根据规定,个人和法人在同一证券交易所只能开立一个证券账户,禁止多头开户。

(2)开立资金账户

投资者委托买卖股票之前,需凭已开立的证券账户卡和本人身份证在证券公司开立证券交易结算资金账户,存入交易所需的资金。资金账户用于投资者证券交易的资金清算,记录资金的币种、余额和变动情况。

2）委托买卖

委托买卖是指证券经纪商接受投资者委托，代理投资者买卖证券，从中收取佣金的交易行为。2006年以前，我国证券法规定只允许进行现货交易，所以投资者在买卖证券前，其证券或资金账户上必须有足够的证券或款项才可以发出委托指令。下面简单介绍4种委托方式。

（1）市价委托和限价委托

市价委托是指投资者向证券经纪商发出买卖某种证券的委托指令时，要求证券经纪商按证券交易所内当时的市场价格买进或卖出证券。由于没有价格上的限制，证券经纪商执行委托指令比较容易，因此市价委托成交的速度都比较快。但成交价格有时会不尽如人意，而且只有成交后才能知道实际的交易价格。目前，我国证券交易所不接受市价委托，只接受其会员的限价申报，即限价委托。

限价委托是指投资者要求证券经纪商在执行委托指令时，必须按规定的价格或比规定的价格更有利的价格买卖证券。即买入证券时，必须按投资者指定的价格或比指定价格更低的价格成交；卖出证券时，必须按投资者指定的价格或比指定价格更高的价格成交。限价委托虽然可以使投资者按照预期的或比预期更有利的价格成交，获得最大利益，但由于价格的限定，在限价与市价有一定距离的时候，投资者可能会丧失良机，而且，限价委托还存在成交速度较慢的缺陷。

在投资者申报价格最小变动单位方面，我国目前规定，A股、基金和债券现货申报价格最小变动单位为0.01元人民币；B股申报价格最小变动单位，上证所为0.001美元，深证所为0.01港元。为了防止股价大幅涨跌给证券市场及金融体系带来的巨大风险，我国目前对每个交易日股价的涨跌幅度也有严格的限制。根据现行交易制度规定，股票（A、B股）和基金类证券每个交易日内的交易价格相对于上一交易日收盘价格的最大涨跌幅被限制在±10%（ST股票的单日涨跌幅度被限制为±5%，股票基金上市当日无此限制）。因此，委托人的申报价格必须在这个范围之内才被视为是有效委托。

（2）整数委托和零数委托

整数委托是指委托买卖证券的数量为一个交易单位或交易单位整数倍的委托。一个交易单位俗称"一手"。

零数委托是指投资者委托证券经纪商买卖证券时，买进或卖出的证券不足证券交易所规定的一个交易单位。目前我国两家证券交易所都规定委托买入证券时必须是一个交易单位或交易单位的整数倍，卖出证券时才可以发出零数委托。

（3）当日有效委托和约定日有效委托

当日有效委托是指投资者的委托买卖指令从其发出之时至证券交易所营业结束时止的时间内有效。我国现行的委托就是当日有效，也就是说，投资者的委托在一天终了时没有成交，必须在此后的交易日中发出同样的委托才可以再有成交的机会。

约定日有效是指投资者发出的买卖指令从其委托之时起到约定的营业日证券交易所营业结束时止的时间内有效。

（4）柜台委托及非柜台委托

柜台委托是指委托人到证券营业部交易柜台，通过填写委托单与证券经纪商进行的面对面的委托办理方式。柜台委托是最传统的委托方式，由于柜台委托烦琐的弊端及各种新型委托形式的出现，现在已经很少有投资者乐于采用该种方式办理委托。

非柜台委托是相对于柜台委托而言的，凡是不经过证券公司营业部柜台发出的委托形式都属于非柜台委托，主要包括电话委托、函电委托、自助终端委托、网上委托等形式。

3）竞价成交

场外市场与场内市场在价格决定方面最大的区别就是场外是通过议价方式确定价格的。而场内市场——证券交易所内的价格是通过竞价的方式确定的，竞价成交环节集中体现了证券市场的市场属性，也为证券市场实现公开、公平、公正的基本原则奠定了基础。

证券交易所内的证券交易按照"价格优先""时间优先""数量优先"的原则竞价成交。"价格优先"是指投资者的委托成交的顺序是按照申报的价格来决定的，价格较高的买进申报优先于价格较低的买进申报成交；价格较低的卖出申报优先于价格较高的卖出申报成交。"时间优先"原则是指在申报价位相同时，投资者发出的委托成交的先后完全取决于申报的顺序，即买卖方向、价格相同的，先申报者优先于后申报者。先后顺序按证券交易所交易主机接受申报的时间确定。"数量优先"原则是指在申报价位相同、时间相同的情况下，投资者的委托成交的顺序受申报数量的影响，数量大的申报先于数量小的申报成交。我国现行的竞价成交原则充分考虑了中小投资者的利益，因此只实行"价格优先"和"时间优先"原则。目前证券交易所通常采用的竞价方式有两种：集合竞价和连续竞价。

（1）集合竞价

集合竞价是指每个交易日上午9:25，证券交易所电脑主机对9:15至9:25接受的全部有效委托进行的一次集中撮合处理的过程。根据我国现行的交易规则，证券的开盘价一般是通过集合竞价方式产生的。

通过集合竞价确定开盘价的原则是：该价格是有效价格范围内使所有有效委托产生最大成交量的价位。如果符合该要求的价格有多个，则选取使高于选取价格的所有买方有效委托和低于选取价格的所有卖方有效委托全部成交并且与选取价格相同的买方或卖方至少有一方全部成交的价位。例如，某日9:15到9:25证券交易所电脑主机收到的某只股票有效买卖委托各有7个，根据价格优先和同等价位下时间优先的原则，所有买方有效委托按委托限价由高到低的顺序排列，卖方有效委托则按由低到高的价格顺序排列，限价相同者按照进入电脑交易主机的时间先后排列。

如表1.1所示，通过集中撮合，结果5.84元是使所有该时段有效委托成交数量最大的价位，并且与该价位相同的卖方委托全部成交，因此，通过表1.1分析可知，在本例中5.84元即为该股票当日的开盘价。

表1.1 某证券某时刻的买卖委托情况

买委托			卖委托		
价 格	手 数	成交情况	价 格	手 数	成交情况
5.88	4	全部成交	5.80	3	全部成交
5.87	2	全部成交	5.81	2	全部成交
5.86	7	全部成交	5.82	6	全部成交
5.85	3	全部成交	5.83	4	全部成交
5.84	3	部分成交	5.84	2	全部成交
5.83	7	未完成	5.85	4	未完成
5.82	6	未完成	5.87	2	未完成

(资料来源:陈月生.证券投资理论与实务[M].北京:教育科学出版社,2013:9.)

集合竞价的另一个原则是,集中撮合处理。也就是说,该股票所有在这10分钟内成交的买卖委托,无论委托价格如何,最后都以同一成交价5.84成交。该阶段未成交的委托,自动进入下一阶段参与竞价。

(2)连续竞价

按照我国目前的规定,每个交易日9:30至15:00收盘都为连续竞价时间。不同于集合竞价,连续竞价阶段每一笔买卖委托进入电脑自动撮合系统后,当即判断并进行不同的处理,能成交者予以成交;不能成交者等待机会成交;部分成交者则让剩余部分继续等待。因此,投资者发出的买卖委托竞价的结果也不完全相同,可能全部成交,可能全部不成交,也可能是部分成交。

连续竞价时,成交价格的确定原则是:①最高买入申报与最低卖出申报价位相同,以该价格为成交价;②买入申报价格高于即时揭示的最低卖出申报价格时,以即时揭示的最低卖出申报价格为成交价;③卖出申报价格低于即时揭示的最高买入申报价格时,以即时揭示的最高买入申报价格为成交价。

4)清算、交割

清算在证券业务中是指每个营业日中每个证券公司成交的证券数量与价款分别轧抵,对应该收付的证券及资金净额进行计算的处理过程。

交割(交收)是指证券及价款的转移,其中交割特指证券的收付,交收特指资金的收付。清算是交割(交收)的基础和保证,交割(交收)是清算的后续与完成,清算通过对应收应付证券及价款的轧抵计算,确定出应收应付净额,并不发生财产的实际转移;交割(交收)则是对应收应付证券及价款净额的收付,发生财产的实际转移。正确的清算结果能确保交割(交收)顺利进行,而只有通过交割(交收)才能最终完成证券及资金的收付,结束交易总过程。

清算交割(交收)可以逐笔进行,也可以采取净额方式。净额清算也被称为差额清算,就是在一个清算期中,对每个证券公司价款的清算只计算其各笔应收应付款项相抵后的净额,进行券款的转移。差额清算方式简化了操作手续,提高了清算的效率。

（1）当日交割（交收）、T＋0交割

当日交割（交收）是指证券买卖双方在证券交易达成之后，于成交当日即进行券款收付，从而完成交易全过程的交割（交收）方式。从1991年12月21日起，由于电脑系统的更新，股票交易的同时即可完成过户，我国在交割制度方面一度实行当日交割的方式，当日买入的证券可于当日卖出。由于当日交割方式迅速的优势，导致部分投资者频繁买卖证券，市场投机气氛浓厚，投资理念在市场中受到重创，对我国证券市场的良性发展造成了恶劣的影响。1995年1月起，上海证券交易所的股票交易取消了当日交割的方式。

（2）次日交割（交收）、T＋1交割

次日交割（交收）是指证券买卖双方在交易达成之后，于下一营业日进行券款的收付，从而完成交易的全过程的交割方式。目前我国的A股、基金、债券、债券回购交易等都采用T＋1交割。具体说就是当日买入的证券在下一个交易日才可以卖出；而当日卖出的证券得到的款项，只有到下一个交易日才可以从资金账户中提出。特殊的是，卖出证券的款项虽然不能在交易当日提出，却可以当日在账户中使用购买其他的证券。

（3）例行日交割（交收）

例行日交割（交收）是指证券买卖双方在交易达成后，按证券交易所的规定，在成交日后的某个营业日进行交割，从而完成交易全过程的交割方式。这种交割的时间由证券交易所规定，因此各国之间会有很大的区别。例如，我国B股的例行日交割（交收）为T＋3，即成交日后的第三个营业日进行证券的交割和价款的交收。

（4）特约日交割（交收）

特约日交割（交收）是指证券交易双方在达成交易以后，由双方根据具体情况商定，在从成交日算起15期以内的某一特定契约日进行交割（交收）。这种交割方式目前已经不很重要，因为它原本是为了方便那些无法进行例行交割（交收）的客户而设立的，在当今证券交易无纸化的前提下，券款的收付可以迅捷地实现，不再需要那么长的交割日期了。

（5）发行日交割（交收）

发行日交割（交收）是指买卖双方同意等新证券发行以后再办理交割（交收）事宜。这种交割方式通常会在上市公司发行新股或增资发行时使用。

5）过户

过户是指股权或债权在投资者之间进行转移的行为。过户包括为了实现出让人向受让人转移记名证券目的的交易性过户，也包括由于账户挂失或继承、赠与、财产分割或法院判决等原因而发生的非交易性过户。

我国上海证券交易所早期采用"双向过户"方式，需要买卖双方在过户单上确认签字，才能交由证券交易所清算部根据双方的过户单办理过户手续。随着上市证券数量及交易量的增加，这种过户方式难以再适应市场发展的需要。从1991年初开始，双向过户改为单向过户。1991年7月1日起，上海证券交易所开始实行股票账户制和无纸化流通方式，7月8日起实行电脑自动过户。因此，现在过户环节已经形同虚设，证券交易结束的同时，电脑系统自动就会完成股权（债权）在投资者之间的转移。过户的完成是一次证券交易过程的真正结束。

6)交易费用

投资者买卖证券的目的一方面是希望获得证券分红派息带来的投资所得,另一个重要的原因也是期望通过低买高卖的价差获得证券的资本利得。需要注意的是,投资者计算资本利得时,不能单纯地用证券价差乘以交易数量,还要将交易过程中涉及的各项费用考虑在内,才能更准确地反映投资者的收益情况。交易费用是投资者在委托买卖证券时,应支付的各种费用和税收的总称。通常包括委托手续费、佣金、过户费、印花税等。

1.2.5　证券投资的基本要素

证券投资要素是指能够使证券投资活动得以正常进行的基本要求,或完整的证券投资行为发生所不可或缺的、内在的基本成分。

证券投资包括3个基本要素:证券投资主体、证券投资对象、证券投资中介。

1)证券投资主体

证券投资主体即证券投资活动的参与者,证券投资主体的状况与行为方式直接决定着证券投资中的供求关系,证券投资主体包括各类经济行为主体,大致可分为机构投资主体和个人投资主体。

（1）机构投资主体

①政府机构。政府机构参与证券投资的目的主要是为了调剂资金余缺和进行宏观调控。各级政府及政府机构出现资金剩余时,可通过购买政府债券、金融债券投资于证券市场。

②金融机构。参与证券投资的金融机构包括证券经营机构(是证券市场上最活跃的投资者,我国证券经营机构主要为证券公司),银行业金融机构(包括商业银行、城市信用合作社、农村信用合作社等吸收公众存款的金融机构以及政策性银行),保险公司(是全球最重要的机构投资者之一,除大量投资于各类政府债券、高等级公司债券外,还广泛涉足基金和股票投资),合格境外机构投资者,主权财富基金以及其他金融机构(包括信托投资公司、企业集团财务公司、金融租赁公司等)。

③企业和事业法人。我国现行的规定是,各类企业可参与股票配售,也可投资于股票二级市场;事业法人可用自有资金和有权自行支配的预算外资金进行证券投资。

④各类基金。基金性质的机构投资者包括证券投资基金、社保基金、企业年金和社会公益基金。

（2）个人投资主体

个人投资者是指从事证券投资的社会自然人,他们是证券市场最广泛的投资者。在证券市场存在的情况下,个人若有剩余或闲置资金,则可在证券市场上直接购买各种有价证券,向特定的企业或事业项目投资,从而与企业或其他经济主体建立起直接投融资的关系,他们就成为证券投资者。

2）证券投资对象

证券投资对象（或称证券投资工具）是有价证券，主要有股票、债券、证券投资基金和金融衍生工具等（具体内容会在后续章节中详尽介绍）。

3）证券投资中介

证券市场中介机构是指为证券的发行与交易提供服务的各类机构。在证券市场起中介作用的机构是证券公司和其他证券服务机构，通常把两者合称为证券中介机构。

（1）证券公司

证券公司又称证券商，是指依照《中华人民共和国公司法》（以下简称《公司法》）和《中华人民共和国证券法》（以下简称《证券法》）规定，并经国务院证券监督管理机构批准经营证券业务的有限责任公司或股份有限公司。根据《证券法》，证券公司的主要业务包括：证券经纪业务，证券投资咨询业务，与证券交易、证券投资活动有关的财务顾问业务，证券承销和保荐业务，证券自营业务，证券资产、管理业务及其他证券业务。

（2）证券服务机构

证券服务机构是指依法设立的从事证券服务业务的法人机构，主要包括证券投资咨询机构、证券登记结算机构、财务顾问机构、资信评级机构、资产评估机构、会计师事务所、律师事务所等。

◆本章小结

1. 证券本身并没有任何使用价值，也没有真正的价值，它只是表示因资本的供求关系而产生的一种权利。这种权利可以给投资者带来收益，这种权利使它可以在证券市场上进行买卖并形成了一定的价格，从而也使它具有了投资价值。证券的价格围绕证券投资价值上下波动。

2. 证券投资是指围绕形成证券形态的金融资产投入货币资金，并通过持有和运用这种资产获取增值收益的行为，具体表现为在证券市场上买卖或持有有价证券的活动。

3. 证券投机指证券市场的参与者利用证券价格的波动，短期内频繁地买卖证券以赚取证券买卖差价收益的行为，是证券市场存在的必然结果。

4. 证券投资的原则：自有资金原则、长期投资原则和投资分散组合原则。

5. 证券投资的基本过程：开户、委托买卖、竞价成交、清算、交割、过户和计算交易费用。

6. 证券投资包括3个基本要素：证券投资主体、证券投资对象、证券投资中介。

◆综合练习与训练

一、单项选择题

1. 关于有价证券的定义和特点，下列描述错误的是（　　）。

A. 有价证券本身具备价值

B. 有价证券是虚拟资本的一种形式

C.有价证券可以在证券市场上买卖和流通,客观上具有了交易价格

D.有价证券价格总额并不等于所代表的真实资本的账面价格

2.有价证券之所以能够买卖是因为它( )。

A.具有价值　　　　　　　　　　　　B.具有使用价值

C.代表着一定量的财产权利　　　　　D.具有交换价值

3.狭义的有价证券是指( )。

A.商品证券　　　　B.货币证券　　　　C.资本证券　　　　D.银行

4.有价证券的主要形式是( )。

A.商品证券　　　　B.货币证券　　　　C.资本证券　　　　D.实物证券

5.按是否在证券交易所挂牌交易,证券可分为( )。

A.上市证券和非上市证券　　　　　　B.上市证券和挂牌证券

C.挂牌证券和公开证券　　　　　　　D.场内证券和场外证券

6.按证券的募集方式不同,有价证券可分为( )。

A.上市证券和非上市证券　　　　　　B.国内证券和国际证券

C.公募证券和私募证券　　　　　　　D.固定收益证券和变动收益证券

7.关于私募证券,下列说法正确的是( )。

A.发行人通过中介机构发行　　　　　B.审查条件严格,投资者也较少

C.发行的对象是少数特定的投资者　　D.采取公示制度

8.证券按照( )可分为股票、债券和其他证券三大类。

A.所代表的权利性质　　　　　　　　B.发行主体

C.收益是否固定　　　　　　　　　　D.违约风险

9.证券持有者面临实际收益与预期收益的背离,或者说是证券收益的不确定性,这表明了证券具有( )。

A.期限性　　　　　B.风险性　　　　　C.流动性　　　　　D.收益性

二、多项选择题

1.以下属于货币证券的有( )。

A.商业汇票　　　　B.商业本票　　　　C.银行汇票　　　　D.金融债券

2.证券是指( )。

A.各类记载并代表一定权利的法律凭证

B.各类证明持有者身份和权利的凭证

C.用以证明或设定权利而做成的书面凭证

D.用以证明持有人或第三者有权取得该证券拥有的特定权益的凭证

3.按照发行主体的不同,证券可分为( )。

A.政府证券　　　　B.金融证券　　　　C.企业证券　　　　D.商业票据

4.公募证券与私募证券的不同之处在于( )。

A.审核的严格程度不同　　　　　　　B.发行对象特定与否

C.采取公示制度与否　　　　　　　　D.证券公开发行与否

三、判断题

1. 证券是指用以证明或设定权利所做成的书面凭证。　　　　　　　　　（　　）

2. 虚拟资本的价格总额并不等于所代表的真实资本的账面价格,而是与真实资本的重置价格相等。　　　　　　　　　　　　　　　　　　　　　　　　　　（　　）

3. 上市证券是指经证券主管机关核准发行,并经证券交易所依法审核同意,允许在交易所内公开买卖的证券。　　　　　　　　　　　　　　　　　　　　　　（　　）

4. 在货币证券中,由银行发行的股票、债券均属于银行证券。　　　　　　（　　）

5. 购物券是一种有价证券。　　　　　　　　　　　　　　　　　　　　（　　）

6. 有价证券具有收益性,因此本身具有一定的价值。　　　　　　　　　　（　　）

7. 有价证券可以买卖和自由转让。　　　　　　　　　　　　　　　　　　（　　）

◆案例分析

索罗斯 VS 巴菲特投资风格分析

索罗斯和巴菲特两位是享誉国际的投资大师,影响世界经济的风云人物,他们的每一个投资举动都会牵动着世界经济的神经。两位大师的投资风格截然不同,但殊途同归,他们在几十年的投资生涯中都取得了令人叹服的业绩,成就了一代大师的美誉。

索罗斯的对冲基金投资范围广泛,几乎涉及所有的经济领域,他是个机会主义者,只要能挣钱的他都参与,但他最擅长的不是长线投资,而是对冲和做空。他有敏锐的目光和善于捕捉机会的能力,他通过发现和利用资本市场制度上的漏洞,一旦机会来临就会同时在股市、期市和汇市三个市场做空或者做多某种资产或货币,令对手防不胜防、顾此失彼,从而达到赢利的目的。他的成名作包括狙击英镑,迫使英国政府退出欧共体的货币体系,一举获利10亿英镑,震惊世界。能以一己之力撼动大英帝国,古往今来唯此一人。1997年,索罗斯做空泰国的泰铢,继而引发亚洲金融风暴,世界经济大乱,他从中获利丰厚。只不过他过于自信,转而攻击港股和港元汇率,同时做空港元和期指,中国香港政府动用所有的外汇储备与索罗斯为首的国际金融大鳄血战一个月,在中国政府的有力支持下终于在期指结算日击退对手,令索罗斯损失惨重。虽然他失败了,但这次行动足以让他名留史册。

巴菲特是个价值投资者,他的投资理念是你要花3~5元的资金买价值10元钱的商品,不论什么时候你都要保证你的资金安全,不要冒险,你要随时准备一笔足以制胜的强大资金,要耐心地等待,等到你看中的、有价值的标的物,因资本市场出现非理性情绪造成的大幅度下跌的时候,你就要果断地、毫不犹豫地出手。概括地说就是:潜心研究和发现具有长期投资价值的公司,储备一笔强大的资金,然后耐心地等待,机会来临的时候全力出击。在几十年的投资经历中此法屡战屡胜,成就了巴菲特"股神"的传奇;在2008年全球经历百年不遇的金融危机的时刻,他斥资300亿美元购入"高盛"等多家公司的股票,给人们上了一堂生动的示范课。他最著名的一句话是"别人贪婪的时候你要恐惧,别人恐惧的时候你要贪婪",这其实跟我们祖先总结的"人弃我取"的投资之道异曲同工、一脉相承。

两位大师投资风格迥异,选择出击的时机也大有不同。索罗斯是趋势投资者,他绝不会在市场处于下跌的途中试图抄底,这无异于自杀,这其实很有道理。我们的很多投资者就是"死"在抄底的路上。股市中有这样的总结:"新股民死在山顶上,老股民死在山腰上",也就是这个道理。他要等市场情况明朗了,处于上升的途中才买进。而巴菲特是价值投资者,他认为预测股市或者股票的涨跌毫无意义,也绝不可能,因为市场总会处于非理性情绪的状态下,要么涨过了头,要么跌过了头,因此不可能预测哪里是底部、哪里是顶部,你要做的是在你认为有价值的时候该出手时就出手。这好比一个英文字母的 V 字,巴菲特在 V 的左边,处于下跌途中还没到底的时候就买了,叫"左侧买入法",而索罗斯在 V 的右边,在上升的途中买进,叫"右侧买入法",而他们都没有买到市场的底部,历史统计数据也证实了这点。虽然风格手法不一,但殊途同归,最终都成为市场的大赢家,值得我们借鉴和学习。

投资方法千门百类,不一而足,投资者应多加学习,取各家所长融为己用。

（资料来源:天涯社区.）

第 2 章

股　票

◆ **学习目标**

　　1. 掌握股票的概念、特征；

　　2. 掌握普通股和优先股的概念及主要区别；

　　3. 了解我国股权分置问题产生的原因及实施股改的意义；

　　4. 知晓股改后产生的一系列新名词。

◆ **创设情境**

巴菲特 2017 致股东的一封信，透露了什么投资法则

　　在金融界，"股神"巴菲特这个名号可谓是家喻户晓，尤其是 1968 年，在股市一路飙升的时候巴菲特选择了逆向操作，清空了所有股票，从而避免了在 1969 年的股灾中受损，此后所有投资者的目光都聚焦在他的身上。

　　然而对于未来几年市场具体可能发生什么，巴菲特显得比原来更谨慎。他认为未来几年，主要市场下跌甚至恐慌可能会时有发生，他表示大概每 10 年，乌云总会遮住天空，经济前景不明朗。而 2017 年则是极有可能会发生巴菲特口中的"乌云遮住天空"的一年，这将影响到所有股票。

　　当然，巴菲特也暗示了对特朗普新政府的担忧。比如在移民问题上，他说移民使美国伟大，移民是美国经济魔力的一部分。这和特朗普的移民政策是唱反调的。巴菲特表示移民对美国经济有一定的贡献，不过特朗普执意如此，可能会使美国经济产生更多的不确定因素。

　　巴菲特还在此次的信中表示，在将来，市场大幅下跌会偶尔发生，甚至会带来恐慌，所有的股票都会被影响。没有人可以预测这些到底何时会发生，但希望各位投资者牢记两点：第一，大规模的恐慌是投资者的朋友，因为它会提供廉价的资产；第二，个人的恐慌是你的敌人而且是毫无必要的。

　　要进行股票投资，就需要了解股票的特性，本章将对股票问题作具体阐述。

2.1 股票的含义及特征

2.1.1 股票的含义

股票是股份证书的简称,是股份公司发行的,用以证明投资者的股东身份和权益,并据此领取股息或红利的凭证。股票作为股东的股份证明,表示其持有者在公司的地位与权利,以及承担的相应的责任与风险。

股份公司发行股票进行融资,所筹集到的资金称为股本。公司的股本按相等金额划分成若干单位,称为股份,然后以股票的形式归各股东所有。拥有某种股票,就证明该股东对公司的净资产占有一定份额的所有权。股票虽然是所有权证书,但股东的权利是有限制的,股东无权处置公司的资产,而只能通过处置持有的股票来改变自己的持股比例。

股票应载明的事项(格式)包括公司名称、公司登记成立的日期、股票种类、票面金额以及代表的股份数、股票的编号、董事长的签名。股票早期图样如图2.1所示。

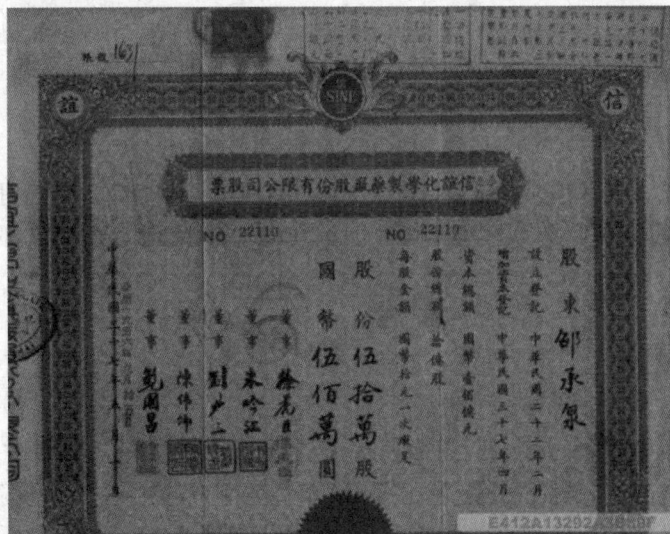

图2.1 股票早期图样

就股票的本质属性来看,它不同于商品证券和货币证券,它是代表股份所有权的股权证书,是代表对一定经济利益分配请求权的资本证券,是资本市场上流通的一种有价证券,是虚拟资本。

2.1.2 股票的特征

股票既是一种集资工具,又是企业产权的存在形式,代表资产所有权,同时它作为有价证券的一种,又是投资者一种重要的投资工具。股票的主要特征主要表现在如下几个方面:

1）收益性

收益性是股票最基本的特征，它是指股票可以为持有人带来收益的特性。持有股票的目的在于获取收益。股票的收益来源可分成两类：一是来自股份公司。认购股票后，持有者即对发行公司享有经济权益，其实现形式是公司派发的股息、红利，数量多少取决于股份公司的经营状况和盈利水平。二是来自股票流通。股票持有者可以持股票到依法设立的证券交易场所进行交易，当股票的市场价格高于买入价格时，卖出股票就可以赚取差价收益。这种差价收益被称为"资本利得"。

2）风险性

股票风险的内涵是股票投资收益的不确定性，或者说实际收益与预期收益之间的偏离。投资者在买入股票时，对其未来收益会有一个预期，但真正实现的收益可能会高于或低于原先的预期，这就是股票的风险。很显然，风险是一个中性概念，风险不等于损失，高风险的股票可能给投资者带来较大损失，也可能带来较大的预期收益，这就是"高风险高收益"的含义。

3）流动性

流动性是指股票可以通过依法转让而变现的特性，即在本金保持相对稳定、变现的交易成本极小的条件下，股票很容易变现的特性。股票持有人不能从公司退股，但股票转让为其提供了变现的渠道。

需要注意的是，由于股票的转让可能受各种条件或法律法规的限制，因此，并非所有股票都具有相同的流动性。通常情况下，大盘股流动性强于小盘股，上市公司股票的流动性强于非上市公司股票，而上市公司股票又可能因市场或监管原因而受到转让限制，从而具有不同程度的流动性。

4）永久性

永久性是指股票所载有权利的有效性是始终不变的，因为它是一种无期限的法律凭证。股票的有效期与股份公司的存续期间相联系，两者是并存的关系。这种关系实质上反映了股东与股份公司之间比较稳定的经济关系。股票代表着股东的永久性投资，当然股票持有者可以出售股票而转让其股东身份，而对于股份公司来说，由于股东不能要求退股，因此，通过发行股票募集到的资金，在公司存续期间是一笔稳定的自有资本。

5）参与性

参与性是指股票持有人有权参与公司重大决策的特性。股票持有人作为股份公司的股东，有权出席股东大会，行使对公司经营决策的参与权。股东参与公司重大决策权利的大小通常取决于其持有股份数量的多少，如果某股东持有的股份数量达到决策所需要的有效多数时，就能实质性地影响公司的经营方针。

2.1.3 股票的作用

1)对上市公司的好处

①股票上市后,上市公司就成为投资大众的投资对象,因而容易吸收投资大众的储蓄资金,扩大了筹资的来源。

②股票上市后,上市公司的股权就分散在千千万万个大小不一的投资者手中,这种股权分散化能有效地避免公司被少数股东单独支配的危险,赋予公司更大的经营自由度。

③股票交易所对上市公司股票行情及定期会计表册的公告,起了一种广告效果,有效地扩大了上市公司的知名度,提高了上市公司的信誉。

④上市公司主权分散及资本大众化的直接效果就是使股东人数大大增加,这些数量极大的股东及其亲朋好友自然会购买上市公司的产品,成为上市公司的顾客。

⑤可争取更多的股东。上市公司对此一般都非常重视,因为股票多就意味着消费者多,这利于公共关系的改善和实现所有者的多样化,对公司的广告亦有强化作用。

⑥利于公司股票价格的确定,公司的资金来源就很充分。

⑦为鼓励资本市场的建立与资本积累的形成,一般对上市公司进行减税优待。当然,并非所有的大公司都愿意将其股票在交易所挂牌上市。美国就有许多这样的大公司,它们不是不能满足交易所关于股票挂牌上市的条件,而是不愿受证券交易委员会关于证券上市的种种限制。例如,大多数股票交易所都规定,在所里挂牌的公司必须定期公布其财务状况等,而有的公司正是因为这一原因而不在交易所挂牌。

2)对投资者的好处

①挂牌上市为股票提供了一个连续性市场,有利于股票的流通。证券流通性越好,投资者就越愿意购买。不过,在交易所挂牌股票的流通性却不如场外市场上股票的流通性。这是多数股票都在场外流通的一个重要原因。

②利于获得上市公司的经营及财务方面的资料,了解公司的现状,从而作出正确的投资决策。

③上市股票的买卖,须经买卖双方的竞争,只有在买进与卖出报价一致时方能成交,所以证券交易所里的成交价格远比场外市场里的成交价格公平合理。

④股票交易所利用传播媒介,迅速宣布上市股票的成交行情,这样,投资者就能了解市价变动的趋势,作为投资决策的参考。

⑤证券交易所对经纪人收取的佣金有统一的标准,童叟无欺。

2.2 股票的种类

2.2.1 按股东的权益分类可以分为普通股和优先股

1)普通股

普通股股票是最常见的一种股票,也是股份有限公司最基本、最重要的股票。股票有限公司可以不发行优先股,但必须发行普通股。普通股股票具备股票的一般特征,其持有者享有股东的基本权利并承担相应的义务。普通股的股利完全随公司赢利的多少而变化,在公司赢利和公司剩余财产的分配顺序上列在债权人和优先股股东之后,因此普通股股东承担的风险较大。普通股的股东享有的权利主要有以下几个方面:

(1)投票表决权

普通股的股东有权参加股东大会并可按其持股数量的多少行使股票表决权。通过投票表决,股东间接参与了公司的经营管理与决策,因此这种权利也可称为参与决策权。

(2)收益分配权

普通股的股东可以享有参加公司收益分配的权利,但普通股在公司赢利分配的顺序上位于优先股之后。普通股股东获得的股利多少完全取决于公司的赢利状况及其分配政策。一般来说,公司赢利多,股利就高;公司赢利少,股利就低甚至没有股利。但如果公司在一段时间内获高额利润,则普通股的股东也可获得高于优先股股东的高额股利。

(3)优先认股权

优先认股权是指当股份有限公司增发新股时,普通股的原有股东可以按其原来持有该公司股票的比例获得优先认购新股的权利。这样可以保持公司原有股东在增发新股后持有的股份在公司股份总额中的比例和收益基本不变。

(4)剩余财产分配权

当公司因经营不善等原因破产或解散清算时,普通股的股东有权利按其持股比例获得公司的剩余财产,但在分配剩余财产时,普通股的股东必须排在债权人和优先股的股东之后。

2)优先股

相对于普通股而言,优先股是指其股东可以在某些方面享有优先权利的股票。由于优先股的股息是预先确定的,基本上属于固定收益证券,因此它既是股票的一种,又有些类似于债券,是介于股票和债券之间的一种折中型证券。优先股股东所享有的优先权利主要表现在以下两个方面:

（1）获取股息优先

按照股份公司分配股息的顺序，首先是优先股，其次才是普通股，而且一般来说，无论公司的经营状况好坏和赢利多少，优先股的股东都可以按照预先确定的股息率领取股息；即使由于公司赢利水平导致普通股的股息减少或不分配股息，也不能影响优先股股息的分配。

（2）分配公司剩余财产优先

当公司解散或因经营不善破产清算时，优先股的股东优先于普通股的股东参加公司剩余财产分配的权利，但分配顺序要排在债权人后面。

2.2.2 按照股票和股东名册上是否记载股东姓名，股票可以分为记名股票和不记名股票

1）记名股票

记名股票是指在股票票面和股份公司的股东名册上记载股东姓名的股票。我国的《公司法》规定，股份有限公司向发起人、国家授权投资的机构、法人发行的股票，应当是记名股票，并应当记载该发起人、机构或法人的名称。对社会公众发行的股票，可以是记名股票，也可以是不记名股票。发行记名股票的公司应当备用股东名册，并详细记载以下内容：股东的姓名或名称、股东的住所、各股东所持股份数、各股东所持股票的编号等。

2）不记名股票

不记名股票是指在股票票面和公司股东名册上均不记载股东姓名的股票。不记名股票也称无记名股票，它与记名股票比较，在股东权利等方面没有什么本质的差别，只是股票的记载方式不同。我国的《公司法》规定，股票有限公司发行不记名股票时，只需记载其股票数量、股票编号及发行日期。

2.2.3 按照股票是否记载面额，股票可以分为有面额股票和无面额股票

1）有面额股票

有面额股票是指在股票票面上记载有一定金额的股票。股票上记载的这一金额也称为票面金额或票面价值。有面额股票其面额的主要作用是股份公司发行股票时作为确定发行价格的依据。我国《公司法》规定，股份公司股票的发行价格可以等于面额，也可以高于面额，但不得低于面额。

2）无面额股票

无面额股票是指在股票票面上不记载固定金额的股票。这种股票并非没有价值，而是不在票面上注明具体的面值，其价值随股份公司资产的增减而增减。无面额股票与有面额股票没有本质上的区别，仅在价值的表现形式上有差别，两者的股东享有的权利是相同的。

2.3 中国现行的股票种类

2.3.1 按投资主体不同可以分为国有股、法人股、公众股、外资股

1)国有股

国有股指有权代表国家投资的部门或机构以国有资产向股份制公司投资形成的股份，包括公司现有国有资产折算的股份。

在我国企业股份制改组中，原来一些全民所有制企业改组为股份公司，从性质上讲，这些全民所有制企业的资产属于国家所有，因此在改组为股份公司时，原企业中的国有资产就折成国有股。另外，国家对新组建的股份公司进行投资，也构成了国有股。国有股由国务院授权的部门或机构持有，或根据国务院决定，由地方人民政府授权的部门或机构持有，并委派股权代表。

拓展阅读 2.1

国有股从资金来源上看，主要有三个方面：第一，现有国有企业整体改组为股份公司所拥有的净资产。第二，现阶段有权代表国家投资的政府部门向新组建的股份公司进行的投资。第三，经授权代表国家投资的投资公司、资产经营公司、经济实体性公司等机构向新组建的投资公司的投资。如以国有资产折价入股的，须按国务院或国家国有资产管理局的有关规定办理资产评估、确认、验证等手续。

（资料来源：刑天才,王玉霞. 证券投资学[M].大连：东北财经大学出版社,2007:29.）

国有股是国有股权的一个组成部分（国有股权的另一组成部分是国有法人股）。在我国，国有资产管理部门是国有股权行政管理的专职机构，国有股权由国家授权投资的机构持有；在国家授权投资的机构未明确前，则由国有资产管理部门持有或由国有资产管理部门代政府委托其他机构或目标持有。如国有股权委托持有的，国有资产管理部门一般要与被委托单位办理委托手续，订立委托协议，如国家授权投资的机构持有国有股权的，国有资产管理部门代授权方拟订有关协议。国有股红利收入由国有资产管理部门监督收缴，依法纳入国有资产经营预算，并根据国家有关规定安排使用。国家股权可以转让，但转让应符合国家制定的有关规定。国有资产管理部门应考核、监督国有股持股单位正确行使权力和履行义务，维护国有股的权益。

2)法人股

法人股是指企业法人或具有法人资格的事业单位和社会团体以其依法可支配的资产投入公司形成的股份。法人股股票以法人记名。

如果是具有法人资格的国有企业、事业及其他单位以其依法占有的法人资产向独立于自己的股份公司出资形成或以法定程序取得的股份,可以称作国有法人股。国有股权包括国有法人股和国有股。

作为发起人的企业法人或具有法人资格的事业单位和社会团体,在认购股份时,可以用货币出资,也可以用其他形式的资产,如实物、工业产权、非专利技术、土地使用权作价出资,但对其他形式的资产必须进行评估作价,核实财产,不得高估或低估作价。

3)社会公众股

社会公众股是指股份公司采用募集设立方式设立时向社会公众(非公司内部职工)募集的股份,也是指社会公众依法以其拥有的财产投入公司时形成的可上市流通的股份。在社会募集方式下,股份公司发行的股份,除了由发起人认购一部分外,其余部分应该向社会公众公开发行。我国《证券法》规定,社会募集公司申请股票上市的条件之一就是向社会公开发行的股份达到公司股份总数的25%以上。公司股本总额超过人民币4亿元的,向社会公开发行股份的比例为10%以上。

4)外资股

外资股是指股份公司向外国和我国香港、澳门、台湾地区投资者发行的股票。外资股按上市地域,可以分为境内上市外资股和境外上市外资股。

(1)境内上市外资股

境内上市外资股,是指在中国境内注册的股份有限公司向境内外投资者发行并在中国境内证券交易所上市,以人民币标明其面值,以外币认购、交易和结算的股份。

(2)境外上市外资股

境外上市外资股是指股份有限公司向境外投资者募集并在境外上市的股份。也采取记名股票形式,以人民币标明面值,以外币认购。在境外上市时,可以采取境外存股证形式或者股票的其他派生形式。在境外上市的外资股除了应符合我国的有关法规外,还须符合上市所在地国家或者地区的证券交易所制订的上市条件。

2.3.2 按上市地点和投资者不同可以分为 A 股、B 股、H 股、N 股和 S 股等

中国上市公司的股票有 A 股、B 股、H 股、N 股和 S 股等的区分,这一区分主要依据股票的上市地点和所面对的投资者而定。

1)A 股

A 股也称为人民币普通股票、流通股、社会公众股,供境内机构、组织或个人(从 2013 年 4 月 1 日起,境内、港、澳、台居民可开立 A 股账户)以人民币认购和交易的普通股股票。

A 股不是实物股票,以无纸化电子记账,实行"T+1"交割制度,有涨跌幅(10%)限制,参与投资者为中国大陆机构或个人。中国 A 股市场交易始于1990 年。1990 年,我国 A 股股票

一共仅有 10 只,至 1997 年年底,A 股股票增加到 720 只,A 股总股本为 1 646 亿股,总市值 17 529亿元人民币,占国内生产总值的比率为 22.7%。1997 年 A 股年成交量为 4 471 亿股,年成交金额为 30 295 亿元人民币,我国 A 股股票市场经过几年快速发展,已经粗具规模。

拓展阅读 2.2

　　截至 2017 年 3 月 30 日,沪深两市 A 股市场共有 3 321 家上市公司,其中上交所上市 1 331 家,深交所上市 1 990 家。沪市 A 股的总市值为 30.57 万亿元(2017 年 3 月 30 日数据),深市 A 股总市值 23.42 万亿元(2017 年 3 月 20 日数据)。

(资料来源:中国证监会.)

2)B 股

B 股也称为人民币特种股票,为境内上市外资股,是指股份有限公司向境外投资者募集并在我国境内上市的股份。它以人民币标明股票面值,在境内上市,但它是对境外自然人和法人(包括外国和我国香港、澳门、台湾地区的法人和自然人)发行,以外币认购、买卖的股票,故属于外资股。

经国务院批准,中国证监会决定自 2001 年 2 月下旬起,允许境内居民以合法持有的外汇开立 B 股账户,交易 B 股股票。自从 B 股市场对境内投资者开放之后,境内投资者逐渐取代境外投资者成为投资主体。B 股发生了由"外资股"演变为"内资股"的趋向,B 股"吸引外资"的性质也发生了变化。

3)H 股、N 股、S 股、L 股

这些类型的股票属于境外上市外资股,它是指股份有限公司向境外投资者募集并在境外上市的股份。它可采取记名股票形式,以人民币表明面值,以外币认购。在境外上市时,可以采取境外股票存托凭证形式或者股票的其他派生形式。在境外上市的外资股除了应符合我国的有关法规外,还须符合上市所在地国家或者地区证券交易所制定的上市条件。

其中,H 股是指注册地在境内,上市地在香港的外资股。因香港的英文是 HongKong,取其首字母,将在香港上市的外资股称为 H 股。N 股是指那些在中国内地注册、在纽约(New-York)上市的外资股。S 股是指那些主要生产或者经营等核心业务在中国内地,而企业的注册地在新加坡(Singapore)或者其他国家和地区,但是在新加坡交易所上市挂牌的企业股票。在英国伦敦上市的称为 L 股。

拓展阅读 2.3

　　红筹股这一概念诞生于 20 世纪 90 年代初的香港股票市场。中华人民共和国在国际上有时被称为红色中国,相应的,国际投资者把在中国境外注册、在香港上市但主要业务在中国内地或大部分股东权益来自中国内地的股票称为红筹股。

　　早期的红筹股主要是一些中资公司收购中国香港的中小型上市公司后重组而形成的;此后

出现的红筹股,主要是内地一些省市或中央部委将其在香港地区的窗口公司改组并在香港上市后形成的。现在,红筹股已经成为内资企业进入国际资本市场筹资的一条重要渠道,但红筹股不属于外资股。红筹股与H股的区别在于注册地不同。

2.3.3 其他分类

1)ST股

沪深交易所在1998年4月22日宣布,根据1998年实施的股票上市规则,将对财务状况或其他状况出现异常的上市公司的股票交易进行特别处理,由于"特别处理"的英文是Special Treatment(缩写是"ST"),因此这些股票就简称为ST股。上述财务状况或其他状况出现异常主要是指两种情况:一是上市公司经审计连续两个会计年度的净利润均为负值,二是上市公司最近一个会计年度经审计的每股净资产低于股票面值。在上市公司的股票交易被实行特别处理期间,其股票交易应遵循下列规则:

①股票报价日涨跌幅限制为5%;

②股票名称改为原股票名前加"ST",例如"ST辽物资";

③上市公司的中期报告必须审计。

由于对ST股票实行日涨跌幅限制为5%,也在一定程度上抑制了庄家的刻意炒作。投资者对于特别处理的股票也要区别对待,具体问题具体分析,有些ST股主要是经营性亏损,那么在短期内很难通过加强管理扭亏为盈。有些ST股是由于特殊原因造成的亏损,或者有些ST股正在进行资产重组,则这些股票往往潜力巨大。

2)*ST股票

沪深交易所从2003年开始启用新标记"*ST"警示退市风险。即交易所对存在终止上市风险的公司,对其股票交易实行"警示存在终止上市风险的特别处理",简称"退市风险警示",在"ST"符号前加"*",以充分揭示其股票可能被终止上市的风险。

2.4 股权分置改革

股权分置是由诸多历史原因造成的,是在我国由计划经济体制向市场经济体制转轨的过程中形成的特殊问题。股权分置改革是中国资本市场的根本性变革,如今股权分置改革业已落下帷幕,这场改革对中国证券市场的影响极为深远。

2.4.1　股权分置问题的由来

1)股权分置的定义

上市公司股权分置,是指 A 股市场的上市公司股份按能否在证券交易所上市,交易被区分为非流通股和流通股。非流通股,大多为国有股和法人股;流通股,主要成分为社会公众股。

股权分置是中国股市因为特殊历史原因和特殊的发展演变中,中国 A 股市场的上市公司内部普遍形成了"两种不同性质的股票"(非流通股和社会流通股),由于历史原因,我国股市上有 2/3 的股权不能流通。由于"同股不同权、同股不同利"等"股权分置"存在的弊端,严重影响着股市的发展。

在股权分置的情况下,由于股权被人为隔开,股东相应也分为两大阵营。这两大阵营的股东在利益追求、关注焦点等方面存在着诸多差异(见表 2.1),他们的矛盾也是显而易见的。

表 2.1　非流通股与流通股差异表

股东类型	非流通股股东	流通股股东
利益追求	控制权私有收益	资本利得
行权方式	用手投票	用脚投票
关注焦点	再融资资格、每股净资产	股价变化、公司业绩
治理结构	强势影响	有心无力
与公司交易	经常发生	鲜见
信息分布	对称	非对称

股份分置,不仅仅导致了股东利益的冲突,而且导致了市场供需的失衡以及公司控制权的僵化。股权分置不能适应资本市场改革开放和稳定发展的要求,必须通过股权分置改革,消除非流通股和流通股的流通制度差异。

股权分置问题被普遍认为是困扰我国股市发展的头号难题。上市公司股权分置改革,是通过非流通股股东和流通股股东之间的利益平衡协商机制,消除 A 股市场股份转让制度性差异的过程。

2)股权分置的产生背景

股权分置问题初步形成于 1991 年,并且是从地方开始的。1991 年 6 月,施行的《深圳市股票发行与交易管理暂行办法》第 33 条,把股份分为国家股、法人股、个人股、特种股。该办法的出台,被看成股权分置问题的源泉。1994 年 3 月,《股份制试点企业国有股权管理的实施意见》规定:"关于特定行业和特定企业以及在本地区经济中占有举足轻重地位的企业,要保证国家股(或国有法人股,该国有法人单位应为纯国有企业或国家独资公司)的控股地位。"判断股权分置改革成败只有一项,就是:股权分置改革后,上市公司中所有股份的持股成本是否相同。

2.4.2 股权分置改革进程

1)股改的发展阶段

(1)第一阶段

股权分置问题的形成。我国证券市场在设立之初,对国有股流通问题总体上采取搁置的办法,在事实上形成了股权分置的格局。

(2)第二阶段

通过国有股变现解决国企改革和发展资金需求的尝试,开始触动股权分置问题。1998年下半年到1999年上半年,为了解决推进国有企业改革发展的资金需求和完善社会保障机制,开始进行国有股减持的探索性尝试。但由于实施方案与市场预期存在差距,试点很快被停止。2001年6月12日,国务院颁布《减持国有股筹集社会保障资金管理暂行办法》也是该思路的延续,同样由于市场效果不理想,于当年10月22日宣布暂停。

(3)第三阶段

作为推进资本市场改革开放和稳定发展的一项制度性变革,解决股权分置问题正式被提上日程。2004年1月31日,国务院发布《国务院关于推进资本市场改革开放和稳定发展的若干意见》(简称"国九条"),明确提出"积极稳妥解决股权分置问题"。

2005年4月12日,证监会有关人士发表谈话表示解决股权分置问题的时机已经成熟。

2005年4月29日,中国证监会发布《关于上市公司股权分置改革试点有关问题的通知》,启动股权分置试点工作。

2005年5月9日,公布了第一批4家股权分置试点企业的名单。分别是金牛能源、三一重工、紫江企业、清华同方。2005年8月下旬,股权分置改革试点工作已经顺利完成。

2005年9月12日,上市公司股权分置改革全面推进阶段启动,首批40家公司的股改方案正式披露,这宣布着我国股权分置改革进入一个崭新阶段。

截至2006年年底,沪深两市已完成或者进入改革程序的上市公司共1 301家,占应改革上市公司的97%,对应市值占比为98%,未进入改革程序的上市公司仅40家。股权分置改革任务基本完成。

2)股权分置改革的意义

股权分置改革是我国证券市场制定的一大创举,具有划时代的意义。首先,解决了长期影响我国证券市场健康发展的重大历史遗留问题,理顺了市场机制;其次,股权分置问题的解决将促进证券市场制度和上市公司治理结构的改善,有助于市场的长期健康发展;再次,股权分置问题的解决,可实现证券市场真实的供求关系和定价机制,有利于改善投资环境,促使证券市场持续健康发展,利在长远;最后,保护投资者特别是公众投资者合法权益的原则将提高投资者信心。

2.4.3 股改新名词和新分类

1)G股和S股

(1)G股

中国股市特有名称,是指完成股权分置改革后恢复上市交易的公司股票。G是"股改"全拼"gugai"的头一个英文字母,由于试点方案实施之后股票简称前面都暂时冠以代码"G",因此业界称其为G股或G板,如G三一、G金牛等。表示G股的出发点是区分完成股改和未完成股改的两类公司,便于对完成股改的公司实施再融资等方面的优惠政策。

(2)S股

中国股市特有名称,是指未完成股权分置改革的公司股票。2006年10月9日,随着中石化完成股改,完成股权分置改革的公司还原为原来名称,即去掉"G",而对尚未完成股权分置改革的公司在其股票名称前加上"S",所以业界称为S股。

2)限制股与解禁股

(1)限制股

这是指股票持有人持有的,依照法律、法规规定或按承诺有转让限制的股份,包括因股权分置改革暂时锁定的股份,内部职工股,董事、监事、高级管理人员持有的股份等。

(2)解禁股

这是指限制股过了限售承诺期,可以在二级市场自由买卖的股票。解禁股分为大非解禁股和小非解禁股。

中国证监会2005年9月4日颁布的《上市公司股权分置改革管理办法》规定,改革后公司原非流通股股份的出售,自改革方案实施之日起,在12个月内不得上市交易或转让。持有上市公司股份总数5%以上的原非流通股股东,在前项规定期满后,通过证券交易所挂牌交易出售原非流通股股份,出售数量占该公司股份总数的比例在12个月内不得超过5%,在24个月内不得超过10%,这意味着持股在5%以下的非流通股股份在股改方案实施后12个月即可上市流通。因此,"小非"是指持股量在5%以下的非流通股股东所持有的股份,与此对应,"大非"则是指持股量5%以上的非流通股股东所持的股份。

◆本章小结

1. 股票:

(1)概念:是股份公司发行的,用以证明投资者的股东身份和权益,并据此领取股息或红利的凭证。

(2)特征:收益性、风险性、流动性、永久性、参与性。

2. 股票的分类：

(1)普通股、优先股。

注意：普通股是最基本、最常见的股票；是标准股票；是风险较大的股票；优先股是在盈余及剩余财产分配上具有优先权的股票。

(2)记名股票、不记名股票。

(3)有面额股票、无面额股票。

3. 中国现行的股票种类：

(1)按投资主体不同可以分为国有股、法人股、公众股、外资股。

(2)按上市地点和投资者不同可以分为 A 股、B 股、H 股、N 股和 S 股等。

(3)其他分类。

4. 股权分置：

(1)含义：通过非流通股股东与流通股股东之间的利益平衡协商机制消除 A 股市场股份转让制度性差异的过程，是为非流通股可以上市交易作出的制度安排。

(2)股权分置改革分 3 个阶段进行。

(3)股权改革出现的新名词：G 股和 S 股、限制股与解禁股。

◆综合练习与训练

一、不定项选择题

1. 我国历史上发行的第一只股票是在(　　)。

A. 1870 年　　　　　　　B. 1871 年　　　　　　　C. 1872 年　　　　　　　D. 1873 年

2. (　　)是指股份公司向外国和我国香港、澳门、台湾地区投资者发行的股票。

A. 公众股　　　　　　　B. 外资股　　　　　　　C. 普通股　　　　　　　D. 法人股

3. 在英国伦敦证券交易所上市的外资股称为(　　)。

A. L 股　　　　　　　　B. N 股　　　　　　　　C. H 股　　　　　　　　D. S 股

4. 普通股票是最基本、最常见的一种股票，其持有者享有股东的(　　)。

A. 营销权　　　　　　　　　　　　　B. 支配公司财产的权利

C. 特许经营权　　　　　　　　　　　D. 基本权利和义务

5. 记名股票是指(　　)。

A. 在股票票面和证券公司的名册上记载股东姓名的股票

B. 在股票票面和股份公司的股东名册上记载股东姓名的股票

C. 在证券公司开户时记录股东姓名后买入的股票

D. 在股份公司的股东名册上记载股东姓名的股票

6. 无面额股票是指在股票的票面上不记载股票面额，只注明它在公司(　　)中所占比例的股票。

A. 利润　　　　　　　　B. 总股本　　　　　　　C. 总收益　　　　　　　D. 销售额

7. 下面关于股票种类的论述中正确的有哪些？(　　)

A. 根据票面上及股东名册是否记有股东姓名分为记名股和无记名股

B. 根据股东所享有的权利可分为普通股、优先股和后配股

C. 根据是否有票面金额分为有面额股和无面额股

D. 根据发行的资本范围的不同分为旧股和新股

8. 股票作为投资的凭证,每一股份代表公司一定数量的( )。

A. 资产价值　　　　 B. 资产份额　　　　 C. 资产净值　　　　 D. 债务责任

9. 股份公司通过发行股票筹措的资金是公司用于营运的( )。

A. 真实资本　　　　 B. 债务资金　　　　 C. 虚拟资本　　　　 D. 应付账款

10. 股票的特征有( )。

A. 收益性、风险性　 B. 流动性　　　　　 C. 参与性　　　　　 D. 永久性

11. 无记名股票是指在( )上不记载股东名字的股票。

A. 股票票面　　　　 B. 股东名册　　　　 C. 公司章程　　　　 D. 发行文件

二、判断题

1. 优先股与普通股一样,没有确定的到期日。　　　　　　　　　　　　　( )

2. 股份有限公司进行破产清算时,资产清偿的先后顺序是优先股股东、债权人、普通股股东。　　　　　　　　　　　　　　　　　　　　　　　　　　　　　　　　　( )

3. 股票持有者作为公司的股东依法享有资产收益、重大决策、选择管理者等权利,所以股票也是一种物权证券。　　　　　　　　　　　　　　　　　　　　　　　　　　( )

4. 股票没有期限,可以视为无限债券。　　　　　　　　　　　　　　　　( )

三、简答题

1. 什么是股票? 它有哪些特征?

2. 普通股票的权益有哪些? 它和优先股票的区别是什么?

3. 我国现行的股票有哪些类型?

4. 试述我国股权分置改革的现实意义。

◆案例分析

从5万元到294万元的经验之谈

丛翊是吉林人,1989 年从吉林财贸学院财政金融系毕业后,找了一份工作。1994 年,他将工作辞掉来了北京。第一次接触股票,也是在 1994 年,当时大部分中国人都知道炒股很赚钱。

1994 年到北京工作了半年以后,身边所有的人几乎都在谈论股票,股市、大盘、庄家之类的词汇整日萦绕耳边。那时候,丛翊帮助同学做成了几笔生意,同学给了他 6 万元作为奖励。丛翊便拿了 5 万元到股市开了个户。

眼光犀利

在正式进入股市之前,丛翊曾经用了两个多月的时间天天读有关股市的书籍,将能买到的证券类报刊统统买来,一边看书,一边将心得写下来,将一个厚厚的硬皮本都写满了。1994 年 11 月,丛翊终于下决心进了股市。

一进股市顿然发现,那些从书本上学来的东西在股市中根本派不上用场。当时丛翊选择了四川长虹(600839)、界龙实业(600836)等一批好股票,结果到头来一无所获。相反像中华企业(600675)、陆家嘴(600663)等却都炒翻了天。一轮行情下来,丛翊已经赔了 1 万多

元,当时1万多元相当于他一年的工资。后来,为了学习股票方面的知识,丛翊专门请了股市中的一个"老师"吃饭。这个老师是社科院财经研究所的研究员,那年刚刚退休,向儿子、女婿借了10万元炒股,一年时间就成为了百万大户。老师教丛翊明白了一个道理——选股不如选时。

功夫不负有心人,经过一年的摸索,从1996年开始,丛翊炒股的成绩越来越好,仅仅一年时间,就赚到了80多万元。不过,随后的两年,资金不但不涨反而锐减。最差的时候是1999年的春节,节前的操作使丛翊的资金锐减到50万元。

择强弃弱大把赚钱

1999年的"519"行情来得好猛,丛翊买了海鸥基金(550552)和ST重仪(000607)等股票,虽然有所收获,但比大盘好不了多少。

这时丛翊才意识到,当个股普遍上扬的时候,你所持的股票涨得慢也是风险。于是,丛翊改变操作思路,将目光转向领涨板块,选择了广电股份(600637)、东方明珠(600832)、真空电子(600602)等网络类股票,这些股票每天都有涨停。这时候,丛翊的收益几乎到了最大化,资金也从5月17日的48.5万元猛增到6月30日的173.3万元。

6月30日,大盘放巨量高开低走,丛翊担心再次让到手的鸭子飞了,于是以低于市价3%左右的价格大部分抛出。第二天大部分股票低开,K线组合已呈高位反转之势,丛翊又将剩余的股票全部卖光。

可以说,到"519"行情时丛翊已经炒股5年了,而到此时丛翊才摸索到了适合自己的操作方式,那就是在对基本面深刻研究的基础上,认真选股,始终关注两个市场的最强者。每天收盘时,丛翊都要研究资金流向,关注成交量的变化,相信自己的判断,从不被股市或市场情绪所左右。股谚说,量为价先,只有成交量是真实的。所有信息都在成交量里反映了。阴线、阳线、上下影线的长短配合成交量变化,才具有决定意义。

随后经过半年休整,丛翊又从风华高科(000636)、中信国安(000839)等一些科技股的逐渐活跃中看出了苗头。基于技术面分析,丛翊选择了上海梅林(600073),以8.8元的价格试探性地买入了50 000股。

2000年1月4日股市重新开盘,昆明机床(600806)10分钟内率先涨停,上海梅林也表现不俗。丛翊将剩余的资金全仓杀入,以9.42元的价格又买了14.2万股上海梅林。一个星期后在15元左右将上海梅林悉数兑现,丛翊的资金一下子增加到294.8万元。

功夫在场外

这几年下来,丛翊多少总结了一些自己的经验。

诗人讲究"功夫在诗外",对丛翊来说却是"炒股的功夫在场外"。

现在,丛翊研究一只股票,不仅建立连续的、详细的资料库,而且尽可能眼见为实,到公司去看一看,参加一下股东大会。比如在中科健(000035)的股东会上,丛翊发现了公司的进取心很强。有时即便不能亲身调查公司现状,也会打电话询问公司的情况,通常最关心的是公司的管理层情况、募股资金使用、项目进展等。

在这几年的炒股经历中,丛翊打得最漂亮的几仗是:中科健(000035)6元买进10万多股,半年后在18元卖出;闽福发(000547)在平均成本6元多买进4万股,在10元的价位卖出;南方基金(004503)成本为1.5元左右,买进约15万基金单位,在3.68元卖出9万基金单位……丛翊总结的投资经验有五条:

第一,以企业本身的素质为最主要的衡量标准,绝不能听信小道消息,盲从股评专家意见。

第二,投资低价股,在相对低位买进。

第三,重拳出击,持股相对单一。

第四,打持久战,设立止损点,跌到一定幅度就及时斩仓。

第五,把握板块运动规律,适当反向操作。

分析要求:(1)你对上述五条经验有何看法?

(2)谈谈你对这个案例的认识。

第3章

债　券

◆ **学习目标**

1. 掌握债券的基本含义和特征；
2. 理解债券和股票两种主要投资工具的区别；
3. 熟悉债券的基本分类；
4. 知晓中国债券市场发展及分类情况。

◆ **创设情境**

大冶有色金属集团控股有限公司(下称公司)于2010年经国家发改委批准发行7亿元、8年期的公司债，简称"10大冶有色债"。在2009年国家有色金属行业振兴规划出台的背景下，公司作为中国五大铜原料基地之一，通过发行公司债券募集资金，将资金主要投入国家产业政策鼓励的铜冶炼节能减排改造和矿山深部开采等关系公司发展后劲的项目上，有利于公司贯彻执行国家产业政策，及时筹措资金，满足公司重点项目建设需求。

本期公司债券是采取固定的利率方式发行，发行利率为4.98%，加上承销费等发行费用，综合发行成本为5.19%，与同期基准利率6.14%相比，融资成本节约15.47%，尤其是在国家连续加息的紧缩环境下，经济效益更加明显。公司债的成功发行，既拓宽了公司融资渠道，同时又降低了公司综合融资成本。

思考：结合案例，谈谈你对债券融资的理解。大冶有色金属集团控股有限公司发行融资债券是为解决什么问题？效果如何？

3.1 债券的含义及特征

3.1.1 债券的含义

债券(Bonds/Debenture)是一种金融契约,是政府、金融机构、工商企业等直接向社会借债筹措资金时,向投资者发行,同时承诺按一定利率支付利息并按约定条件偿还本金的债权债务凭证。债券的本质是债的证明书,具有法律效力。债券购买者或投资者与发行者之间是一种债权债务关系,债券发行人即债务人,投资者(债券购买者)即债权人。

债券是一种有价证券。由于债券的利息通常是事先确定的,因此债券是固定利息证券(定息证券)的一种。在金融市场发达的国家和地区,债券可以上市流通。在中国,比较典型的政府债券是国库券。

由此,债券包含了以下4层含义:

①债券的发行人(政府、金融机构、企业等机构)是资金的借入者;

②购买债券的投资者是资金的借出者;

③发行人(借入者)需要在一定时期还本付息;

④债券是债的证明书,具有法律效力。债券购买者与发行者之间是一种债权债务关系,债券发行人即债务人,投资者(或债券持有人)即债权人。

在所有的金融工具中,债券属于债务类工具,其性质、交易和定价与其他的金融工具(如股票等)有很大的不同。同时,债券市场是资本市场中极为重要的组成部分,债券交易在资本市场交易活动中占有很大的比重。

世界各国债券发行和交易的规模极不平衡。美国债券市场规模庞大、品种结构多元、流动性较好。美国证券业及金融市场协会(SIFMA)数据显示,截至2015年年中,美国债券市场规模达到39.5万亿美元,跻身全球最大金融市场之列。这一规模是美国股市的1.5倍,几乎是日本、中国和欧洲等五大国外股市规模之和的两倍。《中国债券市场:2015》报告显示,截至2015年11月,中国债券市场总规模达到6.7万亿美元,成为仅次于美国、日本的全球第三大债券市场。虽然发行量、交易量和存量近年来快速增长,但我国债券市场与发达国家比较依然处于成长阶段,未来有广阔的发展空间。

3.1.2 债券的基本要素

债券尽管种类多种多样,但是在内容上都要包含一些基本的要素。这些要素是指发行的债券上必须载明的基本内容,这是明确债权人和债务人权利与义务的主要约定,具体包括:

1) 债券面值

债券面值是指债券的票面价值,是发行人对债券持有人在债券到期后应偿还的本金数额,也是发行人向债券持有人按期支付利息的计算依据。债券的面值与债券实际的发行价格并不一定是一致的,发行价格大于面值称为溢价发行,小于面值称为折价发行,等价发行称为平价发行。

2) 偿还期

债券偿还期是指债券上载明的偿还债券本金的期限,即债券发行日至到期日之间的时间间隔。公司要结合自身资金周转状况及外部资本市场的各种影响因素来确定公司债券的偿还期。

3) 付息期

债券的付息期是指发行人发行债券后的利息支付的时间。它可以是到期一次支付,或1年、半年或者3个月支付一次。在考虑货币时间价值和通货膨胀因素的情况下,付息期对债券投资者的实际收益有很大影响。到期一次付息的债券,其利息通常是按单利计算的;而年内分期付息的债券,其利息是按复利计算的。

4) 票面利率

债券的票面利率是指债券利息与债券面值的比率,是发行人承诺以后一定时期支付给债券持有人报酬的计算标准。债券票面利率的确定主要受银行利率、发行者的资信状况、偿还期限、利息计算方法以及当时资金市场上资金供求情况等因素的影响。

5) 发行人名称

发行人名称指明债券的债务主体,为债权人到期追回本金和利息提供依据。

上述要素是债券票面的基本要素,但在发行时并不一定全部在票面印制出来,例如,在很多情况下,债券发行者是以公告或条例形式向社会公布债券的期限和利率。

3.1.3 债券的基本特征

债券作为一种债权债务凭证,与其他有价证券一样,也是一种虚拟资本,而非真实资本,它是经济运行中实际运用的真实资本的证书。从投资者的角度看,债券具有以下4个特征:

1) 偿还性

债券一般都规定有偿还期限,发行人必须按约定条件偿还本金并支付利息。但是在历史上,英国等国在战争期间为了筹措经费而发行的无期公债或者统一公债是例外,这种公债不规定到期时间,债权人也不能要求清偿,只能按期获得利息支付。

2）流动性

债券一般都可以在流通市场上自由转让,具有较强的流动性,但是债券的流动性一般与发行者的信誉和债券的期限紧密相关。

3）安全性

债券通常规定有固定的利率,与企业绩效没有直接联系,收益比较稳定;同时,在企业破产时,债券持有者享有优先于股票持有者的企业剩余资产索取权。因此,与股票相比,债券的风险较小。但这种安全性是相对的,并不是说债券绝对安全、没有风险。事实上,债券的价格也会因各种因素(如债券信用等级下降、市场利率上升等)的影响而下跌。

4）收益性

收益性是指债券能为投资者带来一定的收入。这种收入主要表现在两个方面:一是投资债券可以给投资者定期或不定期地带来利息收入;二是投资者可以利用债券价格的变动,买卖债券赚取差价。

债券的偿还性、流动性、安全性与收益性之间存在着一定的矛盾。一般来讲,如果债券的流动性强,安全性就强,人们便会争相购买,于是该种债券的价格就上升,收益率就会下降;反之,如果某种债券的流动性差,安全性低,那么购买的人就少,债券的价格就低,其收益率就高。对于投资者来说,可以根据自己的投资目的来对债券进行合理的选择和组合。

3.1.4 股票和债券的区别

1）债券与股票的区别

（1）发行主体不同

作为筹资手段,无论是国家、地方公共团体还是企业,都可以发行债券,而股票只能是股份制企业才可以发行。

（2）收益稳定性不同

从收益方面看,债券在购买之前,利率已定,到期就可以获得固定利息,而不管发行债券的公司经营获利与否。股票一般在购买之前不定股息率,股息收入随股份公司的盈利情况变动而变动,盈利多就多得,盈利少就少得,无盈利不得。

（3）保本能力不同

从本金方面看,债券到期可回收本金,也就是说连本带利都能得到,如同放债一样。股票则无到期之说。股票本金一旦交给公司,就不能再收回,只要公司存在,就永远归公司支配。公司一旦破产,还要看公司剩余资产清盘状况,那时甚至连本金都会蚀尽,小股东特别有可能损失本金。

（4）经济利益关系不同

债券所表示的只是对公司的一种债权,而股票所表示的则是对公司的所有权。权属关系不同,就决定了债券持有者无权过问公司的经营管理,而股票持有者,则有权直接或间接地参与公司的经营管理。

(5)风险性不同

债券只是一般的投资对象,交易转让的周转率比股票低;股票不仅是投资对象,更是金融市场上的主要投资对象,其交易转让的周转率高,市场价格变动幅度大,可以暴涨暴跌,安全性低,风险大。另外,在公司交纳所得税时,公司债券的利息已作为费用从收益中减除,在所得税前列支,而公司股票的股息属于净收益的分配,不属于费用,在所得税后列支。

2)债券与股票的联系

债券与股票同属于有价证券,是一种虚拟资本,本身无价值,但都是真实资本的代表,都可以凭此获取一定量的收入,并能进行权利的发生、行使和转让活动。它们都具有收益性、风险性和流动性的特点,都可以成为筹资手段和投资工具。国债和企业债券图样如图3.1和图3.2所示。

图3.1　国债

图3.2　企业债券

3.2 债券的种类

在我国,根据不同的分类标准,可对债券进行不同的分类:

3.2.1 按发行主体的不同,债券可分为国家债券、金融债券、公司债券

国家债券是中央政府根据信用原则,以承担还本付息责任为前提而筹措资金的债务凭证。通常简称为国债或国债券。国债是由国家发行的债券,由于国债的发行主体是国家,因此它具有最高的信用度,被公认为是最安全的投资工具。国家债券具有以下特点:安全性高;流动性强,变现容易;可以享受许多免税待遇;能满足不同的团体、金融机构及个人的需要;还本付息由国家作保证;是平衡市场货币量的筹码。

国家债券还可以按不同标准进行分类:①按偿还期限,可以分为短期国债、中期国债和长期国债。短期国债一般指偿还期限为 1 年以内的国债。中期国债是指偿还期限在 1 年(包括 1 年)以上 10 年(包括 10 年)以下的国债。长期国债是指偿还期限在 10 年以上的国债。②按资金用途,可以分为赤字国债、建设国债、战争国债和特种国债。③按流通与否,可以分为流通国债和非流通国债。

金融债券是由银行和非银行金融机构发行的债券。在英、美等欧美国家,金融机构发行的债券归类于公司债券。在中国及日本等国家,金融机构发行的债券称为金融债券。新中国成立后金融债券得到长足发展,种类也日益增多,主要有以下几类:①央行票据;②证券公司债券;③商业银行的次级债券;④保险公司次级债券;⑤证券公司短期融资债券;⑥混合资本债券。

公司债券指的是由股份公司发行并承诺在一定时期内还本付息的债权债务凭证。公司债券除具有债券的一般性质外,与其他债券如国家债券、金融债券相比,有其自身的特点:①收益较高;②风险性相对较大;③与公司股票相比,持有人权利内容不同。公司债券持有人只是公司的债权人,而不是股东,因而无权参与公司的经营管理决策。但在收益分配顺序上优先于股东。公司债券的分类:①按是否记名,分为记名公司债券和不记名公司债券。我国目前发行的债券大多属于不记名式的。②按债券持有人的受益程度和方式不同,分为参加公司债和非参加公司债。③按有无抵押担保,分为有抵押担保公司债券和无抵押担保公司债券。有抵押担保公司债券又分为不动产抵押公司债券、动产抵押公司债券和信托抵押公司债券。④按偿还期限不同,分为短期公司债券、中期公司债券和长期公司债券。⑤按可否转换股票,分为可转换债券和不可转换债券。

3.2.2 按发行的区域,债券可分为国内债券和国际债券

国内债券是由本国的发行主体以本国货币为单位在国内金融市场上发行的债券;国际债券(International Bonds)是一国政府、金融机构、工商企业或国家组织为筹措和融通资金,

在国外金融市场上发行的,以外国货币为面值的债券。国际债券的重要特征,是发行者和投资者属于不同的国家,筹集的资金来源于国外金融市场。国际债券的发行和交易,既可用来平衡发行国的国际收支,也可用来为发行国政府或企业引入资金从事开发和生产。依发行债券所用货币与发行地点的不同,国际债券又可分为外国债券和欧洲债券。

3.2.3 按偿还期限的长短,债券可分为短期债券、中期债券、长期债券和永久债券

短期债券是指偿还期限在 1 年以下的债券。短期债券的发行者主要是工商企业和政府,金融机构中的银行因为以吸收存款作为自己的主要资金来源,并且很大一部分存款的期限是 1 年以下,所以较少发行短期债券。政府发行短期债券多是为了平衡预算开支。美国政府发行的短期债券分为 3 个月、6 个月、9 个月和 12 个月 4 种。我国政府发行的短期债券较少。

偿还期限在 1 年以上、10 年以下的,称为中期债券,但我国企业债券的期限划分与上述标准有所不同。偿还期限在 1 年以上 5 年以下的为中期企业债券。

一般说来,偿还期限在 10 年以上的为长期债券,主要是政府、金融机构和企业发行,我国企业债券偿还期限在 5 年以上的为长期企业债券。

永久债券(Perpetual Bonds)指一种不规定本金返还期限,可以无限期地按期取得利息的债券。永久债券的利息一般高于浮动利息,债券的发行人一般多为商业银行。其发行目的是为了扩充银行的自有资金实力。

3.2.4 按利息的不同支付方式,债券一般可分为附息债券和贴息债券

附息债券是指在债券券面上附有息票的债券,或是按照债券票面载明的利率及支付方式支付利息的债券。息票上标有利息额、支付利息的期限和债券号码等内容。持有人可从债券上剪下息票,并据此领取利息。附息债券的利息支付方式一般会在偿还期内按期付息,如每半年或一年付息一次。

贴息债券是一种发行时不规定利息率,也不附息票,只是按一定折扣(以低于面值的价格)发行或出售的债券。

3.2.5 按债券的发行方式即是否公开发行,可分为公募债券和私募债券

公募债券是指按法定手续,经证券主管机构批准在市场上公开发行的债券。这种债券的认购者可以是社会上的任何人。发行者一般有较高的信誉,而发行公募债券又有助于提高发行者的信用度。除政府机构、地方公共团体外,一般私营企业必须符合规定的条件才能发行公募债券。由于发行对象是不特定的广泛分散的投资者,因而要求发行者必须遵守信息公开制度,向投资者提供各种财务报表和资料,并向证券主管部门提交有价证券申报书,以保护投资者的利益。

私募债券的发行相对公募而言有一定的限制条件,私募的对象是有限数量的专业投资

机构,如银行、信托公司、保险公司和各种基金会等。一般发行市场所在国的证券监管机构对私募的对象在数量上并不作明确的规定,但在日本则规定为不超过50家。这些专业的投资机构一般都拥有经验丰富的专家,对债券及其发行者具有充分调查研究的能力,加上发行人与投资者相互都比较熟悉,因此没有公开展示的要求,即私募发行不采取公开制度。购买私募债券的目的一般不是为了转手倒卖,只是作为金融资产而保留。日本对私募债券的转卖有一定的规定,即在发行后两年之内不能转让,即使转让,也仅限于转让给同行业的投资者。

3.2.6　按有无抵押担保,债券可分为信用债券、抵押债券和担保债券等

信用债券是指没有抵押品,完全靠公司良好的信誉而发行的债券。通常只有经济实力雄厚、信誉较高的企业才有能力发行这种债券。国债、金融债券、信用良好的公司发行的公司债券,大多为信用债券。

抵押债券是指债券发行人在发行一笔债券时,通过法律上的适当手续将债券发行人的部分财产作为抵押,一旦债券发行人出现偿债困难,则出卖这部分财产以清偿债务。抵押债券具体来说又可分为一般抵押债券和实物抵押债券。

担保债券是指由一定保证人作担保而发行的债券。当企业没有足够的资金偿还债券时,债权人可要求保证人偿还。担保债券按担保品不同可分为抵押债券、质押债券、保证债券。

3.2.7　按是否可以转换划分,债券可分为可转换债券和不可转换债券

企业可转换债券是指发行债券的股份有限公司许诺,在一定条件下,债券的持有者可以将其转换成公司的股票的债券。

可转换债券一般是在企业初创阶段,需要大量中长期发展资金而企业可获得资金少,但预计今后效益看好的情况下发行的。发行这一债券的目的是让公众在一段时间内只得到较低的利息,但债券一旦转换成了股票,那么,就能得到较为丰厚的收益。在此利益驱动下,投资者就会踊跃购买债券,这样,企业就能以较少的代价获得所需要的资金。

企业可转换债券是一种潜在的股票,在发行时要明确转换的时间、转换的比例、转换时是按面值还是按市价等事项,以防转换时发生纠纷。当然,购买这种企业可转换债券还是有一定风险的,如果企业发展情况不好,那么,换成股票后,其收益就很小。

不可转换债券是指不能转换为普通股的债券,又称为普通债券。由于其没有赋予债券持有人将来成为公司股东的权利,因此其利率一般高于可转换债券。

另外债券还可以按币种、流通等其他方式来进行分类。

金融哲理小故事

富豪贷款5 000元却用劳斯莱斯作抵押

一富豪到华尔街银行借了5 000元贷款,借期为两周,银行贷款需有抵押,富豪用停在门口的劳斯莱斯作抵押。银行职员将他的劳斯莱斯停在地下车库里,然后借给富豪5 000元。两周后富豪来还钱,利息仅15元,银行职员发现富豪账上有几百万元,问为啥还要借钱。富豪说15元两周的停车场,在华尔街是永远找不到的。

3.3 中国债券市场的改革与发展

近年来,中国债券市场取得了长足发展。从市场规模看,截至 2015 年 11 月末,债券市场余额达到 46.4 万亿元,位居全球第三;其中,公司信用类债券的余额达到 13.9 万亿元,位居全球第二。从市场格局看,债券市场已经形成了以银行间场外市场为主,交易所市场为辅,分工互补的债券市场体系,并具有了多元化的投资者结构,多样性的债券产品,以及较为完善的市场基础设施。

债券市场的功能不断提升,在支持宏观调控、促进改革开放、改善社会融资结构、降低企业融资成本等方面发挥了越来越重要的作用。目前,债券市场已经成为中央银行货币政策操作的主要平台,活跃的债券回购交易是货币政策传导的重要渠道。利率市场化、人民币国际化等重大金融改革开放举措依托债券市场加快推进,并与债券市场发展相互呼应、相互促进。随着债券市场的发展,整个社会融资结构显著改善,企业融资成本大幅节约。2002—2014 年,贷款占社会融资规模的比重从 92% 大幅下降至 59%,债券占社会融资规模的比重则从不足 2% 上升至近 15%。2015 年前 11 个月,公司信用类债券共发行 6.2 万亿元,同比增长 29%;企业净融资 2.3 万亿元,占社会融资规模的比重进一步上升至 17.5%。由于企业发债成本比贷款成本平均低 1～1.5 个百分点,初步估算,每年通过发债为企业节约成本 1 000 亿～1 500 亿元。

3.3.1 我国债券市场相关经验积累

中国债券市场发展过程曲折,初期对企业债进行审批,搞行政分配,市场不透明,甚至出现过大量银行资金通过交易所债券回购流入股票市场、助长股市投机泡沫的风险事件。1997 年,根据国务院统一部署,商业银行退出交易所,建立起银行信贷资金与资本市场适度隔离的风险防范机制,随后人民银行会同相关部门和业界,借鉴国际经验并结合中国国情,推动债券市场取得了跨越式发展,并在此过程中积累了不少经验:

1)根据国际成熟债券市场的发展经验,遵循市场发展的客观规律,面向合格机构投资者,依托银行间场外市场推动债券市场发展

目前,银行间市场托管量占全部债券市场的 93%。同时,投资者类型多元化的特征已十分明显,商业银行债券持有比例已从 1999 年的 92% 下降到目前的 60% 左右,公司信用债持有比例则大幅下降到目前的 40% 左右。

2)坚持市场化改革方向,减少债券市场行政管制,同时强化市场化的约束机制,激发市场自身活力

1998 年和 1999 年政策性金融债和国债分别实现了市场化招标发行。2005 年推出企业短期融资券时采用了发行备案制,2007 年又推动成立了自律组织——银行间市场交易商协

会,采取更为市场化的发行注册制,并建立自律管理规则体系,实现了政府监管与市场自律管理相互配合的管理模式。同时,强调会计报表的质量,强化信息披露、信用评级等市场化约束机制,引导市场参与者更多关注发行人的信用风险和中介机构的专业服务。

3）利用后发优势,前瞻性地进行了债券市场基本制度安排和金融市场基础设施建设

建立健全了覆盖债券发行、登记托管、交易、清算、结算等各个方面的系统性基本制度安排。较早实现了债券的无纸化,建立了统一的中央一级托管体系,采用集中的电子交易及信息报告平台,实现交易和结算系统数据的直通式处理,推行券款兑付结算,通过央行货币结算等。这些制度安排极大地提高了市场效率、透明度和安全性。

4）稳步推进债券市场对外开放,以开放促发展

从引入境外发行人看,在境内债券市场发行人民币债券的主体已包括境外非金融企业、金融机构、国际开发机构以及外国政府等。目前已有7家境外机构累计发行人民币债券155亿元。2015年,汇丰银行、中银香港和渣打银行作为首批境外金融机构,在境内市场发行债券共计30亿元。近期,韩国政府在境内市场成功发行主权债券30亿元,加拿大不列颠哥伦比亚省也完成30亿元债券的发行注册。从引入境外投资人看,境外央行、国际金融组织、主权财富基金、跨境人民币结算的清算行和参加行、保险公司、RQFII、QFII等符合条件的境外机构均可投资银行间债券市场。至2015年11月底,已有287家境外机构获准投资银行间债券市场。

发展直接融资,打造一个富有深度和广度的金融市场体系、推动中国金融市场结构的转型是金融改革发展的重要内容。同时也应看到,尽管中国债券市场发展很快,但与发达国家市场相比仍有较大差距。从债券余额占国内生产总值的比重看,2014年中国债券余额与国内生产总值之比不到60%,而美国和日本均超过200%。从债券市场规模看,尽管中国债券市场总规模位居世界第三,但与排名第一的美国相比,中国债券市场总规模仅为美国的16%,其中,公司信用类债券的总规模仅为美国的25%。从债券市场品种看,以债券市场中的重要品种——信贷资产证券化为例,截至2015年11月底,中国信贷资产证券化余额约4 600亿元,占债券市场余额不到1%,占人民币贷款余额比重不到0.5%;而美国的资产证券化余额在2015年6月末约为10万亿美元,占债券市场余额近26%。从这些数据看,中国的债券市场以及信贷资产证券化未来发展的潜力是巨大的,中国金融市场结构调整也有较大的空间。

3.3.2 我国债券市场的改革

与此同时,债券市场也面临一系列挑战:在经济下行背景下,微观主体的信用风险会逐步显性化;隐性担保、刚性兑付导致的价格扭曲现象仍然存在;监管的有效协调不够,影响对市场整体风险的判断和把控;金融市场对外开放不断加快,但金融市场基础设施缺乏统筹协调和统一有效监管。应对这些机遇与挑战,需以问题为导向,针对潜在问题和制度障碍,注重顶层设计与统筹安排,进而推动债券市场发展改革。

1）保持债券市场体系总体格局稳定，继续以合格机构投资者和场外市场为主发展债券市场

健全债券市场合格投资者制度，以投资者适当性制度为基础，加强债券市场制度创新和产品创新，提高债券市场的覆盖面和包容性；优化完善财税支持等配套政策，吸引和推动长期资金入市；改进债券市场运行机制，提高市场流动性，降低社会融资成本。

2）强化风险防控，健全市场约束和风险分担机制，促进债券市场更加高效、公平、规范

有序打破刚性兑付，消除信用市场定价扭曲。健全规范化、法制化的信用风险处置机制，做好信用风险事件处置工作，维护投资人合法权益。完善宏观审慎管理框架，对债券市场杠杆操作进行监测和统一管理。规范信用评级，加强信息披露制度建设，强化发行人及相关中介机构在存续期内的持续信息披露及风险监测职责，进一步提高市场透明度。

3）进一步加强监管协调，推进债券发行制度市场化改革和法制建设

推广和完善债券发行自律管理注册制，发挥监管协调机制作用，进一步降低并消除行政管制，统筹协调债券发行管理规则和制度安排。同时推动相关法律修订，形成集中统一、监管有效的债券市场执法机制。

4）积极稳妥推进债券市场对外开放

债券市场对外开放是金融市场对外开放、实现资本项目可兑换的重要组成部分。人民币加入特别提款权（SDR）也对债券市场对外开放提出了更高要求。完善境外机构境内发行人民币债券有关制度，进一步提高发行管理的透明度。在宏观审慎管理框架下，推动境内机构到境外发债更加便利化。根据资本项目可兑换的进程，进一步扩大境外机构投资者范围，引入更多中长期投资者。明确与完善涉及对外开放的会计、审计、税收等制度安排。完善对外开放中债券市场基础设施的整体布局，做好境内外市场体系和制度的衔接，提升跨境投资的便利化水平。

5）落实党的十八届三中全会和"十三五"规划建议中有关改革要求，加强金融市场基础设施建设和监管的统筹协调

根据我国金融市场发展的阶段特征和对外开放的新形势，借鉴国际金融市场基础设施的基本原则，并充分考虑我国国情和实践经验，建立完善相关宏观审慎管理框架，消除金融市场基础设施可能存在的扭曲和风险。

◆本章小结

1. 债券是一种有价证券，是社会各类经济主体为筹集资金而向债券投资者出具的、承诺按一定利率定期支付利息并到期偿还本金的债权债务凭证。债券上规定资金借贷的权责关系主要有3点：第一，所借贷货币的数额；第二，借款时间；第三，在借贷时间内应有的补偿或称代价是多少（即债券的利息）。

2.债券包含4个方面的含义:第一,发行人是借入资金的经济主体;第二,投资者是出借资金的经济主体;第三,发行人需要在一定时期付息还本;第四,债券反映了发行者和投资者之间的债权、债务关系,而且是这一关系的法律凭证。

3.债券的基本性质:债券属于有价证券,债券是一种虚拟资本,债券是债权的表现。

4.在我国,根据不同的分类标准,可对债券进行不同的分类:

(1)按发行主体的不同,债券可分为国家债券、金融债券、公司债券。

(2)按发行的区域,债券可分为国内债券和国际债券。

(3)按偿还期限的长短,债券可分为短期债券、中期债券、长期债券和永久债券。

(4)按利息的不同支付方式,债券一般可分为附息债券和贴息债券。

(5)按债券的发行方式即是否公开发行,可分为公募债券和私募债券。

(6)按有无抵押担保,债券可分为信用债券、抵押债券和担保债券等。

(7)按是否可以转换,债券可分为可转换债券和不可转换债券。

◆ 综合练习与训练

一、单项选择题

1.以下关于债券说法正确的是( )。

A.不同于股票,投资债券没有任何风险

B.只有当持有到期时,投资债券没有任何风险

C.赎回权是到期条款中投资者可以行使的权利

D.回售权是到期条款中有利于投资者的条款

2.以下债券全部属于信用债券的是( )。

A.国债　公司债　　　　　　　　　　B.央票　企业债

C.政策性金融债　中期票据　　　　　D.短融　企业债

3.债券按照交易场所可以分为( )。

A.公募债券和私募债券　　　　　　　B.银行间债券和交易所债券

C.利率产品和信用产品　　　　　　　D.以上说法均不正确

4.以下关于市场利率的期限结构说法错误的是( )。

A.利率的期限结构是指债券收益率与到期日之间的关系

B.预期理论认为长期收益率是由现在的和未来的短期利率预期决定的

C.市场分割理论认为长期收益率是由整个债券市场的供需关系决定的

D.风险溢价理论认为长期收益率是由投资者风险偏好决定的

5.李先生买入一只剩余期限为3年的公司债券,并打算持有至到期,则该投资者面临以下风险中的哪种风险?( )

A.信用风险　　　　　　　　　　　　B.利率风险

C.流动性风险　　　　　　　　　　　D.以上三者都有

6.以下关于久期的说法正确的是( )。

A.债券的剩余期限越长,其久期越短

B.对于同期限的债券,债券的票面利率越高,其久期越短

C. 久期是用来衡量信用风险的指标

D. 久期越大,债券的风险越小

7. 以下衍生品中不能用来对冲利率产品风险的为( )。

A. 利率互换　　　　　B. 国债期货　　　　　C. 信用违约互换　　　　D. 利率期权

8. 按照是否记名,可将债券分为( )。

A. 记名债券和无记名债券

B. 可转换债券和不可转换债券

C. 信用债券和担保债券

D. 不动产抵押债券、动产抵押债券和证券信托抵押债券

二、多项选择题

1. 我国的债券指数包括( )。

A. 上证国债指数　　　　　　　　　　　B. 政策性银行金融债指数

C. 上证企业债指数　　　　　　　　　　D. 中国债券

2. 下列可以发行证券的有( )。

A. 个人　　　　　　　　B. 企业　　　　　　　　C. 政府　　　　　　　　D. 金融机构

3. 证券市场监管机构包括( )。

A. 国务院证券监督管理机构　　　　　　B. 国务院证券监督管理机构的派出机构

C. 证券登记结算公司　　　　　　　　　D. 行业协会

4. 近年来,我国金融债券市场发展较快,金融债券品种不断增加,主要包括( )。

A. 证券公司债券　　　　　　　　　　　B. 央行票据

C. 保险公司次级债务　　　　　　　　　D. 政策性银行金融债券

5. 债券与股票相同的地方表现在( )。

A. 两者都是有价证券　　　　　　　　　B. 两者都是筹资手段

C. 两者收益率相互影响　　　　　　　　D. 两者的风险差不多

6. 21 世纪,在世界经济一体化的推动下,证券市场将出现( )几大趋势。

A. 金融创新进一步深化

B. 发展中国家和地区的证券市场国际化将有较大的发展

C. 证券交易所的合并与上市

D. 证券市场的网络化发展趋势

7. 筹资者在确定债券期限时,需要考虑的主要因素为( )。

A. 偿还能力　　　　　　　　　　　　　B. 资金使用方向

C. 市场利率变化　　　　　　　　　　　D. 债券变现能力

8. 债券具有的基本性质是( )。

A. 债券属于有价证券　　　　　　　　　B. 债券是一种虚拟资本

C. 债券是债权的体现　　　　　　　　　D. 一种综合权利证券

三、判断题

1. 一般来说,当未来市场利率趋于下降时,应选择发行期限较长的债券。　　　　　(　　)

2. 偿还期在 1 年以上 10 年以下的国债被称为中期国债。　　　　　　　　　　　(　　)

3. 专项债券(收益债券)是指为筹集资金建设某项具体工程而发行的债券。对于专项债

券的偿还,中央政府往往以项目建成后取得的收入作保证。					（　　）

4.我国和日本把金融机构发行的债券定义为金融债券,从而突出了金融机构作为证券市场发行主体的地位,但股份制的金融机构发行的股票并没有定义为金融证券,而是归类于一般的公司股票。					（　　）

5.上市公司向不特定对象公开募集股份(增发)或发行可转换债券,主承销商可以对参与网下配售的机构投资者进行分类。对不同类别的机构投资者设定不同的配售比例进行配售,但不能全部向原股东优先配售。					（　　）

四、简答题

1.简述我国债券的主要类型。

2.简述债券和股票的区别。

3.债券的基本要素有哪些?

4.针对我国债券市场存在的主要问题我们应该怎么做?

◆案例分析

迪士尼公司发行债券

迪士尼公司是一家多样化经营的国际娱乐公司,其业务包括主题公园和旅游胜地、电影业以及消费品。主题公园和旅游胜地这一部分产生的收入占其总收入的40%左右,电影业约占40%,消费品占20%。迪士尼公司最近收购了大都会/ABC公司以及属于它的ABC电视台和ABC电台。

在1993年7月,迪士尼公司决定增发长期负债。它的投资银行家建议说,发行100年期的债券是可能的。迪士尼公司的资本状况很稳健。它的长期负债被穆迪投资者服务公司评为A级,被标准普尔公司评为AA级。迪士尼公司在1993年6月30日的资本总额见表3.1。

表3.1　资本总额　　　　　　　　　　单位:百万美元

	账面价值 1993年6月30日
短期负债	503.7
长期负债	1 455.5
股东权益	5 169.1
资本总额	6 624.6
资本总额(包括短期负债)	7 128.3

它在至1993年6月30日为止的12个月内,利息保障见表3.2。

表3.2　利息　　　　　　　　　　单位:百万美元

	至1993年6月30日为止的12个月内
息税前盈余	1 640.5
利息费用	122.4
利息保障倍数	13.4

在过去几年中,利率在下降,而且接近过去20年来的最低水平。这使长期负债成为一种有吸引力的筹资方式。当时,固定利率的长期债券的众多投资者开始相信,美国已控制住了通货膨胀,长期利率不可能再回到20世纪80年代初期的那种高水平。他们认为,由于长期国债收益率(30年期债券为6.40%)与预计的通货膨胀率(3%)之间的差距,按历史标准看已相对很高,因此长期利率甚至可能进一步下跌。100年的期限在几年前几乎是不可想象的,但根据迪士尼公司在摩根士丹利公司的投资银行家顾问的看法,现在是可能的。迪士尼公司可按表3.3的年收益率发行不可提前赎回的长期债券(每半年支付一次利息)。

表3.3 年收益率

期限/年	提供的收益率/%
3	5.15
5	5.85
7	6.25
10	6.60
20	7.25
30	7.35
100	7.35

若迪士尼公司发行100年期债券,它希望能保留一些灵活性,以便能在到期以前就赎回。

摩根士丹利公司建议迪士尼公司发行本金数额为3亿美元的100年期债券,自发行日起30年后开始,债券可以提前偿还。利息成本为年利率7.55%。首次的提前偿债价格将是面值的103.02%。从发行日起的50年后开始,提前偿债价格将逐步下降直至面值。

思考:1.选择性赎回这一特征使迪士尼公司付出多少成本?

　　　2.债券的收益率和期限是什么关系?为什么会有这种关系?

第4章

证券投资基金

◆ **学习目标**

　　1. 掌握投资基金的基本含义、性质和特征；

　　2. 了解投资基金的主要分类；

　　3. 理解投资基金与债券、股票等投资工具的关系；

　　4. 熟悉开放式基金与封闭式基金的区别；

　　5. 理解对投资基金进行监管的意义。

◆ **创设情境**

高盛"欺诈门"与金融监管

　　刚刚驱散金融危机阴云的华尔街如今再度硝烟弥漫。2010年4月16日上午，美国证券交易委员会(SEC)对高盛集团及其副总裁托尔雷(Fabrice Tourre)提出证券欺诈的民事诉讼，称该公司在向投资者推销一款与次级信贷有关的金融产品时隐去关键事实，误导投资者。美国证监会指控托尔雷对这起欺诈案负主要责任。高盛在当天回应，否认所有指控并表示要积极抗辩，维护公司声誉。

　　证监会称，高盛在2007年初设计并销售了一款基于次级房屋抵押贷款债券(RMBS)的复合型担保债权凭证(Synthetic CDO)，而当时美国房市和与其相关的证券均已经开始显示出走软的迹象。证监会表示，高盛未能向投资者披露该CDO的关键信息，特别是一家大型对冲基金保尔森基金公司(Paulson&Co.)在组成CDO的次级房屋抵押贷款债券挑选中扮演了重要角色，更严重的是保尔森基金公司已经选择做空这款CDO。为这项交易，保尔森基金公司2007年向高盛支付了约1 500万美元的设计和营销费用，但这笔交易给其带来高达10亿美元的收益，而这全部是由这一CDO的投资者买单的。受欺诈门影响，大宗商品大跌，美元涨幅扩大。另外，2010年6月7日，美国国会金融危机调查委员会向华尔街大银行高盛集团发出一份传票，并指责该公司妨碍调查。这一切表明，金融危机后，华尔街"严打"行动升级。

　　思考：1. 高盛的"欺诈门"将对美国的金融监管格局产生哪些影响？

　　　　　2. 谈一谈美国金融监管模式的发展变化？

4.1　证券投资基金概述

4.1.1　证券投资基金的含义

证券投资基金(Securities Investment Fund)是指一种利益共享、风险共担的集合证券投资方式,即通过发行基金单位,集中投资者的资金,由基金托管人托管,由基金管理人管理和运用资金,从事股票、债券等金融工具投资,并将投资收益按基金投资者的投资比例进行分配的一种间接投资方式。

证券投资基金是一种大众化的信托投资工具,各国对其称谓不尽相同,如美国称"共同基金(Mutual Fund)"、英国和中国香港地区称"单位信托基金(Unit Trust Fund)",日本和中国台湾地区则称"证券投资信托基金"等。

证券投资基金在证券市场上具有多重身份。首先,它是投资的客体供投资者选择,并以此作为手段获取收益;其次,它是投资主体,将筹集的资金投资于股票、债券等有价证券,成为证券市场上重要的机构投资者;最后,它又是专业的投资中介,接受投资者的委托,代理证券投资事宜,并取得相应费用,成为连接社会公众投资者和筹资者的桥梁。

4.1.2　证券投资基金的产生与发展

从投资基金的发展历史来看,投资基金产生于市场经济较为发达的资本主义发展时期。

1)证券投资基金的起源

一般认为,基金起源于英国,是在 18 世纪末、19 世纪初产业革命的推动下出现的。当时,产业革命的成功,使英国生产力水平迅速提高,工商业都取得较大的发展,其殖民地和海外贸易遍及全球,大量的资金为追逐高额利润而涌向其他国家。但是,由于大多数投资者缺乏国际投资知识,又不了解外国的情况,因此,难以直接参加海外投资。于是,人们便萌发了众人集资,委托专人经营和管理的想法。这一想法得到了英国政府的支持。1868 年,英国政府出面组建了海外和殖民地政府信托组织,公开向社会发售受益凭证。"海外和殖民地政府信托"是公认的最早的基金机构,以分散投资于国外殖民地的公司债为主,其投资地区涉及南北美洲、中东、东南亚地区和意大利、葡萄牙、西班牙等国,当时的投资总额达 48 万英镑,信托期限为 24 年。该基金类似股票,不能退股,也不能兑现,认购者的权益仅分红和派息。从该基金的实际运作情况来看,投资者得到的实际回报率达 7% 以上,远远高于当时 3.3%的英国政府债券利率。

2)证券投资基金在美国的迅速发展

虽然美国在 1893 年成立了第一家封闭式基金——"波士顿个人投资信托",但美国基金业真正发展是在第一次世界大战以后。自 1924 年 3 月 21 日美国波士顿马萨诸塞金融服务公司设立了"马萨诸塞投资信托基金"开始，其后的几年间美国基金迅速发展，1929 年基金资产高达 70 亿美元，是 1926 年的 7 倍多。20 世纪 30 年代，基金受大萧条的影响发展陷入低谷。1933 年，美国颁布了《证券法》，1934 年又颁布了《证券交易法》，特别是 1940 年颁布的《投资公司法》详细规范了共同基金的组成和管理要件，并为投资者提供了完整的法律保护，从而奠定了美国公共基金规范发展的基础。第二次世界大战以后，美国的共同基金出现了高速发展的势头。

3）证券投资基金扩散到全世界

投资基金专业化管理、分散投资的优势在第二次世界大战以后获得了突飞猛进的发展，很快扩散到世界各地。其中，1948 年日本颁布了《证券投资公司法》，并于 1951 年颁布了《证券信托法案》；联邦德国于 1957 年颁布了《投资公司法案》。100 多年来，随着社会经济的发展，世界基金产业从无到有，从小到大，尤其是 20 世纪 70 年代以来，随着世界投资规模的扩大，现代金融业的创新，品种繁多、名目各异的基金不断涌现，形成了一个庞大的产业。基金产业已经与银行业、证券业、保险业并驾齐驱，成为现代金融体系的四大支柱之一。

4）我国证券投资基金发展状况

我国（不包括港澳台地区，下同）也在 20 世纪 90 年代初开始了投资基金的探索与实践，并且随着它们在深沪证券交易所的上市形成了投资基金市场的雏形。20 多年来，我国基金市场从无到有、从小到大，推出了当今成熟市场绝大多数的主流基金产品，从产品结构到发展规模等方面均取得长足进步，呈现出极强的生命力。当前，大力培育证券投资基金成为推动我国证券市场进一步发展的重要环节，其作为重要的机构投资者，在促进证券市场持续稳定与健康发展方面将发挥越来越大的作用。回顾我国基金市场的发展历程，大体上经历了以下 3 个阶段：

（1）1991—1997 年：在摸索中缓慢起步

1991 年随着我国证券市场的起步，我国基金业也开始萌芽。1991 年 7 月，珠信基金宣告成立，与同年 10 月发行的武汉证券投资基金和深圳南山风险投资基金一起成为第一批投资基金。截至 1997 年年底，我国共设立各类投资基金 78 只，全部为封闭式基金，通常称为"老基金"，募集资金共计 76 亿元。总体而言，这一时期的基金业处于摸索起步阶段，基金公司少，资金规模小，运作不规范，相关的政策法规尚未健全，基金资产缺乏应有的流动性，整体发展缓慢。

（2）1997—2002 年：在规范中有序发展

1997 年 11 月《证券投资基金管理暂行办法》颁布，对发展初期散乱的基金审批设立体制进行了立法规范，明确了我国基金业以证券投资基金为主导方向，基金业从此步入规范发展时期。1998 年 3 月，南方基金公司成立，成为第一家规范运作的基金公司，其发起设立的封闭式基金拉开了我国证券投资基金规范发展的序幕。1999 年，我国对原有投资基金进行了清理和规范，经过一系列的基金合并和资产重组，完成了基金的扩募和续期，最终实现了新老基金的历史过渡。在这一阶段，基金市场仍以封闭式基金为绝对主导，并在 1998 和

1999 年迎来了封闭式基金发展的黄金时代。但 2000 年后,封闭式基金上市即跌破发行价的问题凸显,高折价交易最终使得封闭式基金从发行到市场交易陷入低迷。2002 年 9 月,已募集成立并挂牌上市的封闭式基金达 54 只,筹资总额为 807 亿元。其后,封闭式基金的发行全面停止。

（3）2002 年开始至今：在创新中快速扩张

2001 年 9 月,华安创新证券投资基金正式设立,成为我国第一只开放式基金。2002 年以来,伴随着创新步伐的加快,我国基金市场进入了快速发展阶段,先后推出了债券型基金、指数基金、系列基金、货币市场基金、保本型基金、LOF、ETF、红利基金、生命周期基金、复制基金、QDII 基金等创新基金。我国基金业开始了资产规模和产品结构全方位的快速发展,取得了令人瞩目的成就,成为我国证券市场中不可忽略的重要力量,在我国资本市场的发展中起到越来越重要的作用。2007 年 7 月,封闭式基金引入结构化产品,推出了创新型封闭式基金,探索了我国封闭式基金重新崛起的一条新路,并拓宽了我国基金产品的创新空间。

5）证券投资基金的性质

与股票、债券不同,投资基金是一种间接投资工具。基金投资者、基金管理人和托管人是基金运作中的主要当事人。投资基金是一种受益证券,是通过发行单位基金证券,募集社会公众投资者资金,再分散投资于各种有价证券,所获收益按单位基金份额分配给公众投资者的一种投资工具。

（1）投资基金是一种金融市场的媒介物

基金在投资者与投资对象之间,起着把投资者的资金转换成金融资产,通过专门机构在金融市场上再投资,从而使投资者的投资得以增值的作用。投资者投资基金,就等于失去了直接参与证券以及其他投资品的机会。这种间接投资不仅省去了操作中的许多麻烦,而且可保证获得相对稳定的投资收益。投资基金的管理者把投资者的资金转换成股票、债券等金融资产,并对这些金融资产负有经营、管理的职责,投资基金必须按照基金合同的要求确定资金的投向,保证投资者的资金安全和投资收益的最大化。另外,投资者把资金交由基金管理者运用,基金运营的好坏、投资收益的高低取决于基金管理者的经营业绩,基金管理者按经营业绩的好坏提取费用,投资者则必须承担投资风险。而储蓄则不同,储蓄是存款人将货币资金存入银行,在间隔一定期限后可将本金和利息收回(除非存款银行破产)的一种投资方式,存款人的收益比较固定而风险很低。银行要对吸收进来的资金进行有效的管理和运用,并对使用资金的盈亏负责。

（2）投资基金是一种金融信托形式

投资基金主要当事人有基金管理人(基金管理有限公司)、基金托管人(一般为银行)、基金持有人(投资者)3 个。投资者根据各种基金的章程(其中包括基金的基本情况、投资操作目标、投资范围、投资组合、投资策略及投资限制),选择适合自己投资的基金。基金管理人把投资者的资金集合起来,形成一笔巨额资金进行投资。基金管理人可根据事先确定的投资原则进行投资组合,这样可大大减少投资风险并能获取较高的收益,而基金管理人与基金托管人之间订有信托契约:基金管理人主要负责按照基金契约的规定,运用基金资产投资并管理资产,同时及时、足额地向基金持有人支付基金收益;基金托管人主要负责安全保管基金的全部资产,执行基金管理人的投资指令并办理基金名下的资金往来,监督基金管理人的投资运作,复核、审查基金管理人计算的基金资产净值及基金价格。

(3)投资基金本身属于有价证券的范畴

投资基金设立时发行的受益凭证(基金证券)与股票、债券一起构成了有价证券的三大品种,投资者都希望通过购买这些有价证券获得较大的投资收益,在这点上三者之间并无实质上的差别。

4.1.3　证券投资基金的特征

基金之所以在许多国家受到投资者的广泛欢迎,发展如此迅速,都与基金本身的特征有关。作为一种成效卓著的现代化投资工具,基金所具备的特征是十分明显的。

1)集合投资

基金是这样一种投资方式:它将零散的资金巧妙地汇集起来,交给专业机构投资于各种金融工具,以牟取资产的增值。基金对投资的最低限额要求不高,投资者可以根据自己的经济能力决定购买数量,有些基金甚至不限制投资额大小。因此,基金可以最广泛地吸收社会闲散资金,集腋成裘,汇成规模巨大的投资资金。在参与证券投资时,资本越雄厚,优势越明显,而且可能享有大额投资在降低成本上的相对优势,从而获得规模效益的好处。

2)分散风险

以科学的投资组合降低风险、提高收益是基金的另一大特点。在投资活动中,风险和收益总是并存的,因此,"不能将所有的鸡蛋都放在一个篮子里",成为证券投资的箴言。但是,要实现投资资产的多样化,需要一定的资金实力,对小额投资者而言,由于资金有限,很难做到这一点,而基金则可以帮助中小投资者解决这个困难。基金可以凭借其雄厚的资金,在法律规定的投资范围内进行科学的组合,分散投资于多种证券,实现资产组合多样化。这样,通过多元化的投资组合,一方面,借助于资金庞大和投资者众多的优势使每个投资者面临的投资风险变小;另一方面,又利用不同投资对象之间的互补性,达到分散投资风险的目的。

3)专家管理

基金实行专家管理制度,这些专业管理人员都经过专门训练,具有丰富的证券投资经验。他们善于利用基金与金融市场的密切联系,运用先进的技术手段分析各种信息资料,能对金融市场上各种品种的价格变动趋势作出比较正确的预测,最大限度地避免投资决策的失误,提高投资成功率。对于那些没有时间,或者对市场不太熟悉的中小投资者来说,投资于基金,实际上就可以获得专家们在市场信息、投资经验、金融知识和操作技术等方面所拥有的优势,从而尽可能地避免盲目投资带来的失败。

当然投资基金也有其局限性:

①投资基金只是进入证券市场的众多方式之一,只对中小投资者具有吸引力。

②投资于不同的基金其收益也不相同。比如,1990 年,香港景泰欧洲基金增值率为76.9%,太平洋证券基金增值率达128%,而东协基金却负增长3.3%。

③基金投资者还将面临基金经营者的道德风险。投资基金本质上是一种委托投资制度,投资者与经营者之间既有一荣俱荣一损俱损的一致性,又有利益上此长彼消的对立性。

4.1.4 投资基金的作用

1)为中小投资者拓宽了投资渠道

对中小投资者来说,存款或购买债券较为稳妥,但收益率较低;投资于股票有可能获得较高收益,但风险较大。证券投资基金作为一种新型的投资工具,把众多投资者的小额资金汇集起来进行组合投资,由专家来管理和运作,经营稳定,收益可观,可以说是专门为中小投资者设计的间接投资工具,大大拓宽了中小投资者的投资渠道。可以说基金已进入了寻常百姓家,成为大众化的投资工具。

2)有力地促进了产业发展和经济增长

基金吸收社会上的闲散资金,为企业在证券市场上筹集资金创造了良好的融资环境,实际上起到了把储蓄资金转化为生产资金的作用。这种储蓄转化为投资的机制为产业发展和经济增长提供了重要的资金来源,而且,随着基金的发展壮大,这种作用越来越大。

3)有利于证券市场的稳定和发展

首先,证券市场的稳定与否同市场的投资者结构密切相关。基金的出现和发展,能有效地改善证券市场的投资者结构,成为稳定市场的中坚力量。基金由专业投资人士经营管理,其投资经验比较丰富,信息资料齐备,分析手段较为先进,投资行为相对理性,客观上能起到稳定市场的作用。同时,基金一般注重资本的长期增长,多采取长期的投资行为,较少在证券市场上频繁进出,能减少证券市场的波动。其次,基金作为一种主要投资于证券的金融工具,它的出现和发展增加了证券市场的投资品种,扩大了证券市场的交易规模,起到了丰富活跃证券市场的作用。随着基金的发展壮大,它已成为推动证券市场发展的重要动力。

4.1.5 投资基金同股票、债券等投资工具的关系

1)反映的关系不同

股票反映的是所有权关系,债券反映的是债权、债务关系,而基金反映的则是基金投资者和基金管理人之间的一种委托代理关系。

2)所筹资金的投向不同

股票和债券等融资工具筹集的资金主要是投向实业,而基金主要是投向其他有价证券等金融工具。

3）发行的目的不同

发行股票是股份公司为筹集自己资本的需要，把发行股票所筹集的资金列入公司资本；发行债券是公司未来追加资金的需要，发行债券所筹措的资金列入公司负债；而发行基金是为了形成一个以分散组合投资为特色，以降低风险达到资产增值为目的的基金组织，基金组织是一个标准的投资人，发行基金所筹集的资金构成基金的组成单位。

4）风险程度不同

一般情况下，股票的风险大于基金，对中小投资者而言，由于受可支配资产总量的限制，只能直接投资于少数几只股票，这就犯了"把所有鸡蛋放在一个篮子里"的投资禁忌，当其所投资的股票因股市下跌或企业财务状况恶化时，本金有可能化为乌有；而基金的基本原则是组合投资，分散风险，把资金按不同的比例分别投于不同期限、不同种类的有价证券，把风险降至最低程度。债券在一般情况下，本金得到保证，收益相对固定，风险比基金要小。

5）投资回收方式不同

债券投资是有一定期限的，期满后收回本金；股票投资是无限期的，除非公司破产、进入清算，投资者不得从公司收回投资，如要收回，只能在证券交易市场上按市场价格变现；投资基金则要视所持有的基金形态不同而有所区别：封闭型基金有一定的期限，期满后，投资者可按持有的份额分得相应的剩余资产，在封闭期内还可以在交易市场上变现；开放型基金一般没有期限，但投资者可随时向基金管理人要求赎回。

4.2　证券投资基金的分类

投资基金内容丰富，种类繁多，按照不同的划分标准，投资基金可分为不同的类型。

4.2.1　根据基金组织形态的不同划分

根据基金组织形态的不同，投资基金可分为契约型投资基金与公司型投资基金。

1）契约型投资基金

契约型投资基金（Contract Investment Fund）又称单位信托基金，是由基金投资者、基金管理人、基金托管人签署基金合同而设立的投资基金。契约型基金起源于英国，后在新加坡、印度尼西亚等国家和中国香港等地区十分流行。契约型基金是基于契约原理而组织起来的代理投资行为，没有基金章程，也没有公司董事会，而是通过基金契约来规范三方当事人的行为。基金管理人负责基金的管理操作。基金托管人作为基金资产的名义持有人，负责基金资产的保管和处置，对基金管理人的运作实行监督。

2)公司型投资基金

公司型投资基金(Corporate Investment Fund)依据基金公司章程设立,基金投资者是基金公司的股东,享有股东权,按所持有的股份承担有限责任,分享投资收益。基金公司设有董事会,代表投资者行使职权。公司型基金在形式上类似于一般股份公司,但不同于一般股份公司的是,它委托基金管理公司作为专业的财务顾问或管理公司来经营与管理基金资产。

3)契约型基金与公司型基金的区别

契约型基金与公司型基金相比,其不同点有以下几个方面:一是资金的性质不同。契约型基金的资金是通过发行受益凭证筹集起来的信托资产;公司型基金的资金是通过发行普通股股票筹集起来的,是公司法人的资本。二是投资的地位不同。契约型基金的投资者购买基金份额后成为基金合同的当事人之一,投资者既是基金的委托人,即基于对基金管理人的信任,将自己的资金委托给基金管理人管理和运作,又是基金的受益人,即享有基金的受益权。公司型基金的投资者购买基金公司的股票后成为该公司的股东。因此,契约型基金的投资者没有管理基金资产的权力,而公司型基金的股东通过股东大会享有管理基金公司的权力。由此可见,公司型基金的投资者比契约型基金的投资者权力要大一些。三是基金的运作依据不同。契约型基金依据基金合同运作基金,而公司型基金是根据基金公司的章程进行运作的。公司型基金的优点是法律关系明确清晰,监督约束机制较为完善,但契约型基金在设立上更为简单易行。由于二者之间的区别主要表现在法律形式的不同,实际上并无优劣之分,因此,为使证券投资制度更具灵活性,许多国家都允许公司型基金与契约型基金并存。

4.2.2 根据基金规模是否可变划分

根据基金规模是否可变划分,投资基金可分为开放式基金与封闭式基金。

1)开放式基金

开放式基金(Open-end Fund)是指基金的资本总额或股份总额可以随时变动,即可以根据市场供求情况,发行新基金份额或赎回股份的投资基金。开放式基金的交易价格可根据基金净资产价值加一定手续费来确定。由于投资基金总额是不封闭的、可以追加的,因此也称为追加型投资基金。

2)封闭式基金

封闭式基金(Closed-end Fund)是指基金资本总额及发行份数在基金发行之前就已确定下来,在基金发行完毕后和规定的期限内,基金的资本总额及发行份数都保持固定不变的投资基金。由于基金的受益凭证不能被追加认购或赎回,投资者只能通过证券商在证券交易市场进行交易,因此又称封闭式基金为公开交易投资基金。基金收益以股利、红利的方式支付给投资者。基金的交易价格虽然以基金净资产价值为基础,但更多的是反映证券市场供求关系,通常情况下,基金交易价格或高于或低于基金净资产价值。从基金发展的历史看,封闭式基金的出现早于开放式基金,在投资基金的初创阶段,一般以封闭式基金为主,而在投资基金进入成熟期后,则以开放式基金为主。

3)封闭式基金与开放式基金的区别

（1）期限不同

封闭式基金一般有一个固定的存续期,而开放式基金一般是无期限的。我国《证券投资基金法》规定,封闭式基金的存续期应为 5 ～ 15 年,封闭式基金期满后可以通过一定的法定程序延期或进行清盘处理。目前,我国传统的封闭式基金存续期基本在 15 年,而创新的封闭式基金存续期基本在 5 年。

（2）规模限制不同

封闭式基金的规模是固定的,在封闭期限内未经法定程序认可不能增减。开放式基金没有规模限制,投资者可随时提出申购或赎回申请,基金规模也会随之增加或减少。

（3）交易场所不同

由于封闭式基金规模固定,在完成募集后,基金份额只能在证券交易所上市交易,投资者买卖封闭式基金份额,只能委托证券公司在证券交易所按市价买卖,交易是在投资者之间完成的。开放式基金因其规模不固定,投资者可以按照基金管理人确定的时间和地点向基金管理人或其销售代理人提出申购、赎回申请,交易是在投资者与基金管理人之间完成的。开放式基金作为一种场外交易品种,投资者既可以通过基金管理人设立的直销中心买卖开放式基金份额,也可以通过基金管理人委托的证券公司、商业银行等销售代理人进行开放式基金的申购、赎回;"上市型开放式基金"和"交易型开放式指数基金"则是可以在交易所和场外同时进行交易的基金。

（4）价格形成方式不同

封闭式基金的交易价格虽然是以基金单位净值为基础的,但受二级市场供求关系的影响很大。当投资需求旺盛时,封闭式基金二级市场的交易价格会超过基金单位净值而出现溢价交易现象;反之,当投资需求低迷时,交易价格会低于基金单位净值而出现折价交易现象。开放式基金的申购和赎回价格则完全以基金单位净值为基础,不受市场供求关系的影响。

（5）激励约束机制不同

封闭式基金由于其规模固定,即使基金运作的业绩突出,也无法扩大规模;即使表现得不尽如人意,但由于投资者无法赎回投资,基金经理也不会在经营上面临直接的压力。与此不同,如果开放式基金的业绩表现好,就会吸引新的投资,基金管理人的管理费收入也会随之增加;如果开放式基金运作较差,就会面临来自投资者要求赎回投资的压力,因此,与封闭式基金相比,开放式基金向基金管理人提供了更好的激励约束机制。

（6）投资策略不同

由于开放式基金的规模不固定,其投资操作常常受到不可预测的资金流入、流出的影响与干扰,特别是为满足基金赎回的要求,开放式基金必须保留一定的现金资产,并高度重视基金资产的流动性,这在一定程度上会对基金的长期经营带来不利影响。相对而言,封闭式基金由于其基金规模固定,没有赎回压力,基金经理人完全可以根据预先设定的投资计划进行投资。当证券市场出现较大涨幅且具有一定泡沫时,他可以减仓操作;而当证券市场下跌严重,大多数股票具有投资价值时,他又可以重仓吃进。这种套利操作既可以让受益人的利益得到最大化,同时也起到了稳定市场的重要作用。单从这一点看,封闭式基金更有利于长期业绩的提高。

4.2.3 按投资标的划分

按投资标的划分,基金可分为国债基金、股票基金、货币市场基金、指数基金等。

1)国债基金

国债基金是一种以国债为主要投资对象的证券投资基金。由于国债的年利率固定,又有国家信用作为保证,因此,这类基金的风险较低,适合于稳健型投资者。国债基金的收益会受货币市场利率的影响,当市场利率下调时,其收益就会上升;反之,若市场利率上调,则基金收益率将下降。除此之外,汇率也会影响基金的收益,管理人在购买非本国货币的债券时,往往还在外汇市场上做套期保值。

2)股票基金

股票基金是指以股票为主要投资对象的证券投资基金。股票基金的投资目标侧重于追求资本利得和长期资本增值。基金管理人拟订投资组合,将资金投放到一个或几个国家甚至全球的股票市场,以达到分散投资、降低风险的目的。投资者之所以钟爱股票基金,原因在于可以有不同的风险类型供选择,而且可以克服股票市场普遍存在的区域性投资限制的弱点。此外,还具有变现性强、流动性强等优点。由于股票投资基金聚集了巨额资金,几只甚至一只基金就可以引发股市动荡,因此各国政府对股票基金的监管都十分严格,不同程度地规定了基金购买某一家上市公司的股票总额不得超过基金资产净值的一定比例,防止基金过度投机和操纵股市。

3)货币市场基金

货币市场基金是以货币市场为投资对象的一种基金,其投资工具期限在1年内,包括银行短期存款、国库券、公司债券、银行承兑票据及商业票据等。通常,货币基金的收益会随着市场利率的下降而降低,与国债基金正好相反。货币市场基金通常被认为是无风险或低风险的投资。

4)指数基金

指数基金是一种投资组合以模仿目标指数、跟踪目标指数变化为原则,实现与市场同步成长的基金品种。简单地说,就是基金跟踪的指数中有哪些股票,基金组合就主要买哪些股票,且指数基金中每只股票配置的比例大致与指数中每只股票在指数中占的比例相同。

指数基金是20世纪70年代以来出现的新的基金品种。为了使投资者能获取与市场平均收益相接近的投资回报,产生了一种功能上近似或等于所编制的某种证券市场价格指数的基金。其特点是：它的投资组合等同于市场价格指数的权数比例，收益随着当期的价格指数上下波动。当价格指数上升时，基金收益增加；反之，收益减少。基金因始终保持当期的市场平均收益水平，因而收益不会太高，也不会太低。截至 2009 年 4 月 24 日，全球共有指数基金 3 033 只，其中美国最多，有超过 600 只的指数基金，总资产达到 1.66 万亿美元。

从国际上看，指数基金可以分为两种：一种是纯指数型基金；另一种是指数增强型基金。前者的资产几乎全部投入到所跟踪的指数的成分股中且基本是满仓操作，是一种完全被动操作的基金。一般来说，即使市场可以清晰地显示在未来半年将持续下跌，它也保持满仓操作状态，不作积极性的行情判断。指数增强型基金则不是完全的被动投资，是在前者的基础上，根据股票市场行情进行适当调整。主要体现在：调整权重、股票替代和仓位调节。一般来说，基金将以一个固定百分比的仓位作为股票目标仓位，但在基金经理能够明确判断市场将经历一段长期下跌过程时，基金经理可以调低股票投资仓位。

指数基金的优势是：第一，费用低廉，指数基金的管理费较低，尤其交易费用较低。第二，风险较小，由于指数基金的投资非常分散，可以完全消除投资组合的非系统风险，而且可以避免由于基金持股集中带来的流动性风险。第三，以机构投资者为主的市场中，指数基金可获得市场平均收益率，可以为股票投资者提供更好的投资回报。第四，指数基金可以作为避险套利的工具。对于投资者尤其是机构投资者来说，指数基金是他们避险套利的重要工具。指数基金由于其收益率的稳定性和投资的分散性，特别适用于社保基金等数额较大、风险承受能力较低的资金投资。

5）不动产基金

不动产基金也称为不动产投资信托基金，是一种以发行受益凭证的方式汇集特定多数投资者的资金，由专门投资机构进行投资经营管理，并将投资综合收益按比例分配给投资者的一种信托基金制度。与其他不动产信托形式相比，它的主要特点是：集体投资、委托经营、分散投资、共同受益。其投资经理和投资顾问是委托管理基金的专业房地产投资专家，他们经验丰富，精于各种市场分析和投资技巧，能在基金的管理、运营中保证资本增值。

6）创业投资基金

创业投资基金又称置业基金或风险基金，是指由一群具有科技或财务专业知识和经验的人士操作，并且专门投资在具有发展潜力以及快速成长公司的基金。创业投资是以支持新创事业，并为未上市企业提供股权资本的投资活动，但并不以经营产品为目的。创业投资主要是以私人股权方式从事资本经营，并以培育和辅导企业创业或再创业，来追求长期资本增值的高风险、高收益的行业。创业基金于未上市公司的目的不是要控股，而是通过技术或资金的支持获得部分股权，基金管理公司通过在股票市场上出售股票收回增值的资金和资本，再去寻找新的投资对象。

7）贵金属基金

贵金属基金主要是以全球黄金、白银以及其他与贵金属矿产相关的产业股票为主要投资标的的投资资金。黄金具有保值作用，尤其在美元贬值时黄金基金有很大的成长潜力，投资黄金基金又比直接购买黄金具有流动性强、投资分散的好处，因此对投资者具有很强的吸引力。

8）期货基金

期货基金是以期货合约为主要投资对象的投资基金。

9）期权基金

期权基金是以期权合约为主要投资对象的投资基金。

10）认股权证基金

此类型基金主要投资于认股权证，以及投资银行对特定类股票所发行的认股权证。基于认股权证有高杠杆、高风险的产品特性，此类型基金的波动幅度也比股票型基金大。

11）对冲基金

对冲基金也称避险基金或套利基金，意为"风险对冲过的基金"，是指由金融期货和金融期权等金融衍生工具与金融组织结合后，以高风险投机为手段并以营利为目的的金融基金。1949 年世界上诞生了第一个有限合作制的琼斯对冲基金。20 世纪 80 年代，随着金融自由化的发展，对冲基金才有了更广阔的投资机会，从此进入了快速发展的阶段。

经过几十年的演变，对冲基金已失去其初始的风险对冲的内涵，对冲基金已成为一种新的投资模式的代名词。即基于最新的投资理论和极其复杂的金融市场操作技巧，充分利用各种金融衍生产品的杠杆效用，承担高风险、追求高收益的投资模式。

4.2.4　按投资目标划分

按投资目标划分，基金可分为成长型基金、收入型基金和平衡型基金等。

1）成长型基金

成长型基金是基金中最常见的一种，它追求的是基金资产的长期增值。为了达到这一目标，基金管理人通常将基金资产投资于信誉度较高、有长期成长前景或长期盈余的所谓成长公司的股票。成长型基金又可分为稳健成长型基金和积极成长型基金。

2）收入型基金

收入型基金主要投资于可带来现金收入的有价证券，以获取当期的最大收入为目的。收入型基金资产成长的潜力较小，损失本金的风险相对也较低，一般可分为固定收入型基金和股票收入型基金。固定收入型基金的主要投资对象是债券和优先股，因而尽管收益率较高，但长期成长的潜力很小，而且当市场利率波动时，基金净值容易受到影响。股票收入型基金的成长潜力比较大，但易受股市波动的影响。

3）平衡型基金

平衡型基金将资产分别投资于两种不同特性的证券上，并在以取得收入为目的的债券及优先股和以资本增值为目的的普通股之间进行平衡。这种基金一般将25%～50%的资产投资于债券及优先股,其余的投资于普通股。平衡型基金的主要目的是从其投资组合的债券中得到适当的利息收益,与此同时又可以获得普通股的升值收益。投资者既可获得当期收入,又可得到资金的长期增值,通常是把资金分散投资于股票和债券。平衡型基金的特点是风险比较低,缺点是成长的潜力不大。

4.2.5 按照投资理念分类

1)主动型基金

主动型基金是指以寻求超越市场的业绩表现为目标的基金。

2)被动型基金

被动型基金一般选取特定的指数成分股作为投资对象,不主动寻求超越市场的表现,而是试图复制指数的表现。因此,也被称为指数型基金。

4.2.6 按照投资来源和运用地域分类

1)国内基金

国内基金是基金资本来源于国内并投资于国内金融市场的投资基金。一般而言,国内基金在一国基金市场上应占主导地位。

2)国际基金

国际基金是基金资本来源于国内但投资于境外金融市场的投资基金。由于各国经济和金融市场发展的不平衡性,因而在不同国家会有不同的投资回报,通过国际基金的跨国投资,可以为本国资本带来更多的投资机会以及在更大范围内分散投资风险,但国际基金的投资成本和费用一般也较高。国际基金有国际股票基金、国际债券基金和全球商品基金等种类。

3)离岸基金

离岸基金是基金资本从国外筹集并投资于国外金融市场的基金。离岸基金的特点是两头在外。离岸基金的资产注册登记不在母国,为了吸引全球投资者的资金,离岸基金一般都在素有“避税天堂”之称的地方注册,如卢森堡、开曼群岛、百慕大等,因为这些国家和地区对个人投资的资本利得、利息和股息收入都不收税。

4)海外基金

海外基金是基金资本从国外筹集并投资于国内金融市场的基金。利用海外基金通过发行受益凭证,把筹集到的资金交由指定的投资机构集中投资于特定国家的股票和债券,把所得收益作为再投资或作为红利分配给投资者,它所发行的受益凭证则在国际著名的证券市场挂牌上市。海外基金已成为发展中国家利用外资的一种较为理想的形式,一些资本市场没有对外开放或实行严格外汇管制的国家可以利用海外基金。

4.2.7 特殊类型的基金

1)LOF 投资基金

LOF(Listed Open-end Funds)是上市型开放式基金,是一种可以在交易所挂牌交易的开放式基金,其投资者既可以通过基金管理人或其委托的销售机构以基金净值进行基金的申购、赎回,也可以通过交易所市场以交易系统撮合成交价进行基金的买入、卖出。LOF 的推出是国内基金交易模式的一次重大创新,为投资者提供了一种全新的基金投资品种。

2)ETF 投资基金

ETF(Exchange Traded Fund)是交易型开放式指数基金,是一种在交易所上市交易的开放式证券投资基金产品,交易手续与股票完全相同。ETF 管理的资产是一揽子股票组合,这一组合中的股票种类与某一特定指数,如上证 50 指数包含的成分股票相同,每只股票的数量与该指数的成分股构成比例一致。ETF 交易价格取决于它拥有的一揽子股票的价值,即"单位基金资产净值"。ETF 是一种混合型的特殊基金,与开放式基金使用现金申购、赎回不同,ETF 使用一篮子指数成分股申购赎回基金份额,ETF 可以在交易所上市交易。

自从 1993 年美国推出第一个 ETF 产品以来,ETF 在全球范围内发展迅猛。20 多年来,全球共有 ETF 约 3 647 只,总资产规模达到 2.15 万亿美元,全球 ETF 管理分支机构达到 286 家,分别在全球共计 49 个交易所有 ETF 产品上市交易。

3)保本基金

保本基金(Guaranteed Fund),就是在一定期间内,对所投资的本金提供一定比例的保证保本基金,基金利用孳息或是极小比例的资产从事高风险投资,而将大部分的资产从事固定收益投资,使得基金投资的市场不论如何下跌,绝对不会低于其所担保的价格,而达到所谓的"保本"作用。在国际上,保本基金可分为保证和护本基金两种类型,其中护本基金不需要第三方提供担保。一般来说,保本基金将大部分资产投资于固定收入债券,以使基金期限届满时支付投资者的本金,其余资产 15% ~20% 投资于股票等工具来提高回报潜力。

4)分级基金

分级基金(Structured Fund)又称为"结构型基金",是指在一个投资组合下,通过对基金收益或净资产的分解,形成两级(或多级)风险收益表现有一定差异化基金份额的基金品种。它的主要特点是将基金产品分为两类或多类份额,并分别给予不同的收益分配。分级基金各个子基金的净值与份额占比的乘积之和等于母基金的净值。例如拆分成两类份额的母基金净值 = A 类子基金净值 × A 份额占比 + B 类子基金净值 × B 份额占比。如果母基金不进行拆分,其本身是一个普通的基金。

5)复制基金

复制基金又称克隆基金,该策略主要使用在对本公司运营比较成功的基金产品复制上,当一只基金规模大、净值高时,为更好地保护投资者的利益,便于基金管理人管理和运作,基金管理公司往往对该基金进行复制。

6)QFII 基金

QFII 即合格的境外机构投资者(Qualified Foreign Institutional Investors)。在 QFII 制度下,合格的境外机构投资者将被允许把一定额度的外汇资金汇入并兑换为当地货币,通过严格监督管理的专门账户投资当地证券市场,包括股息及买卖价差等在内的各种资本所得,经审核后可转换为外汇汇出,实际上就是对外资有限度地开放本国证券市场。

7)QDII 基金

QDII 即合格的境内机构投资者(Qualified Domestic Institutional Investors)。它是在一国境内设立,经该国有关部门批准从事境外证券市场的股票、债券等有价证券投资业务的证券投资基金,是在外汇管制下内地资本市场对外开放的权宜之计,以容许在资本项目未完全开放的情况下,国内投资者往海外资本市场进行投资。

4.3 投资基金的投资运作与管理

4.3.1 投资基金的参与主体

1)基金发起人

基金发起人是以基金设立为目的,并采取一定步骤和必要措施来达到设立基金目的的人。

2)基金持有人

基金持有人又称基金的投资人,是指持有基金份额或基金股份的自然人或法人。他们是基金资产的实际所有者,拥有基金收益的享有权、对基金份额的转让权和在一定程度上对基金经营决策的参与权。

3)基金管理人(投资专家)

基金管理人是负责基金发起设立与经营管理的专业性机构。我国《证券投资基金法》规定,基金管理人由依法设立的基金管理公司担任。它的主要业务是发起募集基金和管理基金。

4)基金托管人(商业银行)

基金托管人又称基金保管人,是依据基金运行中"管理与保管分开"的原则对基金管理人进行监督和保管基金资产的机构,是基金持有人权益的代表。

为了保障广大投资者的利益,防止信托财产挪为私用,投资基金实行经营和保管分开的原则:基金管理人只负责基金的日常管理和操作;基金托管人单独为基金设立独立的账户,按照基金管理人的指示保管和处分基金财产,并对基金管理人进行监督。我国《证券投资基金法》规定,基金托管人由依法设立并取得基金托管资格的商业银行担任。基金持有人、基金管理人、基金托管人的职责与作用如表4.1所示。

表 4.1　基金持有人、基金管理人、基金托管人的职责与作用

名　称	职责与作用
基金持有人	即基金投资人,是基金的出资人,基金资产的所有者和基金投资收益的受益人
基金管理人	是基金产品的募集者和基金的管理者,其最主要职责就是按照基金合同的约定,负责基金资产的投资运作,在风险控制的基础上为基金投资者争取最大的投资收益。我国《证券投资基金法》规定,基金管理人由依法设立的基金管理公司担任
基金托管人	是基金资产的名义持有人和保管人。职责主要体现在基金资产保管、基金资金清算、会计复核以及对基金投资运作的监督等方面。在我国,基金托管人只能由依法设立并取得基金托管资格的商业银行担任

4.3.2　投资基金运作的监督管理

1)保持基金的独立性

基金监管部门首先要求基金资产的独立保管,体现在具体的措施上便是基金的资产必须由符合条件的第三者托管。基金的资产必须开立独自的账户,且与资金托管人的自有财产严格分开,实行分账管理。

2)对投资基金的投资范围进行限制

许多发达的西方国家都对本国投资基金的投资范围加以严格的限制,其中最突出的就是绝对禁止投资基金投资于他们认为是高风险的市场,甚至是一些高风险的金融产品都被排除在某些投资基金的投资范围之外。

3)对投资基金的投资对象进行限制

即使在允许的投资范围之内,投资基金也不能随心所欲地进行投资,而必须按照既定的投资基金类型选择具体的投资对象。

4)对投资基金的风险进行控制

为了降低在获取证券投资收益过程中伴随的证券投资风险,证券投资基金需要将诸多的证券品种进行搭配,形成"投资组合"。投资组合的最大好处就是把"所有鸡蛋不要放在同一个篮子里",分散非系统风险,即证券市场是个别投资对象所具有的个别风险。

5)对利益冲突采取防范措施

世界各国的监管法规在防范基金管理人与基金受益人之间的利益冲突方面都有规定,禁止基金管理人利用基金的资产为自身或利益相关人牟取利益而损害基金受益人的权益。

6)规范信息披露

基金的信息披露是减少基金持有人和基金管理人委托代理关系的不透明性的重要手段,同时规范信息披露也是基金规范运作的一个重要方面。

4.4 投资基金的收益、费用与利润分配

4.4.1 投资基金的收益

投资基金的收益是指投资基金管理人将募集的资金进行投资获得的投资收益。投资基金的投资收益在扣除有关费用后需把相当的比例分配给投资者。不同的国家、不同的投资基金的收益分配方案都不尽相同。

4.4.2 投资基金的费用

1)基金管理费

基金管理费是指从基金资产中提取的、支付给为基金提供专业服务的基金管理人的费用,即管理人为管理和操作基金而收取的费用。基金管理费通常按照每个估值日基金净资产的一定比率(年率)逐日计提,累计至每月月底,按月支付。管理费率的大小通常与基金规模成反比,与风险成正比。目前,我国股票基金大部分按照1.5%的比例计提基金管理费,债券基金的管理费一般低于1%,货币基金的管理费率为0.33%。管理费通常从基金的股息、利息收益中或从基金资产中扣除,不另向投资者收取。

2)基金托管费

基金托管费是指基金托管人为保管和处置基金资产而向基金收取的费用。托管费通常按照基金资产净值的一定比率提取,逐日计算并累计,按月支付给托管人。目前,我国封闭

式基金按照 0.25% 的比例计提基金托管费,开放式基金根据基金合同的规定比例计提,通常低于 0.25% ,股票型基金的托管费率要高于债券型基金及货币市场基金的托管费率。

3)基金交易费

基金交易费是指基金在进行证券买卖交易时所发生的相关交易费用。目前,我国证券投资基金的交易费用主要包括印花税、交易佣金、过户费、经手费、证管费。交易佣金由证券公司按成交金额的一定比例向基金收取,印花税、过户费、经手费、证管费等则由登记公司或交易所按有关规定收取。参与银行间债券交易的,还需向中央国债登记结算有限责任公司支付银行间账户服务费,向全国银行间同业拆借中心支付交易手续费等服务费用。

4)基金运作费

基金运作费指为保证基金正常运作而发生的应由基金承担的费用,包括审计费、律师费、上市年费、信息披露费、分红手续费、持有人大会费、开户费、银行汇划费等。按照有关规定,发生的这些费用如果影响基金份额净值小数点后第 5 位的,即发生的费用大于基金净值十万分之一,应采用预提或待摊的方法计入基金损益。发生的费用如果不影响基金份额净值小数点后第五位的,即发生的费用小于基金净值十万分之一,应于发生时直接计入基金损益。

5)基金销售服务费

目前只有货币市场基金以及其他经中国证监会核准的基金产品收取基金销售服务费,基金管理人可以按照相关规定从基金财产中持续计提一定比例的销售服务费。收取销售服务费的基金通常不再收取申购费。

4.4.3 投资基金的利润分配

投资基金的利润是指基金在一定会计期间的经营成果。投资基金在获取投资收入扣除有关费用后,需将利润分配给投资者。分配通常有两种方式,一是分配现金,二是分配基金份额。我国《证券投资基金法》规定,投资基金收益分配应采用现金形式,每年至少一次,收益分配比例不得低于投资基金会计年度净收益的 90% 。每会计年度结束后 4 个月内分配 1次,当年收益弥补上一年亏损,当年亏损则不进行收益分配,每份投资基金单位享有同等分配权,方案由投资基金管理人拟订。

知识链接

索罗斯与量子基金

量子基金是全球著名的大规模对冲基金,是美国金融家乔治·索罗斯旗下经营的 5 个对冲基金之一。量子基金是高风险基金,主要借款在世界范围内投资于股票、债券、外汇和商品。量子基金没有在美国证券交易委员会登记注册,而是在库拉索离岸注册。它主要采取私募方式筹集资金。索罗斯为之取名"量子",是源于索罗斯所赞赏的德国物理学家、量子力学的创始人海森堡提出"测不准定理"。索罗斯认为,就像微粒子的物理量子不可能具有确定数值一样,证券市场也经常处在一种不确定状态,很难去精确度量和估计。

量子基金虽只有60亿美元的资产,但由于其在需要时可通过杠杆融资等手段取得相当于几百亿元甚至上千亿元资金的投资效应,因而成为国际金融市场中一股举足轻重的力量。在20世纪90年代发生的几起严重的货币危机事件中,索罗斯及其量子基金都负有直接责任。

量子基金成为国际金融界的焦点,是由于索罗斯凭借该基金在20世纪90年代所发动的几次大规模货币狙击战。这一时期,量子基金以其强大的财力和凶狠的作风,在国际货币市场上兴风作浪,对基础薄弱的货币发起攻击并屡屡得手。表现为:在欧洲,英国的英镑危机和意大利里拉危机;在美洲,墨西哥金融危机;1997年开始的东南亚金融危机。

在过去31年半的历史中,量子基金的平均回报率高达30%以上,量子基金的辉煌也在于此。然而,1998年以来,投资失误使量子基金遭到重大损失。先是索罗斯对1998年俄罗斯债务危机及对日元汇率走势的错误判断使量子基金遭受重大损失,之后投资于美国股市网络股也大幅下跌。至此,索罗斯的量子基金损失总数达近50亿美元,量子基金元气大伤。2000年4月28日,索罗斯不得不宣布关闭旗下两大基金"量子基金"和"配额基金",基金管理人德鲁肯米勒和罗迪蒂"下课"。量子基金这一闻名世界的对冲基金至此寿终正寝。同时索罗斯宣布将基金的部分资产转入新成立的"量子捐助基金"继续运作,他强调"量子捐助基金"将改变投资策略,主要从事低风险、低回报的套利交易。

◆ 本章小结

1. 证券投资基金是指一种利益共享、风险共担的集合证券投资方式,即通过发行基金单位,集中投资者的资金,由基金托管人托管,由基金管理人管理和运用资金,从事股票、债券等金融工具投资,并将投资收益按基金投资者的投资比例进行分配的一种间接投资方式。

2. 证券投资基金其种类较为烦琐,按照不同的分类方法可以将证券投资基金分为若干类别。其中主要有3种分类:按照证券投资基金的组织形式,可将基金分为公司型投资基金和契约型投资基金;按照证券投资基金设定后能否追加投资份额或赎回投资份额,可以将投资基金分为封闭式和开放式投资基金;按照投资基金投资对象不同,投资基金可以分为股票基金、债券基金、货币市场基金、指数基金、不动产基金、创业基金、贵金属基金、期货基金、期权基金、认股权证基金、对冲基金等。

3. 我国在20世纪90年代初开始了投资基金的探索与实践,并且随着它们在深沪证券交易所的上市形成了投资基金市场的雏形。20多年来,我国基金市场从无到有、从小到大,推出了当今成熟市场绝大多数的主流基金产品,从产品结构到发展规模等方面均取得长足进步,呈现出极强的生命力。近年来,政府积极鼓励新的基金品种的开发,及时批设不同品种的基金。目前,已分别推出的基金新品有LOF投资基金和ETF投资基金。2012年年初,中国证监会同意深圳前海率先开设港股组合ETF业务试点,标志着我国投资基金市场进入新的阶段。

◆ 综合练习与训练

一、单项选择题

1. 基金( )是基金产品的募集者和基金的管理者,其最主要职责就是按

照基金合同的约定,负责基金资产的投资运作,在风险控制的基础上为基金投资者争取最大的投资收益。

  A.份额持有人   B.管理人   C.托管人   D.注册登记机构

  2.证券投资基金不包括(　　)。

  A.封闭式基金   B.开放式基金   C.创业投资基金   D.债券基金

  3.根据投资对象的不同,证券投资基金的划分类别不包括(　　)。

  A.股票基金   B.国债基金   C.债券基金   D.指数基金

  4.第一家证券投资基金诞生于(　　)。

  A.美国   B.英国   C.德国   D.法国

  5.证券投资基金中的(　　)基金,在完成募集后,基金份额可以在证券交易所上市。

  A.封闭式   B.开放式   C.公司型   D.契约型

  6.在美国,证券投资基金一般被称为(　　)。

  A.共同基金   B.单位信托基金

  C.证券投资信托基金   D.集合投资计划

  7.按照基金规模是否固定,证券投资基金可以划分为(　　)。

  A.私募基金和公募基金   B.上市基金和不上市基金

  C.开放式基金和封闭式基金   D.契约型基金和公司型基金

  8.证券投资基金运作中的三方当事人一般是指基金的(　　)。

  A.发起人、管理人和投资人   B.管理人、托管人和投资人

  C.托管人、发起人和投资人   D.受益人、管理人和投资人

  9.以下(　　)不是基金合同的当事人。

  A.基金销售机构   B.基金份额持有人

  C.基金管理人   D.基金托管人

  10.开放式基金是通过投资者向(　　)申购和赎回实现流通的。

  A.基金托管人   B.基金受托人

  C.基金管理人   D.基金持有人

二、多项选择题

  1.证券投资基金与产业投资基金的区别是(　　)。

  A.投资者不同   B.投资对象不同

  C.管理方式不同   D.获利方式不同

  2.基金产品与股票债券等股权债权类投资工具的差异体现在(　　)。

  A.反映的经济关系不同   B.所筹集资金的投向不同

  C.投资收益与风险大小不同   D.信息披露程度不同

  3.投资基金投资者拥有的股权性权利的表现形式有(　　)。

  A.有权参加基金持有人会议

  B.有权就基金运作的重大事项进行审议表决

  C.有权参与基金的收益分配

  D.有权参与基金剩余财产分配

  4.在基金组织体系中,主要的法律文件包括(　　)。

　　A. 基金章程　　　　　　　　　　　　　B. 基金契约

　　C. 基金信托契约　　　　　　　　　　　D. 基金托管契约

5. 基金资产的资金来源包括(　　　)。

　　A. 基金资本　　　　　　　　　　　　　B. 借款及其他负债

　　C. 公积金　　　　　　　　　　　　　　D. 未分配利润

6. 基金资产的资金运用包括(　　　)。

　　A. 现金　　　　　　　　　　　　　　　B. 存款

　　C. 短期投资　　　　　　　　　　　　　D. 长期投资

7. 封闭式基金与开放式基金的不同之处体现在(　　　)。

　　A. 期限不同　　　　　　　　　　　　　B. 份额限制不同

　　C. 交易场所不同　　　　　　　　　　　D. 价格形成方式不同

8. 公募基金的特点是(　　　)。

　　A. 公开性　　　　　　　　　　　　　　B. 可变现性

　　C. 规范性　　　　　　　　　　　　　　D. 投资者人数不受限制

9. 基金托管人的主要职责是(　　　)。

　　A. 保管基金资产　　　　　　　　　　　B. 监督基金管理公司的投资运作

　　C. 核算基金单位资产净值　　　　　　　D. 促进基金资产的保值增值

10. 根据基金运作方式的不同,可以将基金分为(　　　)基金。

　　A. 封闭式　　　　　B. 公司型　　　　　C. 开放式　　　　　　　D. 契约型

三、判断题

1. 基金章程或基金契约是规范基金设立、发行、运作及各种相关行为的法律文件,其中公司型基金采用基金契约的形式,契约型基金采用基金章程的形式。　　　　　　(　　)

2. 若封闭式基金上一年度亏损,基金当年收益可以不弥补亏损而直接进行当年收益分配。　　　　　　　　　　　　　　　　　　　　　　　　　　　　　　　　(　　)

3. 封闭式基金一般至少每月披露 1 次资产净值和份额净值。　　　　　　　　(　　)

4. 基金托管人在协议规定的范围内履行托管职责,但不收取报酬。　　　　　(　　)

5. 投资基金的投资者所拥有的权益属于债权性权益。　　　　　　　　　　　(　　)

6. 投资基金是一种投资组织制度。　　　　　　　　　　　　　　　　　　　(　　)

7. 契约型基金运用现代信托关系,而公司型基金不运用现代信托关系。　　　(　　)

8. 投资基金委托给基金管理人运作,基金管理人可以单独列示账户,也可以不单独列示账户。　　　　　　　　　　　　　　　　　　　　　　　　　　　　　　　(　　)

9. 证券投资基金是股票、债券或其他金融资产的组合。　　　　　　　　　　(　　)

10. 美国开放式基金的资产总额是各金融产业中最多的。　　　　　　　　　(　　)

四、简答题

1. 简述证券投资基金的含义。

2. 简述证券投资基金的种类。

3. 简述 LOF 基金与 ETF 基金有何异同。

4. 为何要对投资基金进行监管? 如何才能保护投资者的利益?

◆案例分析

中国基金业多"明星"少"恒星"

2010年第一季度基金业绩大战收尾,股票型基金排名上演乾坤大挪移。受股市宽幅调整的影响,2009年排名同类基金前十的多只明星基金,2010年一季度已跌至百名开外。对比2010年第一季度和2009年表现较好的基金,不难发现基金业绩的持续性非常差。2009年排名前十的股票型基金中,只有4只"明星"基金2010年一季度仍然取得了正收益。例如,2009年排名第一的银华核心价值优选,2010年一季度的业绩排到了百名开外。而2009年排名前十的混合型基金中,有4只2010年一季度的业绩在148只混合型基金中排名百名之外。

广州证券研究所研究员认为,2010年的市场风格同2009年截然不同是造成基金业绩持续性差的主要原因。2010年业绩表现较好的多属于中小盘投资风格,市场持续震荡调整,而中小盘个股较为活跃,要获得绝对正收益,只能在表现较好的中小盘个股中进行淘金。

思考:你在基金投资时会有怎样的考虑?对基金的品种、基金的费率以及基金业绩的持续性会如何考虑?

第5章

金融衍生工具

◆ 学习目标

1. 掌握金融远期、期权、权证等金融衍生工具的含义及本质特征；
2. 掌握期货套期保值的基本操作方法；
3. 理解主要衍生工具的经济功能，金融期权与金融期货的区别；
4. 理解衍生产品所具有的双刃剑作用；
5. 了解股指期货交易的特点。

◆ 创设情境

王家和张家的交易约定

在清朝时期，还没有期货和远期这两种交易方式。

张家世代从事餐馆生意，每天需要到集市中进行调味品和蔬菜等原材料采购。在所有购买的原料中盐最为特别，由于盐是官盐，价格是官府规定的，张家没法砍价，官府规定什么价就是什么价。因此，张家依照每天餐馆的生意情况，按时每天或隔天一次的频率去集市向盐商王家购买官盐1斤(1斤=0.5千克)，并依照购买当天官府规定的官盐价格成交，他们之间大多时候采取一手交钱一手交货的形式，但在个别时候张家也会采取记账的方式在月末一次性结清向王家付款。这就是现货交易。

随着交易次数越来越多，张家注意到，盐的价格在天天变化。

时间久了，张家想到了一个好主意。张家家主去找盐商王家家主，提出了一个方案。张家和王家约定，在约定后的半个月之后购买10斤官盐，同时约定成交价格是一斤一百钱。这样做和之前直接去购买有什么区别呢？区别在于如远期合约中按照签订合约当时价格规定官盐一斤一百钱，结果合约到期时官府规定的官盐价格涨到了一斤一百四十钱。由此，一个中介机构诞生了。王家等盐商将自己的合约放在中介机构中，所有购买官盐的买家到中介机构去寻找满足自己需要的合约。这下大家都方便了。张家也不需要专门跑到王家去买官盐，而且同时有中介作担保，盐商的信誉就会高一些。

5.1　金融衍生工具概述

金融衍生工具是20世纪70年代以后全球金融创新浪潮中出现的金融产品,是在传统金融工具的基础上衍生出来的,通过预测股价、利率、汇率等未来行情走势,采用支付少量保证金或权利金,签订远期合同或互换不同金融商品等交易形式的新兴金融工具。

原生的金融工具一般指股票、债券、存单、票据、贷款凭证等。而金融衍生工具是在这些原生金融工具的基础上经过人工设计而产生的可供市场交易的金融工具。

金融衍生工具按照不同的标准划分,有不同的种类,衍生金融工具结构图如图5.1所示。

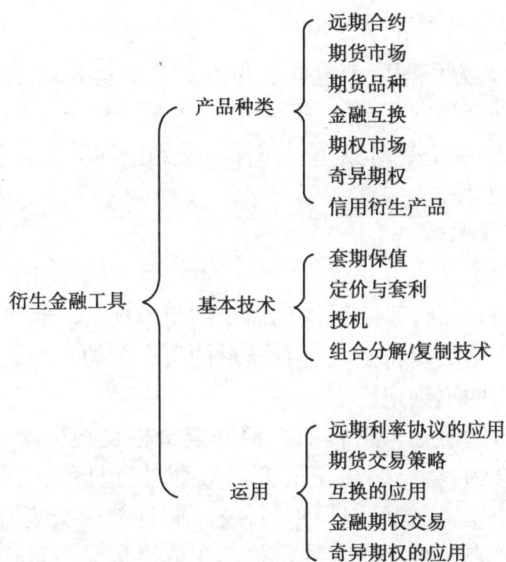

图5.1　衍生金融工具结构图

按照基础工具的种类划分,金融衍生工具有:

(1)股权式衍生工具

这是指以股票或股票指数为基础工具的金融衍生工具,主要包括股票期货、股票期权、股票指数期货、股票指数期权以及上述合约的混合交易合约。

(2)货币衍生工具

这是指以各种货币作为基础工具的金融衍生工具,主要包括远期外汇合约、货币期权、货币期货、货币互换以及上述合约的混合交易合约。

(3)利率衍生工具

这是指以各种利率或利率的载体为基础工具的金融衍生工具,主要包括远期利率合约、利率期货、利率期权、利率互换以及上述合约的混合交易合约。

当今的金融衍生工具在形式上均表现为合约,在合约上载明交易品种、价格、数量、交割时间、交割地点等。

目前较为流行的金融衍生工具合约主要有:远期、期货、期权和互换4种类型。

5.2 期 货

5.2.1 现货、远期和期货的内涵

期货作为一种特殊的金融工具,它的形成经历了从现货交易到远期,最后到期货的复杂演变过程,它是人们在贸易过程中不断追求交易效率、降低交易成本与风险的结果,是现代市场经济发展的必然结果。

1)现货交易

现货交易,是指买卖双方根据所商定的支付方式与交货方式,采取即时或在较短时间内进行实物商品交收的一种交易方式。

现货交易覆盖面广,不受交易对象、交易时间、交易空间等方面的制约,随机性大。由于没有特殊限制,交易灵活方便。

2)远期合约

远期合约(Forward Contract)是一个特别简单的衍生证券。远期合约是指交易双方约定在未来特定时间以特定价格买卖特定数量和质量的资产的协议。远期合约使资产的买卖双方能够消除未来资产交易的不确定性。

远期合约是合约双方同意在未来日期按照固定价格交换金融资产,承诺以当前约定的条件在未来进行交易的合约,会指明买卖的商品或金融工具种类、价格及交割结算的日期。远期合约是必须履行的协议,不像可选择不行使权利(即放弃交割)的期权。

它是一个在确定的将来时刻按确定的价格购买或出售某项资产的协议。通常是在两个金融机构之间或金融机构与其公司客户之间签署该合约。它不在规范的交易所内交易。

当远期合约的一方同意在将来某个确定的日期以某个确定的价格购买标的资产时,称这一方为多头(Long-position)。另一方同意在同样的日期以同样的价格出售该标的资产,这一方称为空头(Short-position)。特定的价格称为交割价格。

3)期货合约

期货,又称期货合约(Futures Contract)或期货合同。期货合约是两个对手之间签订的一个在确定的将来时间按确定的价格购买或出售某项资产的协议。在期货合约中,商品的数量、质量、交割时间及交割地点都是固定的,价格是唯一的变量。

与远期合约不同,期货合约是期货交易所制订的标准化合约,通常在交易所内交易。

根据所代表的商品种类不同,期货合约可划分为两类:商品期货和金融期货。

商品期货:大宗商品,比如粮食、有色金属、原油、橡胶。

金融期货:利率期货、股指期货、外汇期货。

4)现货、远期和期货的区别及联系

(1)期货交易与现货交易的区别

①买卖的直接对象不同。现货交易买卖的直接对象是商品本身,有样品、有实物、看货定价。期货交易买卖的直接对象是期货合约,是买进或卖出多少手或多少张期货合约。

②交易的目的不同。现货交易是一手钱、一手货的交易,马上或一定时期内获得或出让商品的所有权,是满足买卖双方需求的直接手段。期货交易的目的一般不是到期获得实物,套期保值者的目的是通过期货交易转移现货市场的价格风险,投资者的目的是为了从期货市场的价格波动中获得风险利润。

③交易方式不同。现货交易一般是一对一谈判签订合同,具体内容由双方商定,签订合同之后不能兑现,就要诉诸法律。期货交易是以公开、公平竞争的方式进行交易。一对一谈判交易(或称私下对冲)被视为违法。

④交易场所不同。现货交易一般不受交易时间、地点、对象的限制,交易灵活方便,随机性强,可以在任何场所与对手交易。期货交易必须在交易所内依照法规进行公开、集中交易,不能进行场外交易。

⑤商品范围不同。现货交易的品种是一切进入流通的商品,而期货交易品种是有限的。主要是农产品、石油、金属商品以及一些初级原材料和金融产品。

⑥结算方式不同。现货交易主要采用到期一次性结清的结算方式,也有的采用货到付款或分期付款等方式。期货交易则实行"每日无负债结算制度",即交易双方必须交纳一定数额的保证金,每天都要按规定进行一次结算。

(2)期货交易与远期交易

远期合约与期货合约很容易混淆,前者是指合约双方同意在未来日期按照固定价格交换金融资产,承诺以当前约定的条件在未来进行交易的合约,而后者则是指由期货交易所统一制订的、规定在将来某一特定的时间和地点交割一定数量和质量的实物商品或金融商品的标准化合约。它们的主要异同点归纳如表5.1所示。

表5.1 远期合约和期货合约的区别

项目	远期合约	期货合约
交易地点	OTC	集中市场
交割方式	由买卖双方自行议定标的物的交割方式、数量、品质、时间、地点	由交易所决定,并标准化标的物的交割方式、数量、品质、时间、地点
价格议定	由买卖双方自行议价	在交易场内公开竞价
契约执行方式	大部分以现货交割	大部分以反向冲销平仓了结期货部位
结算方式	由买卖双方直接结算	由结算所或结算公司负责结算
交易的信用风险	由买卖双方自行承担违约风险	由结算所担保期约的履行。结算所介入,担任买方的卖方、卖方的买方,并承担违约风险,保证期约的履行

①交易对象不同。期货交易的对象是标准化合约,远期交易的对象主要是实物商品。

②功能作用不同。期货交易的主要功能之一是发现价格,远期交易中的合同缺乏流动性,所以不具备发现价格的功能。

③履约方式不同。期货交易有实物交割和对冲平仓两种履约方式,远期交易最终的履约方式是实物交收。

④信用风险不同。期货交易实行每日无负债结算制度,信用风险很小,远期交易从交易达成到最终实物交割有很长一段时间,此间市场会发生各种变化,任何不利于履约的行为都可能出现,信用风险很大。

⑤保证金制度不同。期货交易有特定的保证金制度,远期交易是否收取或收多少保证金由交易双方私下商定。

5.2.2　期货合约

期货作为一种标准化合约,它载明买卖双方同意在约定的时间按约定的条件(包括交易价格、交易数量、交割地点、交割方式)买进或卖出一定数量的某种金融商品。在这种合约中,除价格外,其余的条件都是事先规定的,交易者只能选择不同的合约而无法改变合约中规定的条件。

1)商品期货合约的基本内容

①交易单位。每种商品的期货合约规定了统一的、标准化的数量和数量单位,统称“交易单位”。如图 5.2 所示,上海期货交易所规定白银期货合约的交易单位为 15 千克/手,每张白银期货合约都是如此。如果交易者在该交易所买进一张(也称一手)白银期货合约,就意味着在合约到期日需买进 15 千克白银。

交易品种	白银
交易单位	15千克/手
报价单位	元(人民币)/千克
最小变动价位	1元/千克
每日价格最大波动限制	不超过上一交易日结算价±3%
合约交割月份	1—12月
交易时间	上午9:00—11:30,下午1:30—3:00和交易所规定的其他交易时间
最后交易日	合约交割月份的15日(遇法定假日顺延)
交割日期	最后交易日后连续五个工作日
交割品级	标准品:符合国标GB/T 4135—2002 IC-Ag99.99规定,其中银含量不低于99.99%
交割地点	交易所指定交割仓库
最低交易保证金	合约价值的4%
交割方式	实物交割
交割单位	30千克
交易代码	AG
上市交易所	上海期货交易所

图 5.2　上海期货交易所白银期货合约

②交割品级,也称为质量和等级条款。商品期货合约规定了统一的、标准化的质量等级,一般采用被国际上普遍认可的商品质量等级标准。

③交割地点条款。期货合约为期货交易的实物交割指定了标准化的、统一的实物商品的交割仓库,以保证实物交割的正常进行。

④交割期条款。商品期货合约对进行实物交割的月份作了规定,一般规定几个交割月份,由交易者自行选择。例如,美国芝加哥期货交易所为小麦期货合约规定的交割月份就有7月、9月、12月,以及下一年的3月和5月,交易者可自行选择交易月份进行交易。如果交易者买进7月份的合约,要么7月前平仓了结交易,要么7月份进行实物交割。

⑤最小变动价位。这是指期货交易时买卖双方报价所允许的最小变动幅度,每次报价时价格的变动必须是这个最小变动价位的整数倍。

⑥每日价格最大波动幅度限制条款。这是指交易日期货合约的成交价格不能高于或低于该合约上一交易日结算价的一定幅度。达到该幅度则暂停该合约的交易。例如,芝加哥期货交易所小麦合约的每日价格最大波动幅度为每蒲式耳不高于或不低于上一交易日结算价20美分(每张合约为1 000美元)。

⑦最后交易日条款。这是指期货合约停止买卖的最后截止日期。每种期货合约都有一定的月份限制,到了合约月份的一定日期,就要停止合约的买卖,准备进行实物交割。例如,芝加哥期货交易所规定,玉米,大豆、豆粕、豆油、小麦期货的最后交易日为交割月最后营业日往回数的第七个营业日。

2)金融期货的种类

金融期货是指以各种金融工具或金融商品(如外汇、债券、存款证、股价指数等)作为标的物的期货交易方式。换言之,金融期货是指人们在集中性的交易场所,以公开竞价的方式所进行的标准化金融期货合约的交易。

(1)外汇期货

外汇期货是指外币期货合约的交易。外汇是一种自由兑换的国际化货币,外汇交易则是以一种货币兑换另一种货币的行为。

外汇期货合约是由期货交易所制定的一种标准化合约,在合约中对交易币种、合约金额、交易时间、交割月份、交割方式、交割地点等内容均有统一的规定。外汇期货市场就是对标准化合约的买卖,外汇期货交易双方通过公开竞价的方式达成成交价格,从而完成外汇期货合约的买卖。

(2)利率期货

利率期货是指在期货市场上所进行的标准化的以国债为主的各种金融凭证的期货合约的买卖。金融凭证是资金借贷的产物,亦即有价证券,它是一种生息资产,和其他商品一样,可以在市场上出售,不但可以在现货市场出售,也可以在期货市场上出售。金融凭证包括国库券、政府债券、商业票据、定期存单等。由于债券的实际价格与利率水平的高低密切相关,因此称为利率期货。

(3)股票指数期货

股票指数期货是在期货市场上进行的以股市指数作为基础的标准化合约的买卖。

在股票指数期货市场上，人们买卖的不是以实物商品为基础的标准化合约，而是以股票价格指数为基础的合约。股票指数是通过选择若干种具有代表性的上市公司的股票，经过计算而编制出一种指数，它反映的是股票市场平均涨跌变化的情况和幅度。

3）金融期货合约的基本内容

以表5.2提供的股指期货合约为例，股指期货合约是期货交易所统一制定的标准化协议，是股指期货交易的对象。一般而言，股指期货合约中主要包括下列要素：

表5.2 股指期货合约

合约标的	沪深300指数
合约乘数	每点300元
报价单位	指数点
最小变动价位	0.2点
合约月份	当月、下月及随后两个季月
交易时间	上午：9：15—11：30，下午：13：00—15：15
最后交易日交易时间	上午：9：15—11：30，下午：13：00—15：00
每日价格最大波动限制	上一个交易日结算价的±10%
最低交易保证金	合约价值的12%
最后交易日	合约到期月份的第三个星期五，遇国家法定假日顺延
交割日期	同最后交易日
交割方式	现金交割
交易代码	IF
上市交易所	中国金融期货交易所

①合约标的。即股指期货合约的基础资产，比如沪深300指数期货的合约标的即为沪深300股票价格指数。

②合约价值。合约价值等于股指期货合约市场价格的指数点与合约乘数的乘积。

③报价单位及最小变动价位。股指期货合约的报价单位为指数点，最小变动价位为指数点最小变化刻度。

④合约月份。股指期货的合约月份是指股指期货合约到期交割结算的月份。在《沪深300指数期货合约》中，合约月份为当月、下月及随后的两个季月，共四个月份。比如在2011年11月12日，中金所（中国金融期货交易所）可供交易的沪深300指数期货合约将有1112、1201、1203和1206四个月份的合约。"11"表示2011年，"12"表示12月份，"1112"表示2011年12月份到期交割结算的合约。1112合约到期交割结算后，1201就成为最近月份合约，同时1202合约挂牌。1201合约到期交割结算后，1202、1203就成为最近两个月份合约，同时1209合约挂牌。采用近月合约与季月合约相结合的方式，在半年左右的时间内共有四个合约同时交易，具有长短兼济、相对集中的效果。

⑤交易时间。这是指股指期货合约在交易所交易的时间。投资者应注意最后交易日的交易时间可能有特别规定。

⑥价格限制。这是指期货合约在一个交易日中交易价格的波动不得高于或者低于规定的涨跌幅度。

⑦合约交易保证金。在《沪深300指数期货合约》中,沪深300指数期货合约交易保证金定为合约价值的8%。中金所有权根据市场风险情况进行调整。沪深300指数期货合约交易保证金的实际比例以中金所正式公布的合约中所规定的比例为准,提请投资者注意。另外需要提醒的是,由于普通投资者无法直接在中金所开设保证金账户,可以在符合规定的期货公司开立保证金账户来进行交易和结算,相应的期货公司为了更严格地控制投资者的风险,一般会在中金所规定的保证金比例基础上再上浮若干个百分点,具体比例依投资者开户的期货公司而定。

⑧交割方式。股指期货交易采用现金交割方式。在该方式下,每一未平仓合约将于到期日结算时得以自动平仓,也就是说,在合约的到期日,空方无须交付股票组合,多方也无须交付合约总价值的资金,只是根据交割结算价计算双方的盈亏金额,通过将盈亏直接在盈利方和亏损方的保证金账户之间划转的方式来了结交易。现金交割与当日无负债结算在本质上是一致的,差别在于两点:其一,结算价格的计算方式不同;其二,现金交割后多空双方的持仓自动平仓,而当日无负债结算后双方的持仓仍然保留。

由于交割结算价是根据当时的现货价格按某种约定的方式计算出来的,因而股指期货的交割使股指期货价格与现货价格在合约到期日趋合。

⑨最后交易日和最后结算日。股指期货合约在最后结算日进行现金交割结算,最后交易日与最后结算日的具体安排根据交易所的规定执行,现规定为合约到期月份的第三个星期五,遇法定节假日顺延。

4)金融期货交易程序

金融期货交易的全过程可以概括为开仓、持仓、平仓或实物交割。

(1)开仓

这是指交易者新买入或新卖出一定数量的期货合约。

开仓之后尚没有平仓的合约,称为未平仓合约或者平仓头寸,也称为持仓。

开仓时,买入期货合约后所持有的头寸称为多头头寸,简称多头;卖出期货合约后所持有的头寸称为空头头寸,简称空头。

(2)交易指令的下达与执行

①客户填写交易指令,在委托指令上书面注明客户名称、交易账户号码、交易商品名称、合约到期月份、买进或卖出的数量、买卖价格、执行方式、下单日期、客户签名。

②在客户给经纪公司下达指令之后,经纪公司报单员即会打电话将委托通知期货交易所场内出市代表。

③经纪公司派驻交易所的场内出市代表立即将委托指令输入交易所交易系统,参与交易所的集中竞价交易。

④委托执行后,场内交易终端立即显示成交结果,出市代表电话通知报单员,报单员再

通知客户。

（3）撮合成交

交易指令输入交易系统后，买卖价格一致，立即成交。客户会等待价格的进一步波动，当价格下跌时，客户就可以获利平仓。

（4）保证金与结算

保证金制度是保障期货市场安全的基础之一，为期货合约提供一个安全而资金充足的交易场所，符合所有参与者的利益。所有的买方和卖方均须交存保证金方能进入期货市场。保证金是一项履约担保金，保证金可以是现金、交易所允许的国库券、标准仓单等。每一个客户都必须向期货经纪公司缴存一定数量的交易保证金，经纪公司把客户的保证金存入专门的账户，与公司的自有资金区分开来。然后，由经纪公司统一将保证金存入交易所，一般在合约价值的5%～15%。保证金的多少在期货合约中载明。

（5）实物交割

实物交割是指期货合约的买卖双方于合约到期时，根据交易所制订的规则和程序，通过期货合约标的物的所有权转移，将到期未平仓合约进行了结的行为。

商品期货一般采用实物交割的方式。

（6）对冲平仓

如果交易者将这份期货合约保留到最后交易日结束，大多数的投资者择机将买入的期货合约卖出，或将卖出的期货合约买回，即通过笔数相等、方向相反的期货交易来对冲原有的期货合约，以此了结期货交易，解除到期进行实物交割的义务。

5.2.3　金融期货市场

1）金融期货市场的基本结构

金融期货市场的基本结构包括：交易所、结算单位、经纪商或经纪人、交易者。

2）套期保值

（1）套期保值的概念

套期保值是指把期货市场当作转移价格风险的场所，利用期货合约作为将来在现货市场上买卖商品的临时替代物，对其现在买进准备以后售出商品或对将来需要买进商品的价格进行保险的交易活动。

（2）套期保值的基本特征

套期保值的基本做法是，在现货市场和期货市场对同一种类的商品同时进行数量相等但方向相反的买卖活动，即在买进或卖出实货的同时，在期货市场上卖出或买进同等数量的期货，经过一段时间，当价格变动使现货买卖上出现盈亏时，可由期货交易上的盈亏得到抵消或弥补。从而在"现"与"期"之间、近期和远期之间建立一种对冲机制，以使价格风险降低到最低程度。

（3）套期保值的逻辑原理

套期之所以能够保值，是因为同一种特定商品的期货和现货的主要差异在于交货日期前后不一，而它们的价格，则受相同的经济因素和非经济因素影响和制约。而且，期货合约到期必须进行实货交割的规定性，使现货价格与期货价格还具有趋合性，即当期货合约临近到期日时，两者价格的差异接近于零，否则就有套利的机会，因而，在到期日前，期货和现货价格具有高度的相关性。在相关的两个市场中，反向操作，必然有相互冲销的效果。

（4）套期保值的方法

首先，生产者的卖期保值。不论是向市场提供农副产品的农民，还是向市场提供铜、锡、铅、石油等基础原材料的企业，作为社会商品的供应者，为了保证其已经生产出来准备提供给市场或尚在生产过程中将来要向市场出售的商品的合理经济利润，以防止正式出售时价格的可能下跌而遭受损失，可采用卖期保值的交易方式来减小价格风险，即在期货市场以卖主的身份售出数量相等的期货作为保值手段。

其次，经营者的卖期保值。对于经营者来说，他所面临的市场风险是商品收购后尚未转售出去时，商品价格下跌，这将会使他的经营利润减少甚至发生亏损。为回避此类市场风险，经营者可采用卖期保值方式来进行价格保险。

最后，加工者的综合套期保值。对于加工者来说，市场风险来自买和卖两个方面。他既担心原材料价格上涨，又担心成品价格下跌，更怕原材料上升、成品价格下跌局面的出现。只要该加工者所需的材料及加工后的成品都可进入期货市场进行交易，那么他就可以利用期货市场进行综合套期保值，即对购进的原材料进行买期保值，对其产品进行卖期保值，就可解除他的后顾之忧，锁牢其加工利润，从而专门进行加工生产。

案例 5.1

大豆卖出套期保值案例

卖出套保实例：（该例只用于说明套期保值原理，具体操作中，应当考虑交易手续费、持仓费、交割费用等。）

2016 年 7 月份，大豆的现货价格为每吨 2 010 元，某农场对该价格比较满意，但是大豆 9 月份才能出售，因此该单位担心到时现货价格可能下跌，从而减少收益。为了避免将来价格下跌带来的风险，该农场决定在大连商品交易所进行大豆期货交易。交易情况如下所示。

现货市场：

7 月份　大豆价格 2 010 元/吨

9 月份　卖出 100 吨大豆：价格为 1 980 元/吨

期货市场：

7 月份　卖出 10 手 9 月份大豆合约：价格为 2 050 元/吨

9 月份　买入 10 手 9 月份大豆合约：价格为 2 020 元/吨

套利结果　现货市场：亏损 30 元/吨　　期货市场：盈利 30 元/吨

最终结果　净获利 100 × 30 - 100 × 30 = 0 元

注：1 手 = 10 吨

从案例5.1可以得出:第一,完整的卖出套期保值实际上涉及两笔期货交易。第一笔为卖出期货合约,第二笔为在现货市场卖出现货的同时,在期货市场买进原先持有的部位。第二,因为在期货市场上的交易顺序是先卖后买,所以该例是一个卖出套期保值。第三,通过这一套期保值交易,虽然现货市场价格出现了对该农场不利的变动,价格下跌了30元/吨,因而少收入了3 000元;但是在期货市场上的交易赢利了3 000元,从而消除了价格不利变动的影响。

案例5.2

买入套期保值实例

2016年9月份,某油厂预计11月份需要100吨大豆作为原料。当时大豆的现货价格为每吨2 010元,该油厂对该价格比较满意。据预测11月份大豆价格可能上涨,因此该油厂为了避免将来价格上涨,导致原材料成本上升,决定在大连商品交易所进行大豆套期保值交易。交易情况如下:

现货市场	期货市场
9月份 大豆价格2 010元/吨	买入100吨11月份大豆,2 010元/吨
11月份 大豆价格2 050元/吨	大豆价格2 050元/吨

从案例5.2可以得出:第一,完整的买入套期保值同样涉及两笔期货交易。第一笔为买入期货合约,第二笔为在现货市场买入现货的同时,在期货市场上卖出对冲原先持有的头寸。第二,因为在期货市场上的交易顺序是先买后卖,所以该例是一个买入套期保值。第三,通过这一套期保值交易,虽然现货市场价格出现了对该油厂不利的变动,价格上涨了40元/吨,因而原材料成本提高了4 000元,但是在期货市场上的交易赢利了4 000元,从而消除了价格不利变动的影响。如果该油厂不做套期保值交易,现货市场价格下跌可以得到更便宜的原料,但是一旦现货市场价格上升,就必须承担由此造成的损失。相反,该油厂在期货市场上做了买入套期保值,虽然失去了获取现货市场价格有利变动的赢利,可同时也避免了现货市场价格不利变动的损失。因此可以说,买入套期保值规避了现货市场价格变动的风险。

5.2.4 世界主要金融期货市场

现代有组织的商品期货交易,以美国芝加哥期货交易所(CBOT)和英国伦敦金属交易所(LME)的成立为开端。除了这两家交易所外,在世界上影响较大的期货交易所还有芝加哥商业交易所(CME)、伦敦国际金融期货期权交易所(LIFFE)等。

1)芝加哥期货交易所

芝加哥期货交易所是当前世界上交易规模最大、最具代表性的农产品交易所,19世纪初期,芝加哥是美国最大的谷物集散地,随着谷物交易的不断集中和远期交易方式的发展,1848年,由82位谷物交易商发起组建了芝加哥期货交易所,该交易所成立后,对交易规则不断加以完善,于1865年用标准的期货合约取代了远期合同,并实行了保证金制度。芝加哥期货交易所除了提供玉米、大豆、小麦等农产品期货交易外,还为中、长期美国政府债券、股票指数、市政债券指数、黄金和白银等商品提供期货交易市场,并提供农产品、金融及金属的期权交易。芝加哥期货交易所的玉米、大豆、小麦等品种的期货价格,不仅成为美国农业生产、贸易的重要参考价格,而且成为国际农产品贸易中的权威价格。

芝加哥商业交易所前身为农产品交易所,由一批农业经销商于 1874 年创建。当时在该交易所上市的主要商品为黄油、鸡蛋、家禽和其他非耐储藏农产品。1898 年,黄油和鸡蛋经销商退出农产品交易所,组建了芝加哥黄油和鸡蛋交易所,重新调整机构并扩大上市商品范围后,于 1919 年将黄油和鸡蛋交易所易名为芝加哥商业交易所。1972 年,该交易所为进行外汇期货交易而组建了国际货币市场分部(IMM),推出世界上第一张金融期货合约。此后,在外汇期货基础上又增加了 90 天短期美国国库券期货,和 3 个月期欧洲美元定期存款期货合约交易。该交易所的指数和期权市场分部成立于 1982 年,主要进行股票指数期货和期权交易。该分部最有名的指数合约为标准普尔 500 种股票指数(S&P500)期货及期权合约。1984 年,芝加哥商业交易所与新加坡国际金融交易所率先在世界上进行了交易所之间的联网交易,交易者可在两个交易所之间进行美元、日元、英镑和德国马克的跨交易所期货交易。

2)伦敦期货交易所

伦敦金属交易所是世界上最大的有色金属交易所,伦敦金属交易所的价格和库存对世界范围的有色金属生产和销售有着重要的影响。在 19 世纪中期,英国曾是世界上最大的锡和铜的生产国,随着时间的推移,工业需求不断增长,英国又迫切地需要从国外的矿山大量进口工业原料。在当时的条件下,由于穿越大洋运送矿砂的货轮抵达时间没有规律,因此金属的价格起伏波动很大,金属商人和消费者要面对巨大的风险,1877 年,一些金属交易商人成立了伦敦金属交易所并建立了规范化的交易方式。从 21 世纪初起,伦敦金属交易所开始公开发布其成交价格,并被广泛作为世界金属贸易的标准价格。世界上全部铜生产量的70% 是按照伦敦金属交易所公布的正式牌价为基准进行贸易的。

伦敦国际金融期货期权交易所成立于 1982 年,1992 年与伦敦期权交易市场合并,1996年收购伦敦商品交易所。交易品种主要有英镑、德国马克、美元、日元、瑞士法郎、欧洲货币单位、意大利里拉的期货和期权合约,70 种英国股票期权、金融时报 100 种股票指数期货和期权以及金融时报 250 种股票指数期货合约等。该交易所虽然成立时间较晚,但发展速度惊人,截至 1996 年,已成为欧洲最大、世界第三的期货期权交易所。

继美、英之后,日本、法国、德国等主要工业发达国家都相继建立了期货市场,并展开了激烈的争夺期货交易中心地位的角逐,新加坡、巴西、南非、菲律宾、韩国、泰国、印度等国家和中国香港、台湾地区也先后建立了自己的期货交易所。

据美国期货业协会(FIA)的最新统计,2016 年全球场内期货及期权成交量达 252.2 亿手。其中,全球期货成交量约达 160 亿手,期货成交量已是连续第 5 年增长,是 10 年前的两倍有余。

拓展阅读

2016 年全球成交量排名前十的交易所

NO.1 芝加哥商业交易所集团

全球成交量最大的芝加哥商业交易所集团(CME 集团)2016 年度总成交量增长至 39.4 亿手,较 2015 年上升了 11.6%。芝加哥商品交易所(CME)近年来先后并购了芝加哥期货交易所

(CBOT)、芝加哥商品交易所(CME)、纽约商品交易所(NYMEX),组建成芝加哥商业交易所集团,成为了全球霸主。

CME 的产品丰富,主要有以下四类:

农产品:玉米、大豆、小麦、芝加哥软红冬麦、大豆油、活牛、猪肉(瘦肉猪)、育肥牛。

能源产品:原油、Henry Hub 天然气、石油、煤炭。

股指产品:标普500指数、纳斯达克100指数、道琼工业平均指数、日经225指数、MSCI指数、英国FTSE指数、富时中国50指数、罗素指数。

外汇产品:澳元、加元、欧元、英镑、日元、纽元、离岸人民币。

利率产品:欧元、国库券、国债、美元掉期。

金属产品:金、银、铜、铝、铀、锌。

NO.2 印度国家证券交易所

第二名为印度国家证券交易所(NSE),成交量为21.2亿手,较2015年下降了30.1%。印度的期货及期权交易量排名第二。

印度国家证券交易所是一个位于印度孟买的证券交易所,成立于1992年11月,是印度第一大证券交易所,由一系列印度主要的金融机构、银行、保险公司和其他金融中介组成,但作为单独实体经营运作,拥有所有权。

该交易所衍生品主要有以下三类:

①证券衍生品:股指、股票期货及期权。

②货币衍生品:美元、英镑、日元和欧元等外汇期货,美元期权。

③利率衍生品:印度国债期货。

NO.3 洲际交易所

第三位为洲际交易所(ICE),成交量为19.98亿手,与2015年几乎保持相同水平。

美国洲际交易所(Intercontinental Exchange,ICE)成立于2000年5月,总部位于美国佐治亚州亚特兰大,投资者来自7家商品批发商。2001年通过收购伦敦国际石油交易所(IPE)进入期货市场,2007年1月收购纽约期货交易所(NYBOT),8月收购温尼伯商品交易所(即现在的加拿大期货交易所),2009年收购清算公司(TCC)。2005年登陆纽交所,完成首次公开发售,是拉塞尔1000和标普500的成分股之一,服务范围超过全世界50个国家。

洲际交易所(欧洲)主要交易全世界半数以上的原油和炼油期货,以下为其主要的产品:

能源类:布伦特原油、WTI原油、汽油、成品油、欧洲天然气、液化天然气、英国电力、排放量、煤炭、铁矿石、海运。

农产品:原糖、大麦、菜籽油、可可、咖啡、玉米、棉花、橙汁、大豆、小麦。

金属类:黄金、白银。

利率产品:欧元同业拆借利率、英国国债、欧元兑瑞郎、英镑、欧元掉期票据。

指数类:富时指数、罗素指数、美元指数、MSCI指数。

NO.4 莫斯科交易所

第四名为莫斯科交易所,成交量为19.5亿手,与2015年相比上升了17.5%。

莫斯科交易所(Moscow Exchange)集团是俄罗斯最大的交易所集团,其还经营俄罗斯中央证券存管,是俄罗斯最大的清算服务提供商。莫斯科交易所总部位于俄罗斯莫斯科,拥有者为MICEX集团和俄罗斯交易系统。

该交易所里的服务和产品包括:

股票、债券、衍生品、外汇市场、货币市场和贵金属经营交易市场。

NO.5 欧洲期货交易所

第五名为欧洲期货交易所,成交量为17.3亿手,较2015年上升了3.3%。

欧洲期货交易所(EUREX)的前身为德国期货交易所(DTB)与瑞士期货期权交易所(SOFFEX)。为了应对欧洲货币联盟(European Monetary Union,EMU)的形成及欧元(Euro)时代的来临,面对日益激烈的竞争态势,DTB的集团母公司德国交易所集团与瑞士交易所决定建立策略联盟,1998年由DBAG和SWX共同投资成立欧洲期货交易所(EUREX Zurich AG),总部设于瑞士苏黎世。

其产品主要有以下几类:

利率衍生品、证券衍生品、股指衍生品、外汇衍生品、利率衍生品、股息衍生品、波动率衍生品、商品期货等。

NO.6 上海期货交易所

第六名是上海期货交易所,2016年的成交量是16.8亿手,同比上涨60%。

上海期货交易所是全球第二大铜交易中心(第一为伦敦LME,不过已经被香港交易所收购),成立于1990年11月26日,现有会员190多家(其中期货经纪公司会员占近75%),在全国各地开通远程交易终端1400多个。

目前上市产品主要有以下几类:

金属品种:黄金、白银、铜、铝、锌、铅、锡、螺纹钢、线材、热轧卷板。

能源品种:燃料油、沥青。

化工品种:天然橡胶。

NO.7 纳斯达克

第七名是纳斯达克,2016年成交量是15.76亿手,同比下跌4.4%。

纳斯达克(英语:NASDAQ),全称为美国全国证券交易商协会自动报价表(National Association of Securities Dealers Automated Quotations),是美国的一个电子证券交易机构,是由纳斯达克股票市场公司所拥有与操作的。NASDAQ是全国证券业协会行情自动传报系统的缩写,创立于1971年,迄今已成为世界最大的股票市场之一。

除股票以外,原油、黄金、各类指数均可以在纳斯达克交易。

NO.8 大连商品交易所

2016年成交量排名第八的是大连商品交易所,成交量为5.37亿手,与2015年相比增加了37.7%。

大连商品交易所(DCE)是中国最大的农产品期货交易所,全球第二大大豆期货市场,成立于1993年2月28日,是中国东北地区唯一一家期货交易所。

农业品:玉米、玉米淀粉、黄大豆1号、黄大豆2号、豆粕、豆油、棕榈油、纤维板、胶合板、鸡蛋。

工业品:聚乙烯、聚氯乙烯、聚丙烯、焦炭、焦煤、铁矿石。

NO.9 巴西证券期货交易所

排名第九的是巴西证券期货交易所,2016年成交量达到14.87亿手,同比增加9.5%。

巴西证券期货交易所是由原巴西期货交易所(BM&F)和巴西圣保罗证券交易所(BOVESPA)合并而成。2007年巴西期货交易所和巴西圣保罗证券交易所进行股份化改革,由非营利性的会员制交易所转变为以营利为目的的公司制交易所,公司原有的会员自然变成了股份化改革后交易所的股东。

目前,巴西证券期货交易所(BM&FBOVESPA)上市品种涉及场内交易合约以及场外交易合约。

场内交易品种包括:阿拉比克咖啡、可尼龙咖啡、糖、乙醇、棉花、玉米、大豆、肉牛、小牛。

场外交易品种分为三大类,包括掉期交易、弹性期权以及金属。

掉期交易主要品种包括利率、汇率、股票指数、物价指数以及黄金的掉期交易。

弹性期权涉及利率、汇率、股票指数三大品种,其中,巴西国内利率类合约、外汇挂钩债券合约以及汇率合约占交易所总成交量的90%以上。

NO.10 芝加哥期权交易所

芝加哥期权交易所2016年成交量11.85亿手,同比增长0.9%,主要是期权合约。

芝加哥期权交易所(Chicago Board Options Exchange, CBOE)成立于1973年4月26日,是由芝加哥期货交易所(Chicago Board of Trade, CBOT)的会员所组建。芝加哥期权交易所是美国最大的期权交易所,也是挂牌期权的创始人。从创建以来,CBOE通过产品创新、交易技术和投资者教育持续成为期权交易的领军。

该公司的主要业务是对市场上三大产品的上市期权合约交易进行市场操作:

①股票期权:个体公司的股票;

②指数期权:各种市场指数;

③ETP期权:ETP是信托股份,它们是股票构成的投资组合。

5.3 期 权

5.3.1 期权的概念

所谓"期权",又称"选择权",是一种能在未来某一特定时间以特定价格买进或卖出一定数量的某种特定商品的权利。期权交易就是这样一种权利的交易。

金融期权是以金融商品或金融期货合约为标的物的期权交易形式。在金融期权交易中,期权购买者向期权出售者支付一定费用后,就获得了能在未来某特定时间以某一特定价格向期权出售者买进或卖出一定数量的某种金融商品或金融期货合约的权利。

在金融期权交易中,合约持有人有权利在未来的一定时间内以一定价格向对方购买或出售一定数量的特定标的物。持有人拥有选择是否交割的权利,但并没有义务一定交割,因此,合约持有人要交纳一定的额外费用。

买权(看涨期权)——持有人到期可以选择是否购买。

卖权(看跌期权)——持有人到期可以选择是否卖出。

5.3.2 期权合约中的几个基本概念

1）期权购买者与期权出售者

期权购买者又称期权持有者。在支付一笔期权买入费以后，他就获得了在合约所规定的某一特定的时间以事先确定的价格向期权出售者买进或卖出一定数量的金融商品的权利，也可以根据需要和当时的市场行情放弃执行这种权利。

期权出售者又称期权签发者，在收取期权购买者所支付的期权费之后，就必须承担着在规定时间内应期权购买者的要求履行该期权合约的义务。在合约规定的时间内，只要期权购买者要求行使其权利，期权出售者就必须无条件地履行期权合约。

2）买入期权与卖出期权

买入期权是指期权购买者可在约定的未来某日期以事先约定的价格向期权出售者买进一定数量的某种金融商品或金融期货合约的权利。期权购买者之所以买进这种期权，是因为他们预计该期权的标的物——某种金融商品或金融期货合约的市场价格将上涨。他们买进这种期权后，可在日后市场价格上涨后仍以较低的协定价格买入该种金融商品或金融期货合约，从而避免市场价格上涨所带来的损失。对于套利者和投机者而言，他们买进这种期权后，也可从市场价格上涨中赚取价差收益。因此，买入期权也称"看涨期权"。

卖出期权指期权购买者可在约定的未来某日期以协定价格向期权出售者卖出一定数量的某种金融商品或金融期货合约的权利。

期权购买者之所以买进这种期权，是因为担心自己所持有的某种金融商品或金融期货合约的市场价格将下跌，买进这种期权后，他们可在日后市场价格果真下跌后仍以较高的协定价格卖出自己所持有的金融商品或金融期货合约，从而避免市场价格下跌所带来的损失。对套利者和投机者而言，买进这种期权后，也可从市场价格的下跌中赚取价差收益。因此，卖出期权也称"看跌期权"。

无论是买入期权还是卖出期权，对期权购买者而言，均只有权利而无义务；而对期权出售者而言，均只有义务而无权利。

对期权出售者而言，无论卖出何种期权（买入期权或卖出期权），都需要向期权购买者收取期权费；而对期权购买者而言，则无论买进何种期权（买入期权或卖出期权），都必须向期权出售者支付期权费。

3）协定价格

这是指期权合约所规定的，期权购买者在行使其权利时所实际执行的价格。这一价格一经确定，在期权合约的有效期内，无论期权的标的物价格上涨或下跌到什么水平，只要期权购买者要求执行合约，则期权出售者都必须以此协定价格履行其义务。

4）期权费

这是指期权购买者为获得期权合约所赋予的权利而向期权出售者支付的费用。不论期权购买者执行还是放弃权利,期权费均不予退还。

5)欧式期权与美式期权

在金融期权交易中,根据对履约时间的不同规定,金融期权分为"欧洲式期权"与"美国式期权"两种类型。

欧式期权是指期权购买者只能在期权到期日这一天行使其权利,既不能提前,也不能推迟。

美式期权是指期权购买者既可在期权到期日这一天行使其权利,也可在期权到期日之前的任何一个营业日行使其权利。由于美式期权赋予期权买方更大的选择空间,因此较多地被采用。

6)到期日

到期日即最后交易日,期权购买者在该日再不做对冲交易,则要么放弃期权,要么在规定的时间内执行期权。与现货期权不同,期货期权的到期日应先于其标的期货合约的最后交易日。

7)履约日

履约日是由期权合约所规定的,期权购买者可以实际执行该期权的日期。由于期权有欧式期权和美式期权之分,欧式期权的履约日与到期日一致。

5.3.3 期权的功能

1)套期保值功能

期权套期保值与期货不同,是将"对称性风险"转化为"不对称性风险"(消除不利风险,保留有利风险)。

2)价格发现功能

该功能主要体现在以下几方面:期权交易的透明度高、市场流动性强、信息质量高、期权价格的公开、期权价格的预期性和连续性。

3)投机功能

期权投机的盈亏杠杆放大功能比期货更大,因为投入的期权费很容易全部亏损,也可能赢利极大。就投机性而言,现货交易放大的倍数如果是1,期货可能是5~20倍,期权的放大倍数有可能超过100倍。

5.3.4 期权与期货的区别

①交易对象不同。交易双方的权利义务不同,保证金不同。

②盈亏风险不同。期货交易双方的盈亏风险都无限。期权交易买方亏损有限,赢利可能无限,也可能有限,而期权卖方赢利有限,亏损可能无限。

③合约的构成有所不同。期货是场内交易,合约载体是标的资产,交易变量是合约价格;期权多是场外交易,合约载体多是期货合约本身,合约价格已敲定。

④交易变量是期权费。期货合约都是标准化的,而期权合约则不一定。

⑤套期保值不同。期货套期保值将不利与有利风险都转移出去,期权能将有利机会保留住。

⑥买卖匹配不同。期货合约的买方到期必须买入标的资产,而期权合约的买方在到期日或到期前则有买入(看涨期权)或卖出(看跌期权)标的资产的权利。

5.3.5　期权交易的盈亏分析

1)看涨期权的盈亏分析

交易者 A 和 B 分别为看涨期权的买方和卖方,他们就 X 公司股票达成看涨期权交易。期权的有效期为 3 个月,协议价格为每股 50 元,合约规定股票数量为 100 股,期权费为每股 3 元。在未来的 3 个月中,交易者 A 在面临以下 5 种情况时,是否选择执行期权? 相应的盈亏情况如何?

①X 公司股票市价为 47 元(小于协议价格 50 元)。

交易者 A 不会行使期权,亏损 300 元(即总期权费:$3 \times 100 = 300$ 元)。

②X 公司股票价格等于 50 元(等于协议价格),无论 A 是否行使期权,都亏损期权费 300 元。

因为如行使期权,则 A 盈亏为:$(50 - 50) \times 100 - 300 = -300$ 元,即亏损 300 元(总期权费);如不行使期权,A 亏损期权费 300 元。

③X 公司股票价格等于 52 元(协议价格 50 元 < X 公司股票价格 < 协议价格 50 元 + 期权费 3 元)。

A 行使期权,且亏损 100 元。

因为如行使期权,则 A 盈亏为:$(52 - 50) \times 100 - 300 = -100$ 元,即 A 亏损 100 元;如不行使期权,则 A 亏损期权费 300 元。

所以,A 行使期权的亏损额(100 元)小于不行使期权的亏损额(300 元),从而 A 选择行使期权。

④X 公司股票价格等于 53 元(X 公司股票价格 = 协议价格 50 元 + 期权费 3 元),A 行使期权,且不亏不赚。

因为如行使期权,则 A 盈亏为:$(53 - 50) \times 100 - 300 = 0$ 元,即 A 不盈不亏;如不行使期权,则 A 亏损期权费 300 元,所以,A 选择行使期权。

⑤X 公司股票价格为 55 元(X 公司股票价格 > 协议价格 50 元 + 期权费 3 元),A 行使期权,获利。

因为 A 行使期权,则盈亏为:$(55 - 50) \times 100 - 300 = 200$ 元,即赚 200 元。

2)看跌期权的盈亏分析

交易者 A 和 B 分别为看跌期权的买方和卖方,他们就 Y 公司股票达成看跌期权交易。期权的有效期为 3 个月,协议价格为每股 100 元,合约规定股票数量为 100 股,期权费为每股 4 元。在未来的 3 个月中,交易者 A 在面临以下 5 种情况时,是否选择执行期权? 相应的盈亏情况如何?

①Y 公司股票市价为 102 元(大于协议价格 100 元)。

交易者 A 不会行使期权,亏损 400 元(即总期权费:$4 \times 100 = 400$ 元)。

②Y 公司股票价格等于 100 元(等于协议价格),无论 A 是否行使期权,都亏损期权费 400 元。

因为如行使期权,则 A 盈亏为:$(100 - 100) \times 100 - 400 = -400$ 元,即亏损 400 元(总期权费);如不行使期权,A 亏损期权费 400 元。

③Y 公司股票价格等于 98 元(协议价格 100 元 – 期权费 4 元 < Y 公司股票价格 < 协议价格 100 元)。

A 行使期权,且亏损 100 元。

因为如行使期权,则 A 盈亏为:$(100 - 98) \times 100 - 400 = -200$ 元,即 A 亏损 200 元;如不行使期权,则 A 亏损期权费 400 元。

所以,A 行使期权的亏损额(200 元)小于不行使期权的亏损额(400 元),从而 A 选择行使期权。

④Y 公司股票价格等于 96 元(Y 公司股票价格 = 协议价格 100 元 – 期权费 4 元)。A 行使期权,且不亏不赚。

因为如行使期权,则 A 盈亏为:$(100 - 96) \times 100 - 400 = 0$ 元,即 A 不盈不亏;如不行使期权,则 A 亏损期权费 400 元。所以,A 选择行使期权。

⑤Y 公司股票价格为 95 元(Y 公司股票价格 < 协议价格 100 元 – 期权费 4 元)。A 行使期权,获利 100 元。

因为 A 行使期权,则盈亏为:$(100 - 95) \times 100 - 400 = 100$ 元,即赚 100 元。

5.3.6　期权市场

期权市场是指期权合约的交易场所。与期货交易不同,期权交易未必有固定的、集中性的交易场所。因此,期权市场既包括各种场内市场(即交易所),也包括各种场外市场(如银行、证券公司等)。

随着期权市场的形成和期权合约的标准化趋势,期权交易已像期货交易一样逐步具备了严格的规范化的交易程序。在期权市场内的期权交易必须严格依程序进行,任何具体的期权交易策略都要在这种程序的范围内实施,从而为交易的安全与稳定提供一定的保障。

5.4　互换市场

5.4.1　互换交易

互换是指当事人利用各自筹资成本的相对优势,以商定的条件在不同币种或不同利息种类的资产或负债之间进行交换,以避免将来因汇率和利率变动而引起的风险,获取常规筹资方法难以得到的币种或较低的利息,达到降低筹资成本或资产负债管理的目的。

根据涉及交易品种划分,互换可分为货币互换、利率互换、商品互换、股权互换及信用互换,还有衍生互换。

5.4.2　互换交易的作用

①互换双方可以利用各自的比较优势,降低筹资成本,并防范互换各方面临的汇率、利率变动风险。

②互换交易可以使互换各方方便地筹集到所希望的期限、币种及利率结构的资金。并可使互换方资产负债相匹配,以适应其资产负债管理要求。通过互换业务,还可以将流动性较差的债务加以转换,并使互换方财务状况得以改善。通过互换,还可以使跨国公司避免外汇管制及税收政策方面的限制,以充分利用跨国公司的独特优势。

5.4.3　利率互换

1)利率互换的概念

利率互换是那些需要管理利率风险的银行家、公司财务主管、资产组合经理们使用的常见工具。同其他金融衍生工具一样,互换可以在不必调整基础资产组合的条件下控制风险水平。学生贷款营销协会(Sallie Mae)在1982年签订了第一张互换合约。

一些固定利率资产会带来固定的利息,这些资产产生的收入水平不会随着市场利率的变动而变化,而其他资产却会有浮动的、变化的利息。典型的浮动利率是伦敦同业拆借利率(LIBOR)或美国短期国债利率,最普遍使用的浮动利率是6个月期的浮动利率。

在一项互换交易中,有两个主要参与者,其中一方支付固定利率,另一方支付确定标的的浮动利率。人们称支付固定利率的一方是买进互换,支付浮动利率的一方是卖出互换。

互换可以把一个固定利率的负债转化为浮动利率的负债,或者相反。同样也可以把一个浮动利率的投资转化为固定利率的投资,或者相反。

互换价格就是互换双方同意的固定利率。互换利率和互换价格是同一个意思,但用的时候比较少。假设协定的固定利率(互换价格)是8.50%,浮动利率是LIBOR+100BP(基础点数),互换的有效期就是互换协议的期限。互换的名义价值决定了利息多少。在像这样的一个利率互换中,仅仅交付净现金流即可,不必让双方汇来汇去。需支付额较大的一方扣除对方欠自己的利息,把净差额划给对方。注意这其中谁也没有向对方支付本金,这也是为什么互换合同中采用术语"名义"的缘故。一家公司做了一个 1 亿美元的利率互换,并不意味着它真的借贷了 1 亿美元。

采用互换会产生一种风险,即交易对手信用风险。因为没有交易结算所来保证互换的实施。有可能互换的一方违约,结果并不像初看起来那样严重。有风险的数额只是一方欠另一方的净值加上互换安排无法完成的机会成本,可以设想到应该收取净现金流的一方不会违约,只有应支付净差额的一方才有可能违约。

2)利率互换实例

某公司有一笔美元贷款,期限 10 年,从 2017 年 3 月 6 日至 2027 年 3 月 6 日,利息为每半年计息付息一次,利率水平为 USD(美元)6 个月 LIBOR + 70BP。公司认为在今后 10 年之中,美元利率呈上升趋势,如果持有浮动利率债务,利息负担会越来越重。同时,由于利率水平起伏不定,公司无法精确预测贷款的利息负担,从而难以进行成本计划与控制。因此,公司希望能将此贷款转换为美元固定利率贷款。这时,公司可与中国银行续做一笔利率互换交易。

经过利率互换,在每个利息支付日,公司要向银行支付固定利率 7. 320%,而收入的 USD6 个月 LIBOR + 70BP,正好用于支付原贷款利息。这样一来,公司将自己今后 10 年的债务成本,一次性地固定在 7. 320% 的水平上,从而达到了管理自身债务利率风险的目的。利率互换形式十分灵活,可以根据客户现金流量的实际情况做到"量体裁衣"。

5.4.4 货币互换

1)货币互换的概念

1971 年 8 月,国际货币基金组织废除布雷顿森林协议后,外汇风险使企业承受了巨大损失。在废除之前,全世界采取美元盯住黄金价格的固定汇率制。

在协议废除后,货币实行自由浮动,直到市场达到均衡价格。浮动汇率使外汇市场急剧波动。动荡意味着有风险,因此人们就会寻找办法衡量并控制它。1972 年,芝加哥商品交易所在其国际货币市场引入了外汇期货合约。如前所述,这一市场长盛不衰。尽管欧元期货合约的产生吞并了几种单一的货币期货合约。

1981 年,所罗门兄弟公司首次以经纪人身份进行了货币互换业务,互换对手分别是 IBM 公司和世界银行。它们同意互换一系列瑞士法郎对德国马克的现金流。这一创新引起市场的广泛关注。在随后几年里,货币互换的交易量迅速上升。今天,货币互换已成为跨国公司财务主管最喜欢的风险管理工具之一。它可以提供一种在较长时期锁定汇率的方便机制,因此,可以作为防范外汇风险的套期保值工具。

货币互换是一项常用的债务保值工具,主要用来控制中长期汇率风险,把以一种外汇计价的债务或资产转换为以另一种外汇计价的债务或资产,达到规避汇率风险、降低成本的目的。

2)货币互换实例

某公司有一笔日元贷款,金额为 10 亿日元,期限 7 年,利率为固定利率 3.25%,付息日为每年 6 月 20 日和 12 月 20 日。2016 年 12 月 20 日提款,2023 年 12 月 20 日到期归还。公司提款后,将日元买成美元,用于采购生产设备。产品出口得到的收入是美元收入,而没有日元收入。

从以上的情况可以看出,公司的日元贷款存在着汇率风险。具体来看,公司借的是日元,用的是美元,2023 年 12 月 20 日,公司需要将美元收入换成日元还款。那么到时如果日元升值,美元贬值(相对于期初汇率),则公司要用更多的美元来买日元还款。这样,由于公司的日元贷款在借、用、还上存在着货币不统一,就存在着汇率风险。

公司为控制汇率风险,决定与中国银行续做一笔货币互换交易。双方规定,交易于 2016 年 12 月 20 日生效,2023 年 12 月 20 日到期,使用汇率为 USD1 = JPY113。这一货币互换,表示为:

①在提款日(2016 年 12 月 20 日)公司与中国银行互换本金。公司从贷款行提取贷款本金,同时支付给中国银行,中国银行按约定的汇率水平向公司支付相应的美元。

②在付息日(每年 6 月 20 日和 12 月 20 日)公司与中国银行互换利息。中国银行按日元利率水平向公司支付日元利息,公司将日元利息支付给贷款行,同时按约定的美元利率水平向中国银行支付美元利息。

③在到期日(2023 年 12 月 20 日)公司与中国银行再次互换本金。中国银行向公司支付日元本金,公司将日元本金归还给贷款行,同时按约定的汇率水平向中国银行支付相应的美元。

从以上可以看出,由于在期初与期末,公司与中国银行均按预先规定的同一汇率(USD1 = JPY113)互换本金,且在贷款期间公司只支付美元利息,而收入的日元利息正好用于归还原日元贷款利息,从而使公司完全避免了未来的汇率变动风险。

课后思考

假设益智公司股票当前的价格为 15 元,预计它在 6 个月后会上涨到 22 元,但你又不敢肯定。于是,你以每股 1 元的价格从王小二手里购买了这样一份买入期权,约定在 6 个月后你有权利从王小二手里以每股 17 元的价格购买 1 万股益智股票。如果 6 个月后股票的价格真的上涨到了 22 元,那么,你就执行以每股 17 元的价格从王小二手里买入 1 万股益智股票的权利,然后以每股 22 元的价格将其在现货市场上卖掉。

如果你认为益智公司的股票价格在 6 个月后不是上涨到 22 元,而是会下跌到 13 元,那么,你就可以购买卖出期权。假设你和王小二的这份期权合约的主要条款为:你购买每股股票的权利金为 1 元,约定的履约价格为 15 元,期限为 6 个月。如果在这 6 个月中,正如你所预料的那样,益智公司股票价格真的下跌到了 13 元,那么,你就可以执行卖出期权,以 13 元的价格在现货市场上买入 1 万股益智股票,同时以约定的每股 15 元的价格卖出 1 万股给王小二。

◆本章小结

衍生品（Derivatives），其原意是派生物、衍生物的意思。

金融衍生品通常是指从原生资产（Underlying Assets）派生出来的金融工具。由于许多金融衍生产品交易在资产负债表上没有相应科目，因而也被称为"资产负债表外交易（简称表外交易）"。金融衍生品的共同特征是保证金交易，即只要支付一定比例的保证金就可进行全额交易，不需实际上的本金转移，合约的了结一般也采用现金差价结算的方式进行，只有在期满日以实物交割方式履约的合约才需要买方交足贷款。因此，金融衍生品交易具有杠杆效应。

国际上金融衍生产品种类繁多，活跃的金融创新活动接连不断地推出新的衍生产品。金融衍生产品主要有以下几种分类方法。

（1）根据产品形态，可以分为远期、期货、期权和掉期四大类。

远期合约和期货合约都是交易双方约定在未来某一特定时间、以某一特定价格、买卖某一特定数量和质量资产的交易形式。期货合约是期货交易所制定的标准化合约，对合约到期日及其买卖的资产的种类、数量、质量作出了统一规定。远期合约是根据买卖双方的特殊需求由买卖双方自行签订的合约。因此，期货交易流动性较高，远期交易流动性较低。

掉期合约是一种为交易双方签订的在未来某一时期相互交换某种资产的合约。更为准确地说，掉期合约是当事人之间签订的在未来某一期间内相互交换他们认为具有相等经济价值的现金流（Cash Flow）的合约。较为常见的是利率掉期合约和货币掉期合约。掉期合约中规定的交换货币是同种货币，则为利率掉期；是异种货币，则为货币掉期。

期权交易是买卖权利的交易。期权合约规定了在某一特定时间、以某一特定价格买卖某一特定种类、数量、质量原生资产的权利。期权合同有在交易所上市的标准化合同，也有在柜台交易的非标准化合同。

（2）根据原生资产大致可以分为四类，即股票、利率、汇率和商品。

如果再加以细分，股票类中又包括具体的股票和由股票组合形成的股票指数；利率类中又可分为以短期存款利率为代表的短期利率和以长期债券利率为代表的长期利率；汇率类中包括各种不同币种之间的比值；商品类中包括各类大宗实物商品。

（3）根据交易方法，可分为场内交易和场外交易。

场内交易，又称交易所交易，指所有的供求方集中在交易所进行竞价交易的交易方式。这种交易方式具有交易所向交易参与者收取保证金，同时负责进行清算和承担履约担保责任的特点。此外，由于每个投资者都有不同的需求，交易所事先设计出标准化的金融合同，由投资者选择与自身需求最接近的合同和数量进行交易。所有的交易者集中在一个场所进行交易，这就增加了交易的密度，一般可以形成流动性较高的市场。期货交易和部分标准化期权合同交易都属于这种交易方式。

◆综合练习与训练

一、单项选择题

1.20 世纪 70 年代以来金融衍生产品迅速发展最主要最直接的原因是（　）。

A. 基础金融产品的品种越来越丰富

B. 汇率与利率波动的加剧使规避市场风险变得非常必要

C. 基础金融产品交易量的扩大

D. 世界经济一体化的发展趋势使得金融朝着全球化的趋势发展

2. 在金融衍生产品交易中,由合约中的一方违约所造成的风险被称为(　　)。

A. 信用风险　　　　　B. 流动性风险　　　　　C. 操作风险　　　　　D. 结算风险

3. 以下关于金融衍生产品分类的说法错误的是(　　)。

A. 按交易的场所分为场内交易类和场外交易类

B. 按产品性质分为远期义务类和或有权利类

C. 按指向的基础资产分为外汇衍生产品、利率衍生产品以及股票衍生产品

D. 期权产品都是场外交易产品

4. 以下几种外汇衍生工具中,履约风险最大的是(　　)。

A. 远期外汇合约　　　　B. 外汇期货合约　　　　C. 外汇期权　　　　D. 货币互换协议

5. 在运用利率期货时,远期存款人采取怎样的套期保值策略?(　　)

A. 为规避利率上涨的风险而卖出利率期货合约

B. 为规避利率下跌的风险而卖出利率期货合约

C. 为规避利率上涨的风险而买入利率期货合约

D. 为规避利率下跌的风险而买入利率期货合约

6. 以下关于利率期货的说法错误的是(　　)。

A. 按所指向的基础资产的期限,利率期货可分为短期利率期货和长期利率期货

B. 短期利率期货就是短期国债期货和欧洲美元期货

C. 长期利率期货包括中期国债期货和长期国债期货

D. 利率期货的标的资产都是固定收益证券

7. 标准的美国短期国库券期货合约的面额为 100 万美元,期限为 90 天,最小价格波动幅度为一个基点(即 0.01%),则利率每波动一点所带来的一份合约价格的变动为(　　)。

A. 32.5 美元　　　　　B. 100 美元　　　　　C. 25 美元　　　　　D. 50 美元

8. 股指期货的交割方式是(　　)。

A. 以某种股票交割　　　　　　　　　B. 以股票组合交割

C. 以现金交割　　　　　　　　　　　D. 以股票指数交割

9. 一个投资者在美国国际货币市场(IMM)上以£1 = $1.5000 的价格卖出一份英镑期货合约,支付了 $2 000 的保证金,并持有至到期。交割日的结算价为£1 = $1.4500,请问如果此时平仓,则该投资者的盈亏情况是(　　)(每份英镑合约的面值为 62 500 英镑)。

A. 赢利 $100　　　　B. 赢利 $3 125　　　　C. 亏损 $100　　　　D. 亏损 $3 125

10. 以下关于期货的结算说法错误的是(　　)。

A. 期货的结算实行每日盯市制度,即客户在开仓后,当天的盈亏是将交易所结算价与客户开仓价比较的结果,在此之后,平仓之前,客户每天的单日盈亏是交易所前一交易日结算价与当天结算价比较的结果

B. 客户平仓后,其总盈亏可以由其开仓价与其平仓价的比较得出,也可由所有的单日盈亏累加得出

C. 期货的结算实行每日结算制度,客户在持仓阶段每天的单日盈亏都将直接在其保证金账户上划拨。当客户处于赢利状态时,只要其保证金账户上的金额超过初始保证金的数额,则客户可以将超过部分体现;当处于亏损状态时,一旦保证金余额低于维持保证金的数额,则客户必须追加保证金,否则就会被强制平仓

D. 客户平仓之后的总盈亏是其保证金账户最初数额与最终数额之差

11. 以下关于互换交易的作用说法错误的是( )。

A. 可以绕开外汇管制

B. 具有价格发现的功能

C. 基于比较优势的原理降低长期资金筹措成本

D. 在资产、负债管理中防范利率、汇率风险

12. 以下关于期权特点的说法不正确的是( )。

A. 交易的对象是抽象的商品——执行或放弃合约的权利

B. 期权合约不存在交易对手风险

C. 期权合约赋予交易双方的权利和义务不对等

D. 期权合约使交易双方承担的亏损及获取的收益不对称

13. 若一份期权的标的资产市场价格为 100,一般而言,期权的协定价格低于 100 越多,则( )。

A. 看涨期权和看跌期权的期权费都越高

B. 看涨期权和看跌期权的期权费都越低

C. 看涨期权的期权费越低,看跌期权的期权费就越高

D. 看涨期权的期权费越高,看跌期权的期权费就越低

14. 最早出现的交易所交易的金融期货品种是( )。

A. 货币期货　　　　B. 国债期货　　　　C. 股指期货　　　　D. 利率期货

15. 为规避美元利率上升的风险,固定利率债权人应选用( )。

A. 美元看涨期权　　B. 美元看跌期权　　C. 利率封顶期权　　D. 利率保底期权

二、判断题

1. 金融衍生产品市场上存在大量的投机交易,投机交易的存在破坏了市场秩序。　( )

2. 金融期货交易都是在场内进行的,金融期权交易都是在场外进行的。　( )

3. 期货对于现货的套期保值功能建立在期货与现货价格变动方向相同的原理上。( )

4. 远期借款人为规避利率上涨的风险,应该买入利率期货合约。　( )

5. 债权人和债务人都可以运用利率期货进行套期保值。　( )

6. 外汇期货交易的报价惯例是一律将美元作为基础货币。　( )

7. 在外汇期货市场上,合约指向的外汇汇率波动一个点就是指该外汇兑美元的汇率波动万分之一。　( )

8. 一份股指期货合约的面值是固定的。　( )

9. 在单纯的利率互换中,作为金融衍生工具的杠杆效应体现在互换中只对对换利息的支付,而不涉及本金的对换。　( )

10. 市场定价的不一致为互换交易的开展提供了空间,互换对于参与交易的双方来说是一个双赢。　( )

三、计算题

一农场主 2016 年 6 月份播种玉米时市场中玉米价格为 1 500 元/吨,他对此价格比较满意。该农场主经过对市场的全面调查后,预测 9 月份玉米收获时价格要下跌。于是此时他在大连商品交易所以 1 490 元/吨的价格卖出玉米期货合约。到了 9 月份玉米丰收后,现货市场价格跌为 1 400 元/吨,玉米期货合约价格也跌为 1 380 元/吨。玉米数量均按 100 吨计,试分析该农场主的套期保值效果。

◆案例分析

东航石油套期保值巨亏

2008 年,东方航空发布公告称,预计 2008 年公司业绩将出现大幅亏损。公告显示,东方航空 2008 年 12 月当期的航油套保合约发生实际现金交割损失约为 1 415 万美元。据东航的初步估算,截至 2008 年年底,东航 2008 年航油套保公允价值损失高达 62 亿元。

东航航油套保期权合约采用的主要结构是上方买入看涨期权价差,同时下方卖出看跌期权。利用卖出看跌期权来对冲昂贵的买入看涨期权费,并承担航油价格下跌到看跌期权锁定的下限以下时的赔付风险。但从 2008 年 7 月份以来,国际油价一路跳水,与东航所估计的走势方向正好相反,随着合约到期日的临近和国际油价振荡下行,预计东航的实际赔付仍将继续扩大。

在 2007 年 11 月 22 日,中国国航就曾披露了公允价值损失扩大至 21 亿元。这主要是由于国航在国际油价位于最高点时,对油价的未来走势作出了完全错误的判断。国航是中国最早开始利用燃油套保控制燃油成本的航空公司,2005 年就开始公告燃油衍生品保值收益,随着此后几年燃油价格的不断上涨,国航在燃油对冲业务中尝到了甜头,仅 2006 年上半年,国航燃油套保比例就达实际采购油量的 40%,收益 3.38 亿元。而到 2008 年,这个比例已达到 50% 以上。

而 2008 年因为套期保值不当出现巨亏的远不止东方航空一家,中信泰富因澳元套保损失约 186 亿港元,深南电因操作石油衍生品合约导致巨亏,中国国航燃油套保合约损失 21 亿元,中国远洋购入远期运费协议(FFA)导致亏损近 40 亿元。仅这几家上市公司就因套保不当损失超过 300 亿元。

思考:套期保值本应是缩小风险敞口的一种金融衍生工具,但为什么像东航这样的大型企业会在套期保值中出现巨额亏损呢?

第 6 章

证券发行市场

◆ 学习目标

1. 掌握股票、债券两种投资工具的发行目的及种类；
2. 掌握股票发行价格种类及影响价格决定的因素；
3. 了解股票、债券销售的各种方法；
4. 了解债券的发行方式；
5. 理解债券信用评级的意义、内容及方法。

◆ 创设情境

2000 年 3 月 17 日，证监会颁布《股票发行核准程序》。2001 年 3 月 17 日，股票发行核准制正式启动，行政色彩浓厚的审批制退出了历史舞台。

当年，"核准制"被称为市场化的首张"入场券"。人民日报于 2001 年 3 月 19 日刊文分析称：在核准制下，符合条件的企业都可以进入遴选范围。能不能发行上市，要看企业本身的实力。证券中介机构特别是投资银行将会认真起来，遴选、辅导、保荐、询价等都会按照市场规律去做，而不会像原先那样搞"公关"拿项目，关门造"八股"材料。

"核准制"经历了前期的"通道制"、后期的"保荐制"，实施至今。但启动之初被寄予厚望的市场化作用，并没有发挥出来。从实施效果而言，核准制与审批制并没有本质性差别，仍是"伪市场化"。

依据现行证券法，"核准制"指的是证券主管机关对发行人申报信息和材料的全面性、真实性和准确性进行形式审查；对拟发行证券的投资价值是否符合法律或证券监管者规定的必要条件进行实质审查，并最终作出发行人是否符合发行条件的判断。证券发行人只有在收到证券主管机关的核准函之后，才能发行证券。

"核准制"的问题在于，核准时间过长，一旦 IPO 节奏放缓就形成了"堰塞湖"现象，而且，通过行政手段控制发行速度导致新股定价过高，圈钱问题严重，更为关键的是，"核准制"极易产生寻租和腐败。

思考：如何才能将选择股票的权利和新股定价权利交给市场，最大限度地发挥市场的作用，防止股价虚高，减少腐败的发生，减少权力的寻租空间？

6.1 股票发行市场

6.1.1 股票发行的目的

股票发行(Share Issuance)是指符合条件的发行人以筹资或实施股利分配为目的,按照法定的程序,向投资者或原股东发行股份或无偿提供股份的行为。

发行股票的目的有很多,除了筹集资金,满足企业发展需要这一主要目的以外,其他一些目的如调整公司的财务结构、进行资产重组、维护股东利益等都可引起股票发行。股票的发行主要分两种情况:

1)为新设立股份公司发行股票

新设立股份公司需要通过发行股票来筹集资本,达到预定的资本规模,为公司开展经营活动提供必要的资金条件。股份公司的设立一般又分为:

(1)发起设立

发起设立是指公司资本由发起人全部认购,不向他人招募资本的公司设立方式。发起设立程序简单,发起人出资后公司设立即告完成,但这类公司规模较小,无限公司、两合公司、有限公司只能采取此种方式设立,股份有限公司也可以采取此种方式设立。

(2)募集设立

募集设立又称"渐次设立"或"复杂设立",是指由发起人认购公司应发行股份的一部分,其余股份向社会公开募集或者向特定对象募集而设立公司。即除发起人本身出资外,还需向社会公开发行股票募集资金。募集设立既可以是通过向社会公开发行股票的方式设立,也可以是通过向特定对象发行股票的方式而设立。这种方式只能是股份有限公司设立的方式,由于募集设立的股份有限公司资本规模较大,涉及众多投资者的利益,故各国公司法均对其设立程序严格限制。如为防止发起人完全凭借他人资本设立公司,损害一般投资者的利益,各国大都规定了发起人认购的股份在公司股本总数中应占的比例。我国的规定比例是不少于35%。

2)现有股份公司为改善经营而发行股票

现有股份有限公司为扩大经营规模或范围,提高公司的竞争能力而投资新的项目时,需增加发行股票筹集资金,人们通常称之为增资发行。现有股份公司为改善经营而发行股票的目的主要有:

(1)调整公司财务结构,保持适当的资产负债比例

当公司负债率过高时,通过发行股票增加公司资本,可以有效地降低负债比例,改善公司财务结构。

（2）满足证券交易所的上市标准

股票在证券交易所上市需要满足的条件很多，其中一个重要的条件就是股本总额。我国《公司法》规定，股份有限公司的股票要在证券交易所上市，其股本总额不得少于人民币5 000万元。因而有些公司为了争取股票在证券交易所挂牌上市，就要通过发行新的股票的方式来增加股本总额，以满足上市标准。

（3）公积金转增股本及股票派息

当股份有限公司的公积金累积到一定的水平时，在留足了法律规定的比例以后，可以将其余的公积金转为资本金，向公司现有股东按比例无偿增发新股。另外，当公司需要资金用于扩大投资时，会选择用股票而不是现金来分红派息。

（4）转换证券行使权力

当公司需要将发行在外的可转换债券或其他类型的证券转换成公司股票时，要向债权人发行股票。

（5）股份的分割与合并

股份的分割又称为拆股，股份的合并又称为缩股。拆股或缩股时须向原股票持有人换发新股票。

（6）公司兼并重组

公司可以向目标企业发行本公司的股票，目标企业以其资产作为出资缴纳股款，由此完成对目标企业的兼并。

6.1.2 股票发行方式

股票发行方式是指公司通过何种途径发行股票。按照不同的标准，可以将股票发行方式划分为以下类型：

1）按股票发行的参与者不同，划分为直接发行和间接发行

①直接发行是由股份有限公司自己承担发行股票的责任和风险，不通过股票的发行中介机构，而直接将股票出售给股票认购者，故也称为自营发行或自销。

②间接发行是指股份有限公司委托中介机构代为发行股票，再由中介机构将股票销售给股票认购者的发行方式，故也称为委托发行或代理发行。间接发行根据中介机构承担的责任和风险，又分为包销和代销。

2）按股票发行过程中的公开程度不同，划分为公开发行和非公开发行

①公开发行是指股份有限公司依据公司法及证券交易法的有关规定，办理有关发行审核手续，公开向社会公众发行股票。股份有限公司若采用募集设立则属于公开发行股票方式。

②不公开发行是指股份有限公司不办理公开发行的审核手续，股票不公开对外发行，而只向公司内部少数特定的对象出售。股份有限公司若采用发起设立则属于不公开发行股票

方式。

3)按股票发行目的不同,划分为初次发行和增资发行

（1）初次发行

初次发行是指新组建股份公司时或原非股份制企业改制为股份公司时或原私人持股公司要转为公众持股公司时,公司首次发行股票。前两种情形又称设立发行,后一种发行又称首次公开发行(Initial Public Offerings,IPO)。初次发行一般都是发行人在满足发行人必须具备的条件,并经证券主管部门审核批准或注册后,通过证券承销机构面向社会公众公开发行股票。通过初次发行,发行人不仅募集到所需资金,而且完成了股份有限公司的设立或转制。

我国目前对股票的公开初次发行有许多明确的规定和要求:①注册资本额不得低于人民币1 000万元;②有公司章程等基本条件;③发起人认购的股份数不得少于公司股份总数的35%;④申请发行并得到有关部门的批准;⑤及时向社会公告招股说明书;⑥由依法设立的证券经营机构承销,并由银行代收股款;⑦在规定的时间内发行。

（2）增资发行

增资发行是指股份有限公司成立后在运营过程中,要增加资本而再次发行股票,因而也叫再次发行。再次发行股票的主要目的有:①增加公司资本,以解决资本短缺或扩大经营场所;②改善资本结构,如资本公积或盈余公积转增资本,公司债券转换为股票,用分配给股东的股息转换为发行股票等;③提高公司社会信用,扩大公司规模。

我国目前对股份有限公司的再次发行股票也有严格的规定和要求:①前一次发行的股票已发完,并间隔1年以上;②公司在最近3年内连续盈利,并可向股东支付股利;③公司最近3年内财务会计文件无虚假记载;④股东大会同意以及有关部门批准;⑤在规定的额度范围内增资配股。

增资发行的方式有:有偿增资发行、无偿增资发行和有偿无偿并行增资发行。

①有偿增资发行是指股票的购买者以一定的价格向股份有限公司购买股票,从而使公司实现增资。一般情况下,购买价要低于市场价。有偿增资发行又分为股东配股、特定人配股和公开发行。股东配股是以股东已持有的股票数为基准,按一定的比率给予认购新股的优先权,它是应用最广泛的增资方法。特定人配股是给予某一范围的特定人(如公司员工、股东等)以优先认购新股的权利。公开发行是社会公众以平等的方式认购新股,而不限定在某些指定人范围之内。

②无偿增资发行方式是指股东无须缴付股款而取得新股的增资方法。通常此次股票的发行一般是赠送给原来的老股东,其目的并非直接筹资,而是为调整资本结构或把积累资本化。

③有偿无偿混合增资发行是指公司对原股东发行新股票时,按一定比例同时进行有偿无偿增资。在这种增资方式下,公司对增发的新股票一部分由公司的公积金转增资本,这部分增资是无偿的;一部分由原股东以现金认购,这部分增资是有偿的,增资分配按原股东的持股比例进行。这种方式一方面可促使股东认购新股,迅速完成增资计划,另一方面也是对原有股东的优惠,使他们对公司的前途充满信心。

拓展阅读 6.1

我国曾经用过的股票发行方式

在市场化条件下,股票的发行方式与发行价格确定方法密切相关,二者往往具有同一性,即在发行价格的形成过程中产生投资人并使其特定化;但二者是从不同角度界定股票发行的两个范畴,其内涵不尽相同。

在我国证券市场建立和发展的短暂历史中,股票发行方式经历了从行政化发行方式向市场化发行方式演进的曲折过程,期间曾在不同阶段尝试采用了若干不同的发行方式。

1. 内部认购

内部认购是指向发行人内部职工及特定的关系人发售股票的方式。该方式曾一度适用于我国证券市场起步期,为最早进行股份制改造的企业首次发行股票所普遍采用。如 1984 年发行的中华人民共和国成立后的第一只股票上海飞乐音响以及最早采用平价试点发行的股票,基本上均采用内部认购方式。

2. 发售认购表

股票认购表是投资者获得股票认购资格的凭证,但非股票。1990 年和 1991 年沪深证券交易所成立前后,随着我国股票投资的陡然升温,股票发行开始采用发售认购表的方式。早期的股票认购表是采取限量发售的,凭身份证每人限购一张,购得的认购表按 10% 的中签率参与抽签,投资者凭中签认购表实际认购当次发行的股票,每张限购 1 000 股。但因股票供求的巨大落差导致 1992 年 8 月发生"深圳事件"后,该方式被停用,发售股票认购表遂改限量为无限量。

无限量发售认购表方式,即投资者为购买股票须先在规定的时间内无限量购买认购表,若有效申购量大于股票发行量,主承销商将认购申请表连续排号,通过抽签产生中签号码,投资者凭中签认购表实际认购当次发行的股票,每张限购 1 000 股。无限量发售认购的方式缓解了认购表的供求矛盾,但与之而来的问题是,过低的中签率往往使投资者付出较大的认购成本而显失公平。

3. 存款挂钩

1993 年 8 月 18 日,国务院证券委颁发了《关于 1993 年股票发售与认购办法的意见》,规定股票发行方式可以采用与银行储蓄存款挂钩的方式。与储蓄存款挂钩发行方式是指在规定期限内无限量发售专项定期定额存单,根据存单发售数量、批准发行股票数量及每张中签单可认购股份数量的多少确定中签率,通过公开摇号抽签方式确定中签者,中签者按规定要求办理缴款手续的新股发行方式。

4. 上网竞价

上网竞价方式是指以网上竞价申购的结果确定股票投资者的股票发行方式。即主承销商利用证券交易所的交易系统,以自己作为唯一的"卖方",按照发行人确定的底价将公开发行股票的数量输入其在交易所的股票发行专户;投资者作为"买方",在指定时间通过交易所会员交易柜台,以不低于发行底价的价格及限购数量,进行竞价认购的发行方式。如前所述,该方式曾于 1994 年 6 月至 1995 年 1 月在我国试行,其最大的优点是定价的市场化和价格的连续性,即通过市场竞争决定发行价格,且保证了发行市场与交易市场价格的平稳顺利对接。但其价格易被机构大资金操纵,从而增大了中小投资者的投资风险。

5. 上网定价

上网定价的发行方式是指主承销商利用证券交易所交易系统,按已确定的发行价格向投资者发售股票的方式。即由主承销商作为股票的唯一"卖方",投资者在指定的时间内,按现价委托买入股票的方式进行股票申购。主承销商在"上网定价"发行前应在证券交易所设立股票发行专户和申购资金专户。申购结束后,根据实际到位资金,由证券交易所主机确认有效申购而向申购人发售股票。

上网定价发行方式充分利用了现代化的通信手段和先进交易系统,即利用二级市场平台操作一级市场业务,是迄今为止最为流行、最为安全、效率最高的发行方式。

1995年10月,中国证监会出台了《关于股票发行与认购的意见》,推荐采用上网定价的发行方式。

6. 预缴配售

所谓预缴配售,是指全额预缴款按比例配售股票的发行方式。依据1996年12月中国证监会发布的《关于股票发行与认购方式的暂行规定》,首次明确了全额预缴款按比例配售发行股票的方式。该方式又可细分为"全额预缴款、比例配售、余款即退"和"全额预缴款、比例配售、余款转存"两种。前者是指投资者在规定的申购时间内,将全额申购款存入主承销商在收款银行设立的专户中,申购结束后转存冻结银行专户进行冻结,在对到账资金进行验资和确定有效申购后,根据股票发行量和申购总量计算配售比例,进行股票配售,余款返还投资者的股票发行方式;后者的前两个阶段与第一个是相同的,所不同的是申购"余款不退",应转为专项存款,不得提前支取。

7. 机构配售

所谓机构配售,是指一般投资者上网发行与法人机构配售相结合的股票发行方式。为引入战略投资者参与配售和进一步推进市场化定价,1999年7月28日中国证监会发布《关于进一步完善股票发行方式的通知》,开始实行对一般投资者上网发行和对法人配售相结合方式发行新股。在同股同价的基础上,一部分利用证券交易所交易系统以上网定价的办法向一般投资者发行;另一部分则以订立配售协议的办法向法人发行。

该方式适用于公司一次发行量较大(8 000万股以上)的情形,其对法人的配售比例原则上不应超过发行量的50%;发行量在2亿股以上的,可根据市场情况适当提高对法人配售的比例。作为配售对象的法人是指在中华人民共和国境内登记注册的除证券经营机构以外的有权购买人民币普通股的法人,分为战略投资者和一般法人两大类(统称机构)。其中所谓战略投资者是指与发行公司业务联系紧密且欲长期持有发行公司股票的法人。发行人和主承销商在充分考虑上市后该股票流动性等因素的基础上,自主确定对法人配售和对一般投资者上网发行的比例。

8. 市场配售

所谓市场配售又称市值配售,是指在新股发行时,将一定比例的新股由上网公开发行改为向二级市场配售,投资者可根据其持有上市流通证券的市值和折算的申购限量,自愿申购新股的股票发行方式。2000年2月,中国证监会颁布《关于向二级市场投资者配售新股有关问题的通知》,在新股发行中试行向二级市场投资者配售新股的办法,旨在将一级市场巨额申购资金引入二级市场,起到稳定股市的作用。

二级市场配售的对象是持有上市流通证券的投资者,包括已流通但被锁定的高级管理人员的持股。上市流通证券的市值,是按招股说明书概要刊登前一个交易日收盘价计算的上市流通股票、证券投资基金和可转换公司债券市值的总和,不含其他品种的流通证券(如国库券)及未挂牌的可流通证券的市值。其基本原则是优先满足市值申购部分,在此前提下,配售比例应在50%至100%之间确定。投资者每持有上市流通证券市值1万元限申购新股1 000股,申购新股的数量应为 1 000 股的倍数,投资者持有上市流通证券市值不足 1 万元的部分,不赋予申购权;每一股票账户最高申购量不得超过发行公司公开发行总量的1‰,其配售数量的确定方法与上网定价发行下的配售数量确定方法基本相同。

9. IPO

理论上,现行 IPO 不能单独定义为一种新的股票发行方式,而是对已有发行方式的优化组合。换言之,所有首次公开发行股票均称之 IPO。我国目前的 IPO 方式是将机构投资者"网下累计投标询价"与一般投资者"资金申购上网定价公开发行"两个层面结合操作的股票发行方式,即"网下询价配售 + 网上定价发行"方式,又称"网上/网下累计投标询价"方式。现行 IPO 方式是在对以往发行方式进行总结和反思、调整和完善的基础上所重构的结果,尽管还有不完善之处,但毕竟是截至目前较为理想的做法。

(资料来源:问财网,2014-11-12.)

6.1.3 股票发行的条件

股票的发行不是自由放任的,不是任何公司在任何时间、任何地点和条件下都可以发行股票。股份公司发行股票必须具备一定的发行条件,取得发行资格,并在办理必要手续以后才能实施股票发行。

1)股票发行的一般条件

股份公司不论出于何种目的,采取任何发行方式,在股票发行前都必须先向证券主管机关和有关银行或金融机构呈交申请文件。包括:

(1)股份公司章程

股份公司章程主要内容有公司名称、地址、法定代表、业务经营范围、资本总额、单位股金额、股权结构、公司管理体制和体系、公司经济效益、收益分配以及其他需要说明的问题等。

(2)发行股票申请书

除股份公司章程的基本内容以外,还应包括拟发行股票的名称、种类、数量、总额、单位股金额、发行对象及其范围、工商注册登记情况、发行股票的目的及其所筹资金的用途、经济效益、分配方式及预计分配比例、上级主管部门和有关金融机构的初审意见等。

(3)发行股票说明书

具体说明经营范围,资本构成,现有公司近 3 年来经营和负债情况,发行股票的目的、用途及经济效益预测,公司的发展前景,发行股票的种类、数量、面额及价格,公司的董事会构成及其成员情况,大股东(拥有 10% 以上股份)的基本情况,股东的权利和义务,股票发售的起止日期,其他需要说明的问题等。

(4)股票承销合同

公开向社会发行股票需由公司与承销证券业务的金融机构签订承销合同。其内容应包括股票承销当事人的名称、地址,法定代表人,承销金额,承销机构及组织系统,承销方式及当事人的权利和义务,承销费用,承销起止日期,承销剩余部分的处理,承销款项的划付日期及方式,违约的责任及赔偿,其他约定内容等。

(5)其他文件

会计师事务所或审计事务所及律师事务所、公证处审核的资产报表、财务报表、经营状况的有关文件。

发行股票的公司及有关当事人提供的上述文件的内容必须齐全完整,真实可靠,禁止有虚假欺诈等使他人误信的行为。这有利于公司合法经营,提高社会信誉,有利于保护投资者的利益,使投资者进行正确的分析和选择。

2)初次发行股票的特殊条件

新组建的股份公司在初次发行股票时还有特殊的要求。包括两种情况:

(1)新组建的公司初次发行股票

组建公司的发起人可以是法人,也可以是自然人。国家要求发起人一般需 3 人以上。发行股票时,还应提供下列文件:有关部门同意成立新公司的批准文件,工商行政管理部门同意注册登记的意向证明书,公司发起人法定认购股份的验资证明书。发起人法定认购股份资本的比例各国不一,一般规定不得少于总资本的 25% 或 30% ,除发起人认购部分以外,其余股票发行完毕后,经一段时间准备,发起人召开公司成立大会。

(2)原有企业改建为股份公司发行股票

这类公司在申请发行股票时,还应提供以下文件:有关部门同意改组股份公司的批准文件,原有企业资产经权威资产评估机构或会计师事务所出具的资产评估报告书。

3)增资发行股票的特殊条件

股份公司成立后,为了增加资本而再次发行股票时一般要经济效益较好,经有关部门许可,而且通常应在上次发行两年之后,方可增资发行股票。发行公司在提出申请增资发行时,还需向关部门和金融机构提供下列文件:公司股东大会关于增资的决议;工商注册登记营业执照。

6.1.4　股票发行价格

证券发行价格的形式、高低及其确定方法对于证券能否顺利发行和发行成本有着重要影响。股份公司发行股票时,发行价格是指股份公司在募集公司股份资本或增资发行新股时,公开将股票出售给特定或非特定投资者时所采用的价格。简言之,即是投资者购买新发行的股票时所支付的价格。股票发行价格通常由股份公司根据股票市场价格水平和其他有关因素决定。通常所讲的发行价格是指有偿增资或有偿发行条件的发行价格。

1)股票发行价格的种类

股票有许多不同的价值表现形式,票面面额和发行价格是其中最主要的两种。票面面额是印刷在股票票面上的金额,表示每一单位股份所代表的资本额;发行价格则是公司发行股票时向投资者收取的价格。股票的发行价格与票面面额通常是不相等的。发行价格的制定要考虑多种因素,如发行人业绩增长性、股票的股利分配、市场利率以及证券市场的供求关系等。根据发行价格和票面面额的关系,可以将证券发行分为平价发行、溢价发行和折价发行 3 种形式。

（1）平价发行

平价发行,也称面额发行。即股票发行时其价格与票面所标注的金额完全一致。新设立的股份公司首次发行股票时,往往以票面金额作为发行价格。

（2）溢价发行

溢价发行,又可分为时价发行和中间价发行两种方式。

①时价发行,亦称市价发行,是指股份公司发行新股时,以已发行的流通中的股票现行价格为基准来确定股票发行价格的一种方式。亦即新股票的发行价格按照等于或接近股票流通市场上该种已发行股票或同类股票的近期买卖价格确定。显然,该方式只适宜于老的股份公司采用。采取时价发行方式时,股票面额与发行价格之间的差额归股票发行公司所有。因此,发行公司可用较少的发行股数即能得到与采用面额发行等额的资金,同时还可降低股票发行成本。

这不仅对筹资者有益,而且从长远来看,对投资者也有获得溢价收益的好处。这里需要指出的是,时价发行的价格虽然以流通中同种已发行股票的现行价格为基准,但并非和这种时价完全一致。在具体决定价格时,还应考虑如下因素:应将新发行的股票全部推销出去,发行新股不应造成对既有股票市场价格的冲击,以及影响股票市场价格变动的各方面因素的目前状况和今后发展动态,既要有一定的现实性,也要有一定的预见性。

综合各种因素后,在具体确定时价发行的价格时,一般把发行价格定在较股票市场流通价格低 5%～10% 的水平上。

②中间价发行,是指以介于股票面额和股票市场价格之间的价格发行股票的一种发行方式。这种方式通常在以股东分摊形式发行股票时予以采用。采用中间价发行不改变原有股东的构成,而且因为是对原有股东分摊,不需要支付承销手续费。

（3）折价发行

折价发行,是指根据发行公司与承销商之间的协议,将股票按面额打折后发行。这种状况一般是在公司知名度不高,资金需要较为迫切,并预期其股票的市场流通能力不强的情况下进行的。

除上述 3 种发行价格外,无面值股票在发行时,要专门设定发行价格。设定价格的高低,要根据公司章程中有关的资本规定、发行股数、筹资要求、预测的筹资效益、拟发行股票的市场力、潜在投资者的证券购买能力等因素,由董事会研究确定。

2）影响确定发行价格的因素

（1）净资产

主要发起人经评估确认的净资产所投股数,以及上市前后各年度的每股税后利润可作为定价的重要参考。

（2）经营业绩

公司税后利润水平直接反映了一个公司的经营能力和上市时的价值,税后利润的高低直接关系股票发行价格。在总股本和市盈率已定的前提下,税后利润越高,发行价格也越高。

(3)发展潜力

公司经营的增长率(特别是盈利的增长率)和盈利预测是关系股票发行价格的又一重要因素。在总股本和税后利润量既定的前提下,公司的发展潜力越大,未来盈利趋势越确定,市场所接受的发行市盈率也就越高,发行价格也就越高。

(4)发行数量

不考虑资金需求量,单从发行数量上考虑,若本次股票发行数量较大,为了能保证销售期内顺利地将股票全部出售,取得预定金额的资金,价格应适当定得低一些;若发行量小,考虑到供求关系,价格可定得高一些。

(5)行业特点

发行公司所处行业的发展前景会影响到公众对本公司发展前景的预期。同行业已经上市企业的股票价格水平剔除不可比因素以后,也可以客观地反映本公司与其他公司相比的优劣程度。如果本公司各方面均优于已经上市的同行业公司,则发行价格可定高一些,反之,则应低一些。此外,不同行业的不同特点也是决定股票发行价格的因素。

(6)股市状态

二级市场的股票价格水平直接关系到一级市场的发行价格。在制定发行价格时,要考虑到二级市场股票价格水平在发行期内的变动情况,若股市处于"熊市",定价太高则无人问津,使股票销售困难,因此要定得低一些;若股市处于"牛市",价格太低会使发行公司受损,股票发行后易出现投机现象,因此可以定得高一些。同时,发行价格的确定要给二级市场的运作留有余地,以免股票上市后在二级市场的定位会发生困难,影响公司的声誉。

3)股票发行定价方式

(1)协商定价

新股的发行定价主要采用同类上市公司比较法,承销商在承销新股时,需准备详尽的可比上市公司对照表,将发行公司与可比上市公司的一些重要数据、资料进行比较,包括市盈率、主要财务指标(流动比率、速动比率、资产负债比率、每股收益、销售增长率等)、股利政策、股息收益率等重要数据、资料。通过比较,确定一个比较稳定的备案价格范围,以引起投资者关注,再根据投资者的需求,由承销商和发行人商定发行价。美国新股发行一般采取此法,发行价一般不低于在美国证监会的备案价。

(2)一般询价方式

在我国,新股的发行一般都是通过向询价对象询价来确定发行价格的。询价对象是指依法设立的证券投资基金、合格境外机构投资者(QFII)、符合中国证监会规定条件的证券公司,以及其他中国证监会认可的机构投资者。询价一般是指发行人及其保荐机构向不少于20家询价对象进行初步询价,并根据询价对象的报价结果确定发行价格区间及相应的市盈率区间。保荐机构应在初步询价时向询价对象提供投资价值研究报告。初步询价和报价均应以书面形式进行。此外,公开发行股数在4亿股(含4亿股)以上的,参与初步询价的询价对象应不少于 50 家。

(3)累计投标询价方式

累计投标询价一般是指在发行中,根据不同价格下投资者认购意愿确定发行价格的一种方法。发行人及其保荐机构在发行价格区间内向询价对象进行累计投标询价,并应根据累计投标询价结果确定发行价格。累计投标方式是国际上 IPO 主要采用的新股发行定价方式。

询价机制是指主承销商初步询价确定新股发行价格区间,询价时间为 1~2 周。初步询价时,发行人和主承销商根据询价对象的报价结果确定发行价格区间及相应的市盈率区间,召开路演推介会,根据需求量和需求价格信息对发行价格反复修正,然后发行人和主承销商在发行价格区间内通过向配售对象进行网下累计投标询价最终确定发行价格的过程。

如果投资者的有效申购总量大于本次股票发行量,但超额认购倍数小于 5 倍时,以询价下限为发行价;如果超额认购倍数大于 5 倍时,则从申购价格最高的有效申购开始逐笔向下累计计算,直至超额认购倍数首次超过 5 倍为止,以此时的价格为发行价。

例如,中国建设银行最初的询价区间为 1.42~2.27 港元,此后收窄至 1.65~2.10 港元,最终发行价为 2.35 港元。询价过程只是投资者的意向表示,一般不代表最终的购买承诺。询价制使投资机构参与新股定价,供求双方在市场化条件下达成相对均衡的发行价格。

(4)上网竞价方式

上网竞价方式是指以网上竞价申购的结果确定股票投资者的股票发行方式。即主承销商利用证券交易所的交易系统,以自己作为唯一的"卖方",按照发行人确定的底价将公开发行股票的数量输入其在交易所的股票发行专户;投资者作为"买方",在指定时间通过交易所会员交易柜台,以不低于发行底价的价格及限购数量,进行竞价认购的发行方式。其最大的优点是定价的市场化和价格的连续性,即通过市场竞争决定发行价格,且保证了发行市场与交易市场价格的平稳顺利对接。但其价格易被机构大资金操纵,从而增大了中小投资者的投资风险。

4)股票发行定价方法

(1)市盈率法

市盈率法是指以行业平均市盈率来估计企业价值,按照这种估价法,企业的价值得自于可比较资产或企业的定价。市盈率法是目前国内外证券市场上应用最为广泛的一种方法。

市盈率定价法的步骤:

第一步,根据发行人的资产损益状况和税后利润总量确定发行人公平的预期市值并确定符合商业条件的发行总量;

第二步,根据注册会计师审核后的赢利预测计算出发行人的每股收益;

第三步,根据二级市场的平均市盈率、发行人的行业情况、发行人的经营状况及其成长性等拟定发行市盈率;

第四步,根据发行市盈率与每股收益的乘积决定发行价,发行价 = 每股收益 × 发行市盈率。

采用市盈率法确定新股内在价值,首先需要根据可比公司的平均市盈率估算出发行人

的发行市盈率,再将其乘以每股预期收益就可以得出初步的新股发行价格。公式为:

新股发行价 = 每股收益(每股税后利润) × 预计市盈率

确定每股收益有两种方法:

①完全摊薄法,即用发行前一年税后利润除以总股本,直接得出每股税后利润。

$$每股税后利润 = \frac{发行前一年税后利润}{发行后的总股本数}$$

②加权平均法。目前我国新股发行主要采用这种方法,因此新股的发行价主要取决于每股税后利润和发行市盈率这两个因素:

a. 每股税后利润,每股税后利润是衡量公司业绩和股票投资价值的重要指标。

每股税后利润 = 发行当年预测利润 ÷ 发行当年加价平均股本数

= 发行当年预测利润 ÷ [发行前总股本数 + 本次公开发行股本数 × (12 − 发行月份) ÷ 12]

b. 发行市盈率。市盈率是股票市场价格与每股税后利润的比率,它也是确定发行价格的重要因素。发行公司在确定市盈率时,应考虑所属行业的发展前景、同行业公司在股市上的表现以及近期二级市场的规模、供求关系和总体走势等因素,以利于一、二级市场之间的有效衔接和平衡发展。

市盈率水平一般有某种规定或行业习惯,比如中国规定制定发行价格时市盈率不能低于 15 倍,不能高于 18 倍,也可以根据交易市场的平均市盈率而定,但一般应略低于平均水平。总的来说,经营业绩好、行业前景佳、发展潜力大的公司,其每股税后利润多,发行市盈率高,发行价格也高,从而能募集到更多的资金;反之,则发行价格低,募集资金少。

例如:某股份有限公司发行 A 股,采用市盈率法确定发行价。

每股发行价 = 发行当年预测利润 ÷ 发行当年加权平均股本数 × 发行市盈率

其中,发行当年加权平均股本数 = 发行前股本数 + 本次公开发行股本数 × (12 − 发行月份) ÷ 12

结合该股份有限公司每股净利润、利润增长的速度以及当年预测税后利润 4 001.5 万元和发展前景、市场供求等因素,按发行市盈率 34. 94 倍确定股票发行价格。

该股份有限公司当年 6 月发行的股票价格为:

每股发行价 = 4 001.5 ÷ [8 500 + 3 000 × (12 − 6) ÷ 12] × 34. 94

= 4 001.5 ÷ 10 000 × 34. 94

= 13. 98(元/股)

(2)净资产倍率法

净资产倍率法又称资产净值法,是指通过资产评估和相关会计手段确定发行人拟募股资产的每股净资产值,然后根据证券市场的状况将每股净资产乘以一定的倍率,以此确定股票发行价格的方法。其计算公式为:

发行价格 = 每股净资产值 × 溢价倍率

该方法在国外常用于房地产公司或资产现值重于商业利益的公司的股票发行。

(3)现金流贴现法

现金流贴现估值模型的基石是现值规律,任何资产的价值等于其预期未来全部现金流的现值总和。贴现现金流模型也称拉巴波特模型(Rappaport Model),因其具有公认的严密的理论基础而获得广泛的应用。按照收入的资本化定价方法,任何资产的内在价值是由拥有这种资产的投资者在未来时期中所接受的现金流决定的。一种资产的内在价值等于预期现金流的贴现值。对于股票来说,贴现现金流模型的公式如下:

$$V = \sum_{t=1}^{n} \frac{D_t}{(1+k)^t}$$

式中　D——在未来时期以现金形式表示的每股股票的股利;

　　　k——在一定风险程度下现金流的合适的贴现率;

　　　V——股票的内在价值。

国外股票市场对新上市公路、港口、桥梁、电厂等基础设施公司的估值和发行定价主要采用现金流贴现法。因为这些项目初期投入大,项目形成后,有稳定的现金流,并且随着时间的推移,现金流量还会不断增多,或者能够抵消通货膨胀的影响,如果用市盈率法会低估公司的价值。

6.1.5　股票发行制度和发行程序

1)股票发行制度

股票发行制度是指发行人在申请发行股票时必须遵循的一系列程序化的规范,股票发行制度主要有 3 种,即审批制、核准制和注册制,每一种发行监管制度都对应一定的市场发展状况。在市场逐渐发育成熟的过程中,股票发行制度也应该逐渐地改变,以适应市场发展需求,其中审批制是完全计划发行的模式,核准制是从审批制向注册制过渡的中间形式,注册制则是目前成熟股票市场普遍采用的发行制度。

(1)审批制

审批制是一国在股票市场的发展初期,为了维护上市公司的稳定和平衡复杂的社会经济关系,采用行政和计划的办法分配股票发行的指标和额度,由地方政府或行业主管部门根据指标推荐企业发行股票的一种发行制度。公司发行股票的首要条件是取得指标和额度,也就是说,如果取得了政府给予的指标和额度,就等于取得了政府的保荐,股票发行仅仅是形式。因此,审批制下公司发行股票的竞争焦点主要是争夺股票发行指标和额度。证券监管部门凭借行政权力行使实质性审批职能,证券中介机构的主要职能是进行技术指导,这样无法保证发行公司不通过虚假包装甚至伪装、做账达标等方式达到发行股票的目的。

(2)注册制

注册制是在市场化程度较高的成熟股票市场所普遍采用的一种发行制度,证券监管部门公布股票发行的必要条件,只要达到所公布条件要求的企业即可发行股票。发行人申请发行股票时,必须依法将公开的各种资料完全准确地向证券监管机构申报。证券监管机构的职责是对申报文件的真实性、准确性、完整性和及时性作合规性的形式审查,而将发行公司的质量留给证券中介机构来判断和决定。这种股票发行制度对发行人、证券中介机构和投资者的要求都比较高。

（3）核准制

核准制则是介于注册制和审批制之间的一种形式。它一方面取消了政府的指标和额度管理,并引进证券中介机构的责任,判断企业是否达到股票发行的条件;另一方面证券监管机构同时对股票发行的合规性和适销性条件进行实质性审查,并有权否决股票发行的申请。在核准制下,发行人在申请发行股票时,不仅要充分公开企业的真实情况,而且必须符合有关法律和证券监管机构规定的必要条件,证券监管机构有权否决不符合规定条件的股票发行申请。证券监管机构对申报文件的真实性、准确性、完整性和及时性进行审查,还对发行人的营业性质、财力、素质、发展前景、发行数量和发行价格等条件进行实质性审查,并据此作出发行人是否符合发行条件的价值判断和是否核准申请的决定。表6.1比较了审批制、核准制和注册制的异同。

表6.1　审批制、核准制和注册制的异同

比较内容	审批制	核准制	注册制
发行指标和额度	有	无	无
发行上市标准	有	有	有
主要推(保)荐人	政府或行业主管部门	中介机构	中介机构
对发行作出实质判断的主体	证监会	中介机构、证监会	中介机构
发行监管性制度	证监会实质性审核	中介机构和证监会分担实质性审核职责	证监会审核中介机构,实质审核
市场化程度	行政体制	逐步市场化	完全市场化

拓展阅读6.2

我国股票发行审核制度的演进历程

1990年,沪深证券交易所相继成立。1993年,证券市场建立了全国统一的股票发行审核制度,并先后经历了行政主导的审批制和市场化方向的核准制两个阶段。具体而言,审批制包括"额度管理"和"指标管理"两个阶段,而核准制包括"通道制"和"保荐制"两个阶段。

1."额度管理"阶段(1993—1995年)

1993年4月25日,国务院颁布了《股票发行与交易管理暂行条例》,标志着审批制的正式确立。在审批制下,股票发行由国务院证券监督管理机构根据经济发展和市场供求的具体情况,在宏观上制定一个当年股票发行总规模(额度或指标),经国务院批准后,下达给国家计划委员会(简称"计委"),计委再根据各个省级行政区域和行业在国民经济发展中的地位和需要进一步将总额度分配到各省、自治区、直辖市、计划单列市和国家有关部委。省级政府和国家有关部委在各自的发行规模内推荐预选企业,证券监管机构对符合条件的预选企业的申报材料进行审批。对企业而言,需要经历两级行政审批,即企业首先向其所在地政府或主管中央部委提交额度申请,经批准后报送证监会复审。证监会对企业的质量、前景进行实质审查,并对发行股票的规模、价格、发行方式、时间等作出安排。额度是以股票面值计算的,在溢价发行条件下,实际筹资额远大于计划额度,在这个阶段共确定了105亿发行额度,共有200多家企业发行,筹资400多亿元。

2. "指标管理"阶段(1996—2000年)

1996年,国务院证券委员会公布了《关于1996年全国证券期货工作安排意见》,推行"总量控制、限报家数"的指标管理办法。由国家计委、证券委共同制定股票发行总规模,证监会在确定的规模内,根据市场情况向各省级政府和行业管理部门下达股票发行家数指标,省级政府或行业管理部门在指标内推荐预选企业,证券监管部门对符合条件的预选企业同意其上报发行股票正式申报材料并审核。1997年,证监会下发了《关于做好1997年股票发行工作的通知》,同时增加了拟发行股票公司预选材料审核的程序,由证监会对地方政府或中央企业主管部门推荐的企业进行预选,改变了两级行政审批下单纯由地方推荐企业的做法,开始了对企业的事前审核。1996年、1997年分别确定了150亿股和300亿股的发行量,共有700多家企业发行,筹资4 000多亿元。

3. "通道制"阶段(2001—2004年)

1999年7月1日正式实施的《中华人民共和国证券法》明确确立了核准制的法律地位。1999年9月16日,证监会推出了股票发行核准制实施细则。随后,证监会又陆续制定了一系列与《证券法》相配套的法律法规和部门规章,例如《中国证监会股票发行审核委员会条例》《中国证监会股票发行核准程序》《股票发行上市辅导工作暂行办法》等,构建了股票发行核准制的基本框架。新的核准程序包括:第一,省级人民政府和主管部委批准改制设立股份有限公司;第二,拟发行公司与有资格的证券公司签订辅导(保荐)协议,报当地证管办备案,签订协议后,每两个月上报一次辅导材料,辅导时间为期一年;第三,辅导期满,拟发行公司提出发行申请,证券公司依法予以推荐(保荐);第四,证监会进行合规性初审后,提交发行审核委员会审核,经发审委专家投票表决,最终经证监会核准后,决定其是否具有发行资格。核准制以强制性信息披露为核心,旨在强化中介机构的责任,减少行政干预。

核准制的第一个阶段是"通道制"。2001年3月17日,证监会宣布取消股票发行审批制,正式实施股票发行核准制下的"通道制"。2001年3月29日,中国证券业协会对"通道制"作出了具体解释:每家证券公司一次只能推荐一定数量的企业申请发行股票,由证券公司将拟推荐企业逐一排队,按序推荐。所推荐企业每核准一家才能再报一家,即"过会一家,递增一家"(2001年6月24日又调整为"每公开发行一家才能再报一家",即"发行一家,递增一家"),具有主承销资格的证券公司拥有的通道数量最多8条,最少2条。到2005年1月1日"通道制"被废除时,全国83家证券公司一共拥有318条通道。

"通道制"改变了由行政机制遴选和推荐发行人的做法,使主承销商在一定程度上承担起股票发行的风险,同时也获得了遴选和推荐股票发行人的权利。

4. "保荐制"阶段(2004年至今)

2003年12月,证监会制定了《证券发行上市保荐制度暂行办法》等法规,这是适应市场需求和深化股票发行制度改革的重大举措。"保荐制"起源于英国,全称是保荐代表人制度。中国的保荐制度是指有资格的保荐人推荐符合条件的公司公开发行证券和上市,并对所推荐的发行人的信息披露质量和所作承诺提供持续训示、督促、辅导、指导和信用担保的制度。其主要内容包括:建立保荐机构和保荐代表人的注册登记管理制度;明确保荐期限;分清保荐责任;引进持续信用监管和"冷淡对待"的监管措施等四个方面。保荐制度的重点是明确保荐机构和保荐代表人的责任并建立责任追究机制。与"通道制"相比,保荐制度增加了由保荐人承担发行上市过程中连带责任的内容。保荐人的保荐责任期包括发行上市全过程,以及上市后的一段时期(比如两个会计年度)。2004年5月10日,首批共有67家证券公司、609人被分别注册登记为保荐机构和保荐代表人。

(资料来源:中国证监会 www.csrc.gov.cn,2013-07-03.)

2)股票发行程序

各国对股票发行都有严格的法律程序。由于股票发行目的、发行方式不同,其发行程序也有所差异。一般可分为:

(1)首次公募发行的程序

①申请程序。申请人聘请会计师事务所、资产评估事务所、律师事务所等专业性机构,对其资产资信、财务状况等进行审计、评估,并就相关事项出具财务状况意见书、资产评估意见书以及法律意见书。然后公司向地方政府或中央企业主管部门提出公开发行股票的申请。

②审批程序。股份有限公司的股票发行申请,由地方政府或中央企业管理部门进行审批;地方政府或中央企业管理部门应当在自接到申请之日起30个工作日内作出是否批准的审批决定,并抄报证监会。

③复审程序。经批准的股票发行申请,送证监会复审。证监会应当在自收到申请之日起的20个工作日内出具复审意见书。经证监会复审同意的,申请人应当向证券交易所上市委员会提出申请,经上市委员会同意接受上市的,才能发行股票。

④签订证券承销协议。股份有限公司与证券经营机构签订证券承销协议,由证券经营机构承销股票。《证券法》规定,公开发行的股票应当由证券经营机构承销。

⑤股票发售。向社会公布招股说明书及发行股票的通知,进行股票发售工作。招股说明书一般要在股票发售之前刊登在证监会指定的全国性证券报刊上。发行股票的通知也要在报刊上公开发布。通知中应当列明发行股票的数量、价格、发行时间以及发行方法。

(2)增发股票的程序

①先由董事会作出决议。董事会就上市公司申请发行证券作出的决议应当包括下列事项:a.本次增发股票的发行方案;b.本次募集资金使用的可行性报告;c.前次募集资金使用的报告;d.其他必须明确的事项。

②提请股东大会批准。股东大会就发行股票作出的决定至少应当包括下列事项:本次发行证券的种类和数量;发行方式、发行对象及向原股东配售的安排;定价方式或价格区间;募集资金用途;决议的有效期;对董事会办理本次发行具体事宜的授权;其他必须明确的事项。股东大会就发行事项作出决议,必须经出席会议的股东所持表决权的2/3以上通过。向本公司特定的股东及其关联人发行的,股东大会就发行方案进行表决时,关联股东应当回避。上市公司就增发股票事项召开股东大会,应当提供网络或者其他方式为股东参加股东大会提供便利。

③提出增资配股申请文件。由保荐人保荐,并向中国证监会申报,保荐人应当按照中国证监会的有关规定编制和报送发行申请文件。

④增资配股申请审核。中国证监会依照有关程序审核,并决定核准或不核准增发股票的申请。中国证监会审核发行证券的申请程序为:收到申请文件后,5个工作日内决定是否受理;受理后,对申请文件进行初审;由发行审核委员会审核申请文件;作出核准或者不予核准的决定。

⑤上市公司发行股票。自中国证监会核准发行之日起,上市公司应在6个月内发行股票;超过6个月未发行的,核准文件失效,须重新经中国证监会核准后方可发行。证券发行

申请未获核准的上市公司,自中国证监会作出不予核准的决定之日起 6 个月后,可再次提出证券发行申请。上市公司发行证券前发生重大事项的,应暂缓发行,并及时报告中国证监会。该事项对本次发行条件构成重大影响的,发行证券的申请应重新经过中国证监会核准。上市公司发行股票,应当由证券公司承销,非公开发行股票,发行对象均属于原前 10 名股东的,可以由上市公司自行销售。

6.1.6 股票的承销

根据《证券法》及《公司法》的规定,凡是公开向社会公众发行的股票应当由证券经营机构(证券公司或者信托投资公司)承销。股票在上市发行前,上市公司与股票的代理发行证券商签订代理发行合同,确定股票发行的方式,明确各方面的责任。股票代理发行的方式按发行承担的风险不同,一般分为包销发行方式和代理发行方式两种。

1)包销发行

股票包销是指证券公司将发行人的股票按照承销协议全部购入或者在承销期结束时将售后剩余股票全部自行购入的承销方式。包销有两种方式:

（1）全额包销

证券公司将发行人的证券按照协议全部购入,然后再向投资者销售,当卖出价高于购入价时,其差价归证券公司所有;当卖出价低于购入价时,其损失由证券公司承担。

（2）余额包销

证券公司在承销期结束后,将售后剩余证券全部自行购入。

《证券法》规定,向社会公开发行的证券票面总值超过人民币 5 000 万元的,应当由承销团承销。承销团应当由主承销和参与承销商的证券公司组成。一般是由主承销商与发行人签订股票承销协议,然后再由主承销商与各分承销商签订承销团协议。

包销的特点:股票发行风险转移;股票发行风险和责任由承销人承担包销的费用高于代销;由于金融机构一般都有较雄厚的资金,可以预先垫支,以满足上市公司急需的大量资金,因此上市公司一般都愿意将其新发行的股票一次性转让给证券商包销。如果上市公司股票发行的数量太大,一家证券公司包销有困难,还可以由几家证券公司联合起来包销。

2)代销发行

股票代销是由上市公司自己发行,中间只委托证券公司代为推销,证券公司代销证券只向上市公司收取一定的代理手续费。证券公司代发行人发售股票,在承销期结束时,将未售出的股票全部退还给发行人的承销方式。

股票的代销期限最长不得超过 90 日。代销期限届满,向投资者出售的股票数量未达到拟公开发行股票数量 70% 的,为发行失败,发行人应当按照发行价并加算银行同期存款利息返还股票认购人。

对比两种承销方式:股票上市的包销发行方式,虽然上市公司能够在短期内筹集到大量资金,以应付资金方面的急需,但一般包销出去的证券,证券承销商都只按股票的一级发行价或更低的价格收购,从而不免使上市公司丧失了部分应有的收益;代销发行方式对上市公司来说,虽然相对于包销发行方式能获得更多的资金,但整个筹款时间可能很长,从而不能使上市公司及时得到自己所需的资金。

3)超额配售选择权

(1)含义

股票正式发行时,如果有效认购数量超过了拟发行数量,即形成超额认购,超额认购倍数越高,说明投资者的需求越强烈。在超额认购的情况下,主承销商可能会拥有分配股份的权利,即配售权。通过行使配售权,发行人可以达到理想的股东结构。

当出现超额认购时,主承销商还可以使用"超额配售选择权"(又称"绿鞋"机制)增加发行数量。"超额配售选择权"是指发行人赋予主承销商的一项选择权,获此授权的主承销商可以在股票上市后的一定期限内按同一发行价格超额发售一定比例的股份,在此期间内,如果市价低于发行价,主承销商直接从市场购入这部分股票分配给提出申购的投资者,如果市价高于发行价,则直接由发行人增发。这样可以在股票上市后一定期间内保持股价的相对稳定,同时有利于承销商抵御发行风险。建行招股说明书就规定了可由中金公司及摩根士丹利代表国际发售承销商于股票在中国香港联交所开始交易起 30 日内行使超额配售选择权,以要求建行分配及发行最多合计 3 972 890 000 股的额外股份,占全球初步发售股份的 15%。

在我国,获此授权的主承销商按同一发行价格超额发售不超过包销数额 15% 的股份,即主承销商按不超过包销数额 115% 的股份向投资者发售。

主承销商在获得发行人许可下可以超额配售股票的发行方式,其意图在于防止股票发行上市后股价下跌至发行价或发行价以下,达到支持和稳定二级市场交易的目的。

(2)超额配售选择权操作流程

在发行包销部分的股票上市之日起 30 日内,主承销商有权根据市场情况选择从集中竞价交易市场购买发行人股票,或者要求发行人增发股票,分配给对此超额发售部分提出认购申请的投资者。其中常规发行部分直接面向投资者发行并实际配售;超额配售的 15% 部分则是名义配售。

该部分的最终配售结果要视市场情况在配售期结束之后加以最终确定。

在超额配售选择权行使期内,如果发行人股票的市场交易价格低于发行价格,主承销商用超额发售股票获得的资金,按不高于发行价的价格从集中竞价交易市场购买发行人的股票,分配给提出认购申请的投资者;如果发行人股票的市场交易价格高于发行价格,主承销商可以根据授权要求发行人增发股票,分配给提出认购申请的投资者,发行人获得发行此部分新股所募集的资金。

拓展阅读6.3

工商银行 A 股超额配售选择权

主承销商于 2006 年 11 月 16 日全额行使超额配售选择权,发行人按照本次发行价格3.12 元人民币,在初始发行130 亿股 A 股的基础上超额发行19.5 亿股 A 股,占本次发行初始发行规模的 15%。发行人因此增加的募集资金总额为 60.84 亿元人民币,连同初始发行 130 亿股 A 股对应的募集资金总额 405.6 亿元人民币,本次发行最终募集资金总额为 466.44 亿元人民币,扣除发行费用后的募集资金净额约为 455.79 亿元人民币。

超额发行的股票已于 2006 年 11 月 16 日登记于延期交付的战略投资者的股票账户中。战略投资者获配股票(包括延期交付的股票)的 50% 自本次发行的股票上市交易日(2006 年 10 月 27 日)起锁定 12 个月,50% 锁定 18 个月。

A 股超额配售选择权全额行使后,本次发行的最终发行规模为 149.5 亿股,发行结构为:向 A 股战略投资者定向配售 57.692 2 亿股,占本次发行的 38.59%;向网下询价对象询价配售 23.5 亿股,占本次发行的 15.72%;向网上发行 68.3078 亿股,占本次发行的 45.69%。

6.2 债券发行市场

6.2.1 债券的发行主体及目的

债券发行是将债券由发行者手中转移到投资者手中的过程。债券的发行主体主要是债券的发行者,包括政府、金融机构、股份公司、企业等。根据发行主体的不同,债券可以分为政府债券、金融债券和公司债券。

①政府债券的发行主体是政府。中央政府发行的债券被称为"国债",其主要用途是解决由政府投资的公共设施或重点建设项目的资金需要和弥补国家财政赤字。

②金融债券的发行主体是银行或非银行金融机构。它们发行债券的目的主要有:筹资用于某种特殊用途;改变本身的资产负债结构。对于金融机构来说,吸收存款和发行债券都是它的资金来源,构成了它的负债。存款的主动权在存款人,金融机构只能通过提供服务条件来吸引存款,而不能完全控制存款,是被动负债;发行债券则是金融机构的主动负债。

③公司债券的发行主体,也就是具有发行公司债券资格的公司,包括:股份有限公司、国有独资公司、两个以上的国有企业设立的有限责任公司以及两个以上的国有投资主体投资设立的有限责任公司。

对企业来说,发行债券的目的则是多样的,具体来说包括以下几个方面:

①扩大资金来源。企业的资金来源,除了自身资本增值积累之外,还有取得银行贷款、发行股票和债券等途径。企业通过发行债券,又增加了一条集资渠道,增添了一种筹资方式,从而扩大企业的资金来源。

②降低资金成本。公司债券比起银行贷款来,贷款的条件往往比较苛刻,债券的条件则比较宽松;比起股票来,公司债券的付息低一些。因为债券具有安全性的特点,其价格波动比较平缓,到期不仅可以收回本金,且收益也比较稳定,风险较小,因而债券利息率就可以定低一点。因此,公司债券能以相对低的价格售出,使公司筹集资金的成本相对较低。

③减少税收支出。在欧美国家,公司债券利息属于公司的一种经营费用,列支在公司经营成本项目中。因此,可以从公司应纳税项目中扣除,这样,企业发行公司债券就可以减少税收支出。

④公司发行债券既可以获得经济方面的好处,又不会影响股东对公司的控制权。债券购买者同公司的关系是债权债务关系,他们无权过问公司管理,不会改变公司股东的结构,因而不能分散原有股东对公司的控制权。

6.2.2 债券的发行条件

债券发行条件是指债券发行者在以债券形式筹集资金时所涉及的各项条款和规定,包括发行金额、期限、偿还方式、票面利率、付息方式、发行价格、收益率、发行费用、税收地位、有无担保等内容。

1)发行金额

债券的发行金额的确定与筹资者所需资金的数量,资金市场供求状况,债券种类,该种债券对市场的吸引力,以及筹资者的资格、信用、知名度等有密切关系。

发行额多少为宜主要由承购公司根据自己的专业性判断向发行者提出建议,一般都是事先确定的。

2)期限

从债券的发行日起到还本日止的时间,称为债券的期限。筹资者在决定债券的期限时,要考虑的因素主要有:筹资者的资金需求性质,筹资者对未来市场利率水平的预期,以及交易市场的发达程度。交易市场是否发达,是影响债券期限设置的主要因素之一,市场发达,变现容易,则投资者可放心地购买长期债券。

此外,物价变化情况,债券市场上其他债券的期限构成,以及投资者的心理状态、储蓄倾向也是确定债券期限时应认真考虑的因素。

3)偿还方式

债券的偿还方式是由债券发行者发行公债时公布的章程、备忘录或说明书明确规定的偿还条款决定的,有还本、债券替换、转换股票 3 种方式。

还本方式又分为期满还本、期中还本、滞后还本 3 种。其中,期中还本包括强制性赎回、选择性赎回、提前售回、定期偿还等方式。

债券替换,指用一种到期日较迟的债券来替换到期较早的债券。一般是以新发债券兑换未到期或已到期的旧债券,目的在于减轻举债者负担。

转换股票,指举债公司用自己的股票来兑换债券持有人的可转换公司债券。

4)票面利率

债券票面利率是指发债者一年向投资者支付的利息占票面金额的比率,其高低直接关系筹资成本与投资者收益,因而是债券发行条件的重要内容。

确定票面利率时应考虑债券期限的长短、市场利率水平、债券的信用、利息支付方式及证券管理当局对票面利率的管理和指导等因素。

5)付息方式

债券的付息方式是发行者在债券有效期内,按一定的时间间隔分次向债券持有人支付利息的方式。

此外,债券发行价格、债券收益率、税收效应、发行费用和有无担保等都在一定程度上影响着债券的发行,需统筹加以考虑。

6.2.3　债券的发行方式

债券的发行方式主要有以下4种形式:

（1）定向发行

定向发行又被称为"私募发行""私下发行",定向发售方式是指定向养老保险基金、失业保险基金、金融机构等特定机构发行国债的方式,主要用于国家重点建设债券、财政债券、特种国债等品种。

（2）承购包销

承购包销,指发行人与由商业银行、证券公司等金融机构组成的承销团,通过与财政部签订承销协议来决定发行条件、承销费用和承销商的义务,由承销团分销拟发行债券的发行方式。

（3）直接发行

直接发行方式,指的是财政部面向全国直接销售国债。

（4）招标发行

招标发行,指通过招标方式确定债券承销商和发行条件的发行方式。发行人将投标人的标价自高价向低价排列,或自低利率排到高利率,发行人从高价（或低利率）选起,直到达到需要发行的数额为止,因此,所确定的价格恰好是供求决定的市场价格。按照国际惯例,根据标的物不同,招标发行可分为价格招标、收益率招标;根据中标规则不同,可分为荷兰式招标（单一价格中标）和美国式招标（多种价格中标）。

①荷兰式招标。中标价格为单一价格,该价格通常是投标人报出的最低价,所有投资者按照这个价格,分得各自的债券发行份额。

②美国式招标。标的为利率时,全场加权平均中标利率为当期国债票面利率,中标机构按各自中标标位利率与票面利率折算的价格承销;标的为价格时,全场加权平均中标价格为当期国债发行价格,各中标机构按各自中标标位的价格承销。

例如:某发行人拟发行债券5亿元,有9个投标人参与投标,他们的出价（所报出的利率）和投标额如表6.2所示。

表6.2　投标人投标额和利率

投标人	投标额/亿元	出价(利率)/%
A	1.5	5.1
B	1.1	5.2
C	0.9	5.2
D	1	5.3
E	0.75	5.4
F	0.25	5.4
G	0.8	5.5
H	0.7	5.6
I	0.8	5.7

在"荷兰式"招标规则下,中标价都为5.1%,即5亿债券全部按照利率5.1%发行。而在"美国式"招标规则下,中标价分别是自己的投标价,即A投标人以利率5.1%购得1.5亿元债券;B投标人以利率5.2%购得1.1亿元债券;C投标人以5.2%利率购得0.9亿元债券(出价相同的情况下,数量优先);D投标人以利率5.3%购得1亿元债券;E投标人以利率5.4%购得0.5亿元债券。由此可见,"荷兰式"招标的特点是"单一价格",而"美国式"招标的特点是"多种价格"。

6.2.4　债券的信用评级

信用评级(Credit Rating),又称资信评级,是一种社会中介服务,为社会提供资信信息,或为单位自身提供决策参考。最初产生于20世纪初期的美国。1902年,穆迪公司的创始人约翰·穆迪开始对当时发行的铁路债券进行评级,后来延伸到各种金融产品及各种评估对象。

1)信用评级的概念

信用评级有狭义和广义两种定义。狭义的信用评级指独立的第三方信用评级中介机构对债务人如期足额偿还债务本息的能力和意愿进行评价,并用简单的评级符号表示其违约风险和损失的严重程度。

广义的信用评级则是对评级对象履行相关合同和经济承诺的能力和意愿的总体评价。

关于信用评级的概念,主要包括三方面:

首先,信用评级的根本目的在于揭示受评对象违约风险的大小,而不是其他类型的投资风险,如利率风险、通货膨胀风险、再投资风险及外汇风险等。

其次,信用评级所评价的目标是经济主体按合同约定如期履行债务或其他义务的能力和意愿,而不是企业本身的价值或业绩。

最后,信用评级是独立的第三方利用其自身的技术优势和专业经验,就各经济主体和金融工具的信用风险大小所发表的一种专家意见,它不能代替资本市场投资者本身作出投资选择。

2)债券信用评级的原因

进行债券信用评级最主要的原因是方便投资者进行债券投资决策。投资者购买债券是要承担一定风险的。如果发行者到期不能偿还本息,投资者就会蒙受损失,这种风险称为信用风险。债券的信用风险因发行后偿还能力不同而有所差异,对广大投资者尤其是中小投资者来说,事先了解债券的信用等级是非常重要的。由于受到时间、知识和信息的限制,无法对众多债券进行分析和选择,因此需要专业机构对准备发行的债券还本付息的可靠程度进行客观、公正和权威的评定,也就是进行债券信用评级,以方便投资者决策。

债券信用评级的另一个重要原因,是减少信誉高的发行人的筹资成本。一般来说,资信等级越高的债券,越容易得到投资者的信任,能够以较低的利率出售;而资信等级低的债券,风险较大,只能以较高的利率发行。

3)债券评级等级标准

一般而言,企业、机构或国家发行债券时信用评级越高,需要付出的利息越低,融资能力越强;相反,信用评级越低,债券利息越高,融资能力越弱。

(1)全球三大评级机构

目前,国际上公认的最具权威性的信用评级机构,主要有美国标准普尔公司、穆迪投资服务公司和惠誉国际。美国标准普尔公司(Standard & Poor's)创始人普尔于1860年,顺应欧洲投资者希望更多地了解自己在美国新发展的基础设施的资产而创建。穆迪投资服务公司(Moody's)创立于1909年,首创了对铁路债券信息进行信用评级;1913年对公用事业和工业进行债券信用评级。惠誉国际信用评级有限公司(Fitch)创立于1913年,规模小于标准普尔和穆迪,但在全球市场尤其是新兴市场的评级上,惠誉的敏感度要高得多。三家评级机构各有侧重,标准普尔侧重于企业评级方面,穆迪侧重于机构融资方面,而惠誉更侧重于金融机构的评级。

(2)债券评级等级符号及其含义

评价等级是指用符号表示受评机构或债务的信用质量。不同评级机构会有不同的等级体系。

信用评级包括主体评级和债项评级。主体评级是对发行主体的整体信用状况的评价,评级结果揭示的是债务发行方的基本信用级别;债项评级是针对特定债券进行的评级,揭示的是该特定债券的信用级别。在信用评级实践中,两者不完全一致。债券由于有专门的偿债措施保障,比如设定第三方担保、偿债基金等从而降低债券持有者的违约损失率,虽然这些措施并不能降低违约发生的概率,因此其债项级别一般高于发行人的主体级别。信用等级的符号和定义如表6.3所示。

表 6.3 长期债务(偿还期限为一年以上的债务)信用等级的符号和定义

违约概率区间	10 级	描 述	政策导向
0 ~ 0.05%	AAA	最佳:受评主体偿还债务的能力极强,基本不受不利经济环境的影响,违约风险极低	投资级
0.05% ~ 1%	AA	优秀:受评主体偿还债务的能力很强,受不利经济环境的影响较小,违约风险很低	投资级
1% ~ 3%	A	良好:受评主体偿还债务的能力较强,较易受不利经济环境的影响,违约风险较低	投资级
3% ~ 6%	BBB	较好:受评主体偿还债务的能力一般,受不利经济环境的影响较大,违约风险一般	投资级
6% ~ 10%	BB	一般:受评主体偿还债务的能力较弱,受不利经济环境影响很大,有较高违约风险	投机级
10% ~ 15%	B	尚可接受:受评主体偿还债务的能力较大地依赖于良好的经济环境,违约风险很高	投机级
15% ~ 30%	CCC	关注:受评主体偿还债务的能力极度依赖于良好的经济环境,违约风险极高	投机级
30% ~ 100%	CC	预警:受评主体在破产或重组时可获得的保护较小,基本不能保证偿还债务	投机级
100%	C	判断违约:受评主体不能偿还债务	投机级
100%	D	实际损失	破产级

除 AAA 级、CCC(含)以下等级外,每一个信用等级可用"+""-"符号进行微调,表示信用质量略高或略低于本等级。BBB - 及以上的信用级别为投资级别,BB + 及以下信用级别为投机级别。

其中,A 级债券,是最高级别的债券,其特点是:①本金和收益的安全性最大;②它们受经济形势影响的程度较小;③它们的收益水平较低,筹资成本也低。对于 A 级债券来说,利率的变化比经济状况的变化更为重要。因此,一般人们把 A 级债券称为信誉良好的"金边债券",对特别注重利息收入的投资者或保值者是较好的选择。

B 级债券,对那些熟练的证券投资者来说特别有吸引力,因为这些投资者不情愿只购买收益较低的 A 级债券,而甘愿冒一定风险购买收益较高的 B 级债券。B 级债券的特点是:①债券的安全性、稳定性以及利息收益会受到经济中不稳定因素的影响;②经济形势的变化对这类债券的价值影响很大;③投资者冒一定风险,但收益水平较高,筹资成本与费用也较高。因此,对 B 级债券的投资,投资者必须具有选择与管理证券的良好能力。对愿意承担一定风险,又想取得较高收益的投资者,投资 B 级债券是较好的选择。

C 级和 D 级,是投机性或赌博性的债券。从正常投资角度来看,没有多大的经济意义。但对于敢于承担风险,试图从差价变动中取得巨大收益的投资者,C 级和 D 级债券也是一种可供选择的投资对象。

(3)评级展望

评级展望是指对长期信用评级变化趋势作出标示。通常投资级的评级展望期限为 6 个月到 2 年;投机级的评级展望期限为 6 个月到 1 年。

以标普为例,该评级机构的评级展望包括以下 5 种:

①正面:表示信用等级可能提升;

②负面:表示信用等级可能降低;

③稳定:表示信用等级不太可能改变;

④发展中(Developing):表示信用等级可能提升或降低;

⑤无意义:表示没有意见。

与信用等级不同,评级展望关注的是可能会引起信用等级变化的趋势和风险因素,如宏观经济趋势、企业经营状况的变化等,但这些因素尚未能完全明确地评估,还不足以推动信用等级调整。因此,在确定评级展望时,要根据这些因素对企业未来信用状况产生的影响,对企业信用等级的变化进行预判。

正面或负面的评级展望,并不意味着之后必然会进行信用等级的变化或是列入评级观察名单。同样,信用等级的变化也可能出现在评级展望为稳定的情况下。标普通常在给予发行人信用等级的评级展望为正面或负面时,认为至少有 30% 的可能会进行信用等级的调整。

(4)评级观察

评级观察是指评估主体、债项的长短期信用等级在 3 个月内(特殊情况可能超过 90 天)可能的变化和发展方向。评级观察主要关注的是特定事件或者短期趋势对于信用等级的影响,如企业的兼并、重组、再融资,选民公投,行业内新的监管政策或运营环境的重大变化,证券化资产的恶化,等等;或者评级资料的更新,如评级机构获得了新的数据与信息,并且这些事件、数据或信息对评级对象的主体或债项的信用质量产生影响。

以标普为例,该评级机构的评级观察包括以下 3 种:

①正面:表示信用等级可能提升;

②负面:表示信用等级可能降低;

③发展中:表示信用等级可能提升或降低或不变。

列入评级观察名单,并不意味着信用等级一定会发生变化;同样,信用等级的调整也不一定必须先列入评级观察。标普认为,列入评级观察名单的信用等级至少有 50% 的可能性会在 90 天以内发生变化。

拓展阅读6.4

评级机构,谁来给你们评个级

从欧债到美债,评级机构在其中扮演的角色正越来越得到前所未有的关注。

法国《解放报》社论称,评级机构的权力"无限高于政治权力"。一般而言,企业、机构或国家发行债券时信用评级越高,需要付出的利息越低,融资能力越强;相反,信用评级越低,债券利息越高,融资能力越弱。

美债调降,标普遭查:早些时候,随着多个欧洲主权债务国信用评级被先后调降,国际评级机构被史无前例地推到舆论的台前,而美国主权信用首度被降使全球资本市场哭成一片,而且,此次美债信用降等的始作俑者标准普尔拒绝恢复美3A评等,继而遭美国证监会调查,使得评级机构成为这次风波中最聚光的一环。

美国当地时间2011年8月2日,三大国际评级机构中的两家——惠誉公司和穆迪投资者服务公司先后宣布,维持美国的3A主权信用评级不变,但均将美国的前景展望定为"负面"。

在美国总统奥巴马当天签署了由参众两院通过的提高债务上限的法案后,惠誉率先表示,将维持对美国主权信用的3A评级。但鉴于美国上半年经济增速放缓程度超出预期,美国的经济复苏还面临诸多不确定因素,因此保持对其评级前景的负面展望。

随后,穆迪也发表声明称,当天通过的协议基本排除了美国出现债务违约的可能,是为削减长期债务迈出的第一步,因此决定维持对美国国债的3A评级。

但穆迪同时警告,如果在接下来的一年中美国的财务状况没能得到有效控制,或者在2013年没有采取削减赤字的进一步措施,美国的评级仍可能被下调。此外,如果美国的经济前景明显恶化,或者美国政府的借贷成本显著提高,公司也有可能调降美国的评级。

在惠誉和穆迪宣布维持美国国债3A评级后,市场人士更为关注另外一家主要评级机构——标准普尔公司对美国债务前景的评估。

美国东部时间8月5日,国际评级机构标准普尔将美国长期主权信用评级由"AAA"降至"AA+"。这是美国历史上首次失去AAA信用评级。标普指出,调降评级主要由于美国政府与国会达成的债务上限协议,缺少标普所预期的举措以维持中期债务稳定。同时,标普维持美国短期主权信用评级"A-1+"不变,评级展望为负面。此前,标普曾警告,美国需要在未来12年内削减赤字4万亿美元才能避免其3A主权信用评级遭下调,而目前美国国会提出的减赤目标大概只有其一半,远低于标普提出的"保级"要求。

而标普这一招致多方指责的举动,最终结果是引来美国证监会启动对其大范围审查,内容包括标普下调美国评级时使用的数学模型,以及是否存在内部人员泄密。此前,美国财政部曾称,标普对美国评级的计算存在2万亿美元的错误。华盛顿时间2016年8月7日晚间,美国财政部长盖特纳在接受电视媒体采访时首度发声,称标普降低美国主权信用评级是"极其糟糕"的评判,标普的计算方法"令人震惊地缺乏常识",且作出了完全错误的结论。

(资料来源:全球三大评级机构.好猫网微阅读,2016-11-01.)

4)国外债券的评级方法

(1)债券评级程序

①发债者或承购代理商向评级机构提出评级要求。

②评级机构接收委托,双方签订评级委托书。

③评级机构组成评级小组,对已掌握的资料进行分析。

④评级委员会对分析结果讨论,通过投票决定级别。

⑤向发债者征求意见,如无意见正式定级,若有意见写明理由再次申报,评级委员会进行第二次讨论再度表决,表决结果为最终结果。

⑥正式定级后,发债人可开始办理发债手续。

（2）债券评级的分析方法

①产业分析。为了判断发债企业所属的产业是上升产业还是衰退产业,是稳定产业还是对经济活动反应敏感的产业以及该企业在该产业内部竞争力如何,此外还有政府对这一行业有多大影响等。

②财务分析。

a.收益性分析:反映销售价格和制造成本的趋势。在评级时,该指标若经常维持在同行业中的高水平,企业获得较高的评级。

b.财务结构分析:检查在收益变动的情况下,企业对债权人承担还本付息的履约可靠性有多少把握。

c.财务弹性分析:反映企业偿还债务的弹性程度指标。

③信托证书分析。一般是分析限制财务内容条款和债券的优先顺序。

◆本章小结

1.发行股票的目的主要包括为新设立股份公司发行股票和现有股份公司为改善经营而发行股票两种,具体来说主要是为了筹集资金,满足企业发展需要以及调整公司的财务结构、进行资产重组、维护股东利益等。

2.股票发行价格通常由股份公司根据股票市场价格水平和其他有关因素决定。根据发行价格和票面面额的关系,可以将证券发行分为溢价发行、平价发行和折价发行3种形式。

3.股票发行定价方式主要有协商定价、一般询价方式、累计投标询价方式和上网竞价方式。

4.市盈率法是目前在国内外证券市场上应用最为广泛的一种方法,按此法,新股发行价＝每股收益（每股税后利润）×预计市盈率。

5.股票发行制度主要有3种,即审批制、核准制和注册制,每一种发行监管制度都对应一定的市场发展状况。

6.股票代理发行的方式按发行承担的风险不同,一般分为包销发行方式和代理发行方式两种。

7.超额配售选择权,又称"绿鞋",是指发行人授予主承销商的一项选择权,获此授权的主承销商按同一发行价格超额发售不超过包销数额15%的股份,即主承销商按不超过包销数额115%的股份向投资者发售。

8.债券发行条件是指债券发行者在以债券形式筹集资金时所涉及的各项条款和规定,包括发行金额、期限、偿还方式、票面利率、付息方式、发行价格、收益率、发行费用、税收效应、有无担保等内容。

9.招标发行根据中标规则不同,可分为荷兰式招标(单一价格中标)和美式招标(多种价格中标)。

◆综合练习与训练

一、单项选择题

1.根据我国《证券发行与承销管理办法》规定,首次公开发行股票以( )方式确定股票发行价格。

A.累计投标询价　　　B.询价　　　　　C.上网竞价　　　　D.协商定价

2.按( )分类,有价证券可以分为股票、债券和其他证券三大类。

A.证券发行主体的不同　　　　　　B.是否在证券交易所挂牌交易

C.募集方式　　　　　　　　　　　D.证券所代表的权利性质

3.根据规定,以募集方式设立股份有限公司的,发起人认购的股份不得少于公司股份总数的( )。

A.35%　　　　　B.40%　　　　　C.45%　　　　　D.50%

4.目前我国证券发行上市的审查制度为( )。

A.审批制　　　　　B.注册制　　　　　C.核准制　　　　　D.自由上市制

5.在一场招标中,有3个投标人A、B、C,他们投标价格分别是90元、85元、75元,那么按照"荷兰式"招标,中标价格是( )。

A.90元　　　　　B.80元　　　　　C.75元　　　　　D.85元

二、多项选择题

1.债券发行条件是发行协议中明确规定的债权人和债务人之间的权利和义务。它包括( )。

A.债券的发行额　　　B.偿还年限　　　　C.利率

D.发行价格　　　　　E.偿还方式

2.债券的发行价格有( )。

A.面额发行　　　　　B.折价发行　　　　C.溢价发行

D.贴水发行　　　　　E.协议定价发行

3.发行人可聘请( )等机构担任债券代理人。

A.信托投资公司　　　　　　　　　B.基金管理公司

C.证券公司　　　　　　　　　　　D.律师事务所

三、计算题

1.王某想进行债券投资,某债券面值为100元,票面利率为8%,期限为3年,每年付息一次,已知王某要求的必要报酬率为12%,请问债券发行价格为多少时,可以进行购买?

2.某企业于2014年7月1日,发行5年期面值总额为1 000万元的债券,票面利率为10%,市场利率为8%,发行价格为多少?

3.某新股发行时的财务报告中每股利润是0.14元,发行时市场的平均市盈率为21.67倍,则某新股发行价格为多少?

四、简答题

1. 简述超额配售选择权的含义及意义。

2. 股票发行价格种类及影响价格决定的因素有哪些?

3. 试简述股票销售的方法。

4. 债券信用评级的含义及其意义。

◆案例分析

荒唐的发行,投资者拒绝买入

2014 年 1 月 9 日,奥赛康(300361.SZ)发布 IPO 公告称,本次发行股份 5 546.60 万股,其中新股数量为 1 186.25 万股,公司控股股东转让老股数量为 4360.35 万股。发行价格 72.99 元/股,发行市盈率为 67 倍。申购日为 1 月 10 日。如果按照 72.99 元/股的发行价估计,持有 3 年以上的老股东南京奥赛康将在此次 IPO 中直接套现 31.8 亿元,是新股融资量的 3.68 倍,引发投资者一致声讨,市场称其为"有史以来最荒唐的发行"。

2014 年 1 月 10 日,在市场的一片声讨之声中,在各方的压力之下,奥赛康发布公告称暂缓发行股票,时隔一年重启的 IPO 刚开始就发生事故。1 月 13 日,在奥赛康 IPO 紧急叫停事件过去 4 天之后,包括汇金股份、东方网力、慈铭体检在内的 5 只新股,在其申购前夜又再度被暂缓。与此同时,有关新股定价规定的补充性协议《关于加强新股发行监管的措施》也于 12 日晚间火速出炉。

问题所在:纵观以上几家暂停 IPO 的公司,凸显出两个问题:一是新股发行中定价问题;二是老股转让问题,即 IPO 阶段的存量发行问题。

奥赛康定价过高之原因:

第一是存在老股东急于套现动机。老股可转让比例是新股发行的 3.7 倍,客观刺激公司愿意高价发行。市场有关报道称,奥赛康和主承销商中金公司接触的机构投资者,从不同渠道暗示他们渴望高价发行的意向。新股发行一般只安排公开路演,中金针对奥赛康组织分析师推介会,业内是第一次。想尽快套现,发行价就要高,剔除比例就会小;如果不想马上套现,都不想发偏高的价格。因为如果新股上市半年内破发,将要延长限售股的锁定期 6 个月,这对股东日后减持不利。

第二是发行报价剔除比例太低。在新股发行中,首次 IPO,应当通过向特定机构投资者询价的方式确定股票发行价格。根据询价对象报价,将最高报价的 10% 以上部分剔除,确定最终发行价格。在具体操作中,削去最高报价的比例因公司而异,有的仅仅满足规定剔除比例 10% 的要求,有的剔除 80% 的最高报价比例。奥赛康此次剔除最高报价的比例只有 12.23%。

第三是机构之间存在互相抬价的人情关系。尽管监管层一再强调审慎定价,要求发行人和保荐机构不要试图通过投价报告、路演推介、人情报价、私下诱导等方式来引导高价。奥赛康网下询价的 87.41 元的最高申报价也是由融通基金给出的,广州南方电力建设集团有限公司自有资金账户给出 23.50 元最低申购价,二者落差高达近 4 倍。奥赛康最终报价一出,市场哗然。为何手握高文凭、头戴光环的基金经理给出如此高的价格,中间是否存在见不得人的利益输送,成为网友普遍的质疑。

第四是定价市盈率机制失效。奥赛康发行市盈率不仅高于可比公司 2012 年 49.01 倍的平均市盈率,也高于巨潮资讯网发布的创业板医药制造业 55.31 倍的加权平均静态市盈率。

IPO 阶段的存量发行问题:

IPO 存量发行存在制度漏洞。根据证监会发布的 IPO 阶段的存量发行相关规定,在公司 IPO 时,具有 3 年以上股东资格的原有公司股东可对外公开出售一部分股份。在海外资本市场,存量发行是新股发行中常见的一种操作,中资公司境外发行也经常引入这种安排。IPO 存量发行,可避免发行过多新股造成募集资金过多,同时有助于增加新股上市首日股票供应量,降低市场炒作因素,减少限售股份积累。但是这一制度存在缺陷,存量发行卖掉股份所得资金归股东个人所有,会造成部分股东提前套现,扭曲公司融资的初衷。此次奥赛康事件就是转让老股数量过大,定价过高,导致市场投资者强烈不满,有人在论坛称其为"有史以来最荒唐的发行",并号召大家拒绝申购,拒绝买入!

思考:

(1)存量发行制度有哪些规定和适用范围,改制的作用和漏洞有哪些?

(2)新股发行要经过哪些程序,如何制定合理的、公开透明的发行价格,以及如何建立相关激励惩罚机制?

(3)结合奥赛康事件,今后我们在分析 IPO 相关问题时应注意哪些方面?

第7章

证券上市与交易

◆学习目标

◆学习目标

    1.了解证券上市的利与弊;

    2.了解证券交易市场的类型;

    3.了解证券交易的基本方法;

    4.掌握股票交易的程序。

◆创设情境

市场如何运作

    从前有一个到处都是猴子的地方,有一天,一名男子出现并向村民宣布,他将以每只10元的价钱购买猴子。村民们了解附近有很多猴子,于是他们走进森林开始抓猴子,这名男子花了数千元购买每只10元的猴子,猴子数量于是开始减少,村民们越来越难抓到。这名男子随后宣布,他将出价每只猴子20元,村民们更努力抓猴子,但很快地,供应量更为减少,他们几乎很难再抓到了。因此,人们开始回到自己的农场,淡忘了抓猴子这件事。后来,这名男子提高价格到每只30元,但是猴子的供应变得更稀少,已经很难抓到。这名男子于是宣布,每只猴子他出价50元。这时候他离开了,去城里办一些事,改由他的助理代表他继续从事购买猴子的业务。这名男子离开后,助理告诉村民,我将这些猴子30元卖给你们,等这名男子从城里回来,你们可以将它们以每只50元卖给他。于是村民们汇集了所有的积蓄,购买了全部的猴子。从此之后村民们再也没有见到这名男子和他的助理。于是村子里又再次变成了到处都是猴子的地方。直到不久之后,另一名男子出现了……

7.1   证券上市制度

    证券上市是指上市公司的有价证券在证券交易所自由、公开地买卖。换言之,证券上市是指证券交易所承认并接纳其证券在交易所市场上交易。

7.1.1　上市证券与非上市证券

上市证券是指在证券交易所内采用集中竞价方式挂牌买卖的证券。一般来说,一个公司的证券要想在证券交易所公开上市买卖,它必须首先向证券交易所提出上市申请。各个证券交易所对证券的上市都有一些要求,只有符合条件的证券才能在交易所公开上市。证券上市的条件在各国证券管理立法中都有些原则性规定,但一般不作具体的强制性规定,而是主要由证券交易所自行决定的。因此,实际上各证券交易所对于证券上市的要求是很不规范的,上市条件有多有少、有严有松,然而其目标都是为了切实维护投资者的利益,维持证券市场的正常运行。各个国家、各个证券交易所无论对证券上市怎样规定,总是那些信誉高、经济效益好、经营管理完善、经济实力雄厚的公司才能更容易获准上市。

与上市证券相对应的是非上市证券。非上市证券是指那些不在证券交易所挂牌买卖的证券,它的交易通常只能在场外进行。一般情况下,非上市证券总是比上市证券多,其中绝大多数是因为它们不符合证券上市条件,如那些较小公司的股票就往往只能在场外进行交易。

7.1.2　证券上市的利与弊

对于证券的上市,人们历来有着不同的认识,有些公司热衷于自己证券的公开上市,有些公司则并不希望自己的证券公开上市,这都有一些道理。

1)从有利的方面看

①证券的公开上市有利于公司扩大资金来源,筹集巨额资金,满足生产经营发展之需。由于证券上市(尤其是股票上市)有严格的条件,因此上市后往往能卖出较好的价格,筹集到大大超过其发行面额的资金,从而更好地扩大经营规模,实现公司的各项发展目标。

②证券的公开上市有利于提高股票、债券的流动性,增加对投资者的吸引力,人们对它的关心将有利于上市公司继续向公众集资。当企业再次发行新的证券时使之能够选择有利的发售方式,降低发行成本。

③证券的公开上市有利于提高公司的信誉和知名度。企业证券的公开上市可以说是企业发展史上的一个里程碑,标志着企业的进步和发展水平。哪个企业的证券能够在证券市场上公开上市,说明该企业的生产力水平和经营管理水平已经达到相当高的程度,这样将会大大提高企业的社会知名度。此外,哪个企业的证券能够公开上市,它们的名字将经常出现在各种宣传媒介上,这本身就有一定的广告效应,从而有利于公司产品的推销与市场拓展。

④企业证券的公开上市,增加了企业生产经营的透明度,而且社会上广大民众时刻都在注视着企业的生产与发展情况,并根据企业的生产发展情况以及他们对企业前途的预测来决定证券的买入和抛出。社会民众对企业的普遍关注,必然形成对企业的巨大压力,促进企业不断加强经营管理,努力提高经济效益,增强竞争力。

2）从不利的方面看

①证券公开上市后，公司的约束与压力会加大。上市公司要接受证券交易所的监督和交易所规定的约束，还要直接接受股东的监督，从而加大了公司经营管理上的压力。

②证券公开上市后，不利于保守公司经营秘密。企业要定期向大众公布企业的内部情况，这样一来，透明度的增加也必然使企业许多秘密被披露出去，而在高度竞争的现代经济社会中，这对企业的发展和经营是非常不利的。

③证券公开上市后，公司证券可能成为投机对象，市场价格的频繁波动会给企业的经营带来消极影响。通常人们认为股市价格能够非常灵敏地反映企业的发展变化和经营水平，因而企业的经营者不得不为维持和提高本企业股票的市场价格而大伤脑筋。其实有些时候股市行情对企业经营状况的反映并不是非常真实的，而扭曲的证券行市还会影响企业的信誉和形象，给企业带来诸多危害。

④证券公开上市后，企业控股权将会因此而更加分散，这样，一方面会因为股票经常易手、股东经常易人给企业的经营与发展带来不利影响，另一方面股权的极度分散和股东的经常变化也给企业的经营决策带来诸多困难，影响企业决策的及时性与灵活性。由此势必造成许多情况下非上市公司可以做的事上市公司却不能做，或非上市公司很快能够做到的事而上市公司却不能很快做到。

⑤加大了公司的成本开支。上市公司每年要向证券交易所支付上市费用。

7.1.3 证券上市的标准

上市证券必须符合一定的标准，这是各个国家对证券上市的基本要求。但是，目前世界各国对证券上市并没有一个统一的标准，因此要想了解世界上证券的上市标准，只能从思考问题的基本方法上去把握。目前世界上确定证券上市标准的基本方法有如下几种：

（1）规模标准

人们一般把公司证券发行额、公司资本额作为规模标准。例如，东京证券交易所规定，在东京地区营业的公司，其发行股数在 1 000 万股以上，并且资本额在 5 亿日元以上的公司可上市。对证券上市之所以规定规模标准，主要考虑如果公司规模小或上市证券少，不仅给管理工作带来许多困难，而且证券行市也易于波动，而资本雄厚的公司不易破产，证券的安全性高。

（2）证券持有分布标准

一般来看，证券持有分布越广，对证券市场越有利。但证券发行中，有一部分证券是直接由证券发行者或与证券发行者有某些特殊关系的人所持有的，如果这些人持有的证券比例很大，即使证券的发行量特别大，而潜在的交易量也不会太大。因此有的证券交易所规定，浮动股东必须在 2 个人以上，浮动股必须占全部股数的 8% 以上，公司股票方可上市。

（3）经营基础标准

上市证券发行者必须具备一定的成立年限和一定数额的纯资产额。这些反映发行者经营收益及稳定性的指标是保证证券投资安全性的重要标准。例如，东京证券交易所规定，公司成立年限必须在 5 年以上,并持续进行营业活动,纯资产额达到 15 亿日元以上等。

(4)其他标准

除了以上标准外,有的证券交易所还规定了一些其他标准,如前 3 年的财务报表中没有虚假记载,财务报表经会计师认证,发行证券符合法定要求,没有证券转让限制等。

7.1.4 证券上市的条件与程序

证券的公开上市条件在各个国家中很不一致,甚至在同一国家中各个证券交易所要求的条件也有很大差异。但从保护投资者乃至筹资者的合法权益出发,考虑到要维护证券交易所的声誉和地位,保证证券交易的正常运行,因此能够获准在交易所上市的必须是那些具有相当强的经济实力、经济效益较高、资信状况良好的公司的证券。就此而言,各国证券交易所规定的上市条件与标准大体又是一致的,一般主要包括:①公司已经营一定年限,且能保持以后经营的连续性,以维持达到一定上市时间;②公司在同业竞争中应有较高的地位;③公司有形资产达到一定规模;④公司拥有的证券价值应达到一定数量;⑤股东持有股票情况应确保股权分散良好;⑥公司有较强的获利能力,确保股息红利的分配,等等。

证券上市的程序有广义和狭义之分,广义的证券上市是指从公司有上市的意向,并决定上市开始到公司股票开始在证券交易所买卖为止的一个过程。狭义的证券上市是指从公司有上市的意向到证券交易所和发行公司发布上市公告为止的一个过程。这里讨论的是广义的证券上市程序。

证券的发行制度一般分为核准制和注册制,在不同的证券发行制度下,所采用的发行上市程序也有所不同。

1)核准制下的发行上市程序

核准制是一种严格的实质审核制度,比较适合处于初级发展阶段的证券市场。实质审核制度要求:股票发行上市既要充分公开公司的真实情况,同时还必须符合有关的法律和证券管理机构规定的必备条件。证券管理机构的审核往往从 6 个方面进行:第一,发行公司的营业性质、管理人员的资格能力;第二,发行公司的资本结构;第三,发行人员所得报酬是否合理;第四,发行公司各类证券的权利、义务及出资的公开程度;第五,披露信息资料是否充分、真实;第六,发行公司的发展前景。实行核准制的主要有大陆法系国家、美国部分州,以及韩国、中国台湾等大多数发展中国家和地区。

2)注册制下的上市程序

注册制实行公开管理原则,要求发行公司在申请发行证券时,依法完全、准确地公开各种资料,并向证券主管机关呈报、申请。注册制并不限定证券的质量和风险,只要求足够高的透明度。申请公司能否在证券交易所挂牌交易由该证券交易所决定。注册制分为他律型与自律型两类。他律型以政府管理为主,而自律型则以行业和交易市场自我约束为主。

(1)他律型证券市场的发行上市程序

他律型证券市场以美国为代表,美国证券交易委员会在发行上市程序中扮演主要角色,它要求发行公司填报信息披露表格并登记,然后由美国证券交易委员会发布信息披露表格。其主要程序包括:公司与承销商草拟承销协议;填制招股说明书并向证券交易所递交申请,送证交会登记;编制并分发初步募股书;证交会提出修改意见;确定发行价格和数量,签订承销协议;注册报表通过后,由证交会宣布生效;巡回路演;挂牌交易。

（2）自律型证券市场的发行上市程序

在自律型证券市场上,证券交易所在发行上市的过程中占主导地位。证券交易所管理有关发行上市审查等一系列事宜。即使该证券市场存在其他证券监管机构,该机构一般也把注册登记的权力授予证券交易所。

传统上,英国是典型的自律型证券市场国家,但1998年成立金融服务管理局后,英国逐渐向自律他律相结合的模式转变。其主要程序包括:发行公司及其承销商向证券交易所提交草稿文件;证券交易所审核并通过;公司注册招股说明书;公司向证券交易所申请上市;发布招股说明书并举行新闻和分析师招待会,证券交易所接受上市申请;上市生效,新股开始挂牌交易。

7.1.5　证券上市的暂停与终止

证券上市后,上市公司应当一直遵守交易所的有关规定,符合上市的标准;否则,证券交易所可以根据有关法令和上市契约的规定呈报证券主管机关核准后,暂停或终止某种证券的上市交易,即予以停牌或取消上市资格。

上市公司暂停或终止上市的原因可能有以下几种:①公司违反上市契约的规定,如不能按要求公开其财务状况,或对财务会计报告作虚假记载等;②上市公司经营管理不善,税前赢利大大下降,已无偿债能力,达不到持续上市的最低标准;③公司有严重违法行为;④公司破产或被兼并;⑤公司行为影响市场秩序或损害公共利益;⑥公司连年亏损,严重影响股东权益而在一定期间内未有改观等。证券交易所在对上市证券作出暂停或终止上市的决定之前,为慎重起见,一般要进行仔细调查,并举行听证会。若调查或听证结果证明该公司证券不能继续上市,则正式通知该公司予以暂停或终止上市。

7.2　证券交易概述

7.2.1　证券交易的概念及原则

1）证券交易的概念及特征

证券交易是指已发行的证券在证券市场上买卖的活动。证券交易与证券发行有着密切的联系,两者相互促进、相互制约。一方面,证券发行为证券交易提供了对象,决定了证券交易的规模,是证券交易的前提;另一方面,证券交易使证券的流动性特征显示出来,从而有利于证券发行的顺利进行。

证券交易的特征主要表现在证券的流动性、收益性和风险性3个方面。同时,这些特征又互相联系在一起。证券需要有流动机制,因为只有通过流动,证券才具有较强的变现能力。而证券之所以能够流动,就是因为它可能为持有者带来一定收益。同时,经济发展过程中存在许多不确定因素,因此证券在流动中也存在因其价格的变化给持有者带来损失的风险。

2)证券交易的原则

证券交易的原则是反映证券交易宗旨的一般法则,贯穿证券交易的全过程。为了保障证券交易功能的发挥,以利于证券交易的正常运行,证券交易必须遵循"公开、公平、公正"3个原则。

(1)公开原则

公开原则又称信息公开原则,指证券交易是一种面向社会的、公开的交易活动,其核心要求是实现市场信息的公开化。根据这一原则的要求,证券交易参与各方应依法及时、真实、准确、完整地向社会发布有关信息。

(2)公平原则

公平原则是指参与交易的各方应当获得平等的机会。它要求证券交易活动中的所有参与者都有平等的法律地位,各自的合法权益都能得到公平保护。在证券交易活动中,有各种各样的交易主体,这些交易主体的资金数量、交易能力等可能各不相同,但不能因此而给予不公平的待遇或者使其受到某些方面的歧视。

(3)公正原则

公正原则是指应当公正地对待证券交易的参与各方,以及公正地处理证券交易事务。在实践中,公正原则也体现在很多方面。例如,公正地办理证券交易中的各项手续,公正地处理证券交易中的违法违规行为等。

3)证券交易的种类

证券交易种类通常是根据交易对象来划分的。证券交易的对象就是证券买卖的标的物。在委托买卖证券的情况下,证券交易对象也就是委托合同中的标的物。按照交易对象的品种划分,证券交易种类有股票交易、债券交易、基金交易以及其他金融衍生工具交易等。

(1)股票交易

股票可以表明投资者的股东身份和权益,股东可以据以获取股息和红利。股票交易就是以股票为对象进行的流通转让活动。股票交易可以在证券交易所进行,也可以在场外交易市场进行。前者通常称为上市交易,后者的常见形式是柜台交易。

(2)债券交易

债券交易就是以债券为对象进行的流通转让活动。根据发行主体的不同,债券主要有政府债券、金融债券和公司债券三大类。这三类债券都是债券市场上的交易品种。

（3）基金交易

基金交易是指以基金为对象进行的流通转让活动。从基金的基本类型看,一般可以分为封闭式与开放式两种。对于封闭式基金来说,在成立后,基金管理人可以申请其基金在证券交易所上市。如果获得批准,投资者就可以在证券交易所市场上买卖基金份额。对于开放式基金来说,有非上市的开放式基金和上市的开放式基金。如果是非上市的开放式基金,投资者可以进行基金份额的申购和赎回。如果是上市的开放式基金,则除了申购和赎回外,投资者还可以在证券交易所市场上进行买卖。

此外,我国证券市场上还有交易型开放式指数基金。这种基金代表的是一篮子股票的投资组合,追踪的是实际的股价指数。对于投资者而言,交易型开放式指数基金可以在证券交易所挂牌上市交易,并同时进行基金份额的申购和赎回。

（4）金融衍生工具交易

股票、债券等属于基础性的金融产品。在现代证券市场上,除了基础性的金融工具交易,还存在许多衍生性的金融工具交易。金融衍生工具交易包括权证交易、金融期货交易、金融期权交易、可转换债券交易等。

4）证券交易的方式

证券交易方式可以按照不同的角度来认识。根据交易合约的签订与实际交割之间的关系,证券交易的方式有现货交易、远期交易和期货交易。在短期资金市场,结合现货交易和远期交易的特点,存在着债券的回购交易。如果投资者买卖证券时允许向经纪商融资或融券,则发生信用交易。

（1）现货交易

现货交易是指证券买卖双方在成交后就办理交收手续,买入者付出资金并得到证券,卖出者交付证券并得到资金。因此,现货交易的特征是"一手交钱,一手交货",即以现款买现货方式进行交易。

（2）远期交易和期货交易

远期交易是双方约定在未来某一时刻(或时间段内)按照现在确定的价格进行交易。期货交易是在交易所进行的标准化的远期交易,即交易双方在集中性的市场以公开竞价方式所进行的期货合约的交易。而期货合约则是由交易双方订立的、约定在未来某日期按成交时约定的价格交割一定数量的某种商品的标准化协议。

期货交易与远期交易有类似的地方,都是现在定约成交,将来交割。但远期交易是非标准化的,在场外市场进行;期货交易则是标准化的,有规定格式的合约,一般在场内市场进行。另外,现货交易和远期交易以通过交易获取标的物为目的;而期货交易在多数情况下不进行实物交收,而是在合约到期前进行反向交易、平仓了结。

（3）回购交易

回购交易更多地具有短期融资的属性。从运作方式看,它结合了现货交易和远期交易的特点,通常在债券交易中运用。债券回购交易就是指债券买卖双方在成交的同时,约定于未来某一时间以某一价格双方再进行反向交易的行为。在债券回购交易中,当债券持有者有短期的资金需求时,就可以将持有的债券作质押或卖出而融进资金;反过来,资金供应者则因在相应的期间内让渡资金使用权而得到一定的利息回报。

（4）信用交易

信用交易是投资者通过交付保证金取得经纪商信用而进行的交易,也称为融资融券交易。这一交易的主要特征在于经纪商向投资者提供了信用,即投资者买卖证券的资金或证券有一部分是从经纪商借入的。我国过去是禁止信用交易的。2005年10月重新修订后的《证券法》取消了证券公司不得为客户交易融资融券的规定。根据《证券公司融资融券业务试点管理办法》的规定,融资融券业务是指证券公司向客户出借资金供其买入上市证券或者出借上市证券供其卖出,并收取担保物的经营活动。

5）证券交易机制

证券交易机制是证券市场具体交易制度设计的基础,如上海证券交易所和深圳证券交易所的集合竞价和连续竞价,其设计依据就是定期交易和连续交易的不同机制。上海证券交易所固定收益平台交易中一级交易商提供的双边报价,采用报价驱动的机制。

（1）定期交易和连续交易

从交易时间的连续特点划分,有定期交易和连续交易。在定期交易中,成交的时点是不连续的。在某一段时间到达的投资者的委托订单并不马上成交,而是要先存储起来,然后在某一约定的时刻加以匹配。在连续交易中,并非意味着交易一定是连续的,而是指在营业时间里订单匹配可以连续不断地进行。因此,两个投资者下达的买卖指令,只要符合成交条件就可以立即成交,而不必再等待一段时间定期成交。

这两种交易机制有着不同的特点。定期交易的特点有:第一,批量指令可以提供价格的稳定性;第二,指令执行和结算的成本相对比较低。连续交易的特点有:第一,市场为投资者提供了交易的即时性;第二,交易过程中可以提供更多的市场价格信息。

（2）指令驱动和报价驱动

从交易价格的决定特点划分,有指令驱动和报价驱动。指令驱动是一种竞价市场,也称为"订单驱动市场"。在竞价市场中,证券交易价格是由市场上的买方订单和卖方订单共同驱动的。如果采用经纪商制度,投资者在竞价市场中将自己的买卖指令报给自己的经纪商,然后经纪商持买卖订单进入市场,市场交易中心以买卖双向价格为基准进行撮合。报价驱动是一种连续交易商市场,或称"做市商市场"。在这一市场中,证券交易的买价和卖价都由做市商给出,做市商将根据市场的买卖力量和自身情况进行证券的双向报价。投资者之间并不直接成交,而是从做市商手中买进证券或向做市商卖出证券。做市商在其所报的价位上接受投资者的买卖要求,以其自有资金或证券与投资者交易。做市商的收入来源是买卖证券的差价。

这两种交易机制也有着不同的特点。指令驱动的特点有:第一,证券交易价格由买方和卖方的力量直接决定;第二,投资者买卖证券的对手是其他投资者。报价驱动的特点有:第一,证券成交价格的形成由做市商决定;第二,投资者买卖证券都以做市商为对手,与其他投资者不发生直接关系。

（3）证券交易机制的目标

通常,证券交易机制的目标是多重的。主要的目标有:

①流动性。证券的流动性是证券市场生存的条件。如果证券市场缺乏流动性,或者说不能提供充分的流动性,证券市场的功能就要受到影响。从积极的意义上看,证券市场流动性为证券市场有效配置资源奠定了基础。证券市场流动性包含两个方面的要求,即成交速度和成交价格。如果投资者能以合理的价格迅速成交,则市场流动性好。反过来,只是成交速度快,并不能完全表示流动性好。

②稳定性。证券市场的稳定性是指证券价格的波动程度。一般来说,稳定性好的市场,其价格波动性比较小,或者说其调节平衡的能力比较强。从证券市场健康运行的角度看,保持证券价格的相对稳定、防止证券价格大幅度波动是必要的。证券市场的稳定性可以用市场指数的风险度来衡量。由于各种信息是影响证券价格的主要因素,因此,提高市场透明度是加强证券市场稳定性的重要措施。

③有效性。证券市场的有效性包含两个方面的要求:一是证券市场的高效率;二是证券市场的低成本。其中,高效率又包含两方面内容。首先是证券市场的信息效率,即要求证券价格能准确、迅速、充分地反映各种信息。根据证券价格对信息的反映程度,可以将证券市场分为强有效市场、半强有效市场和弱有效市场。其次是证券市场的运行效率,即证券交易系统硬件的工作能力,如交易系统的处理速度、容量等。低成本也包含两方面:一是直接成本;二是间接成本。前者如投资者参与交易而支付的佣金和缴纳的税收,后者如投资者收集证券信息所发生的费用等。

7.2.2　证券交易市场概述

1）证券交易市场的概念

证券交易市场又称二级市场、流通市场或次级市场,是已发行的证券通过买卖交易实现流通转让的市场。证券交易市场的特点:参与者的广泛性、价格的不确定性、交易的连续性和交易的投机性。

证券交易市场和发行市场相互依存、互相制约,是一个不可分割的整体。证券发行市场是交易市场的基础和前提,有了发行市场的证券供应,才有交易市场的证券交易,证券发行的种类、数量和发行方式决定着交易市场的规模和运行。交易市场是证券得以持续扩大发行的必要条件,为证券的转让提供市场条件,使发行市场充满活力。此外,交易市场的交易价格制约和影响着证券的发行价格,是证券发行时需要考虑的重要因素。

2）证券交易市场的功能

（1）流动性功能

证券交易市场上证券交易的连续性使证券的流通性得到充分展现。证券只有流通交易,投资者在市场上才能拥有更多选择投资品种的机会,才能使其价格真正反映其价值,反映市场供求关系。

（2）资金期限转换功能

在证券市场上投资者和融资者的利益取向不相同。投资者通过投资证券获利,融资者则要将筹集资金投入生产流通及服务领域获利。因此,两者对资金周转的期限要求并不一致。投资者需要根据价格波动状况及分红状况决定投资周期,通常期限越短越好,而企业则要求资金能稳定长期使用。证券交易市场的存在使投资者能灵活兑现手中证券,有效解决了公司资金的长期稳定使用与投资者的灵活兑现这对期限不匹配的矛盾。

（3）维护证券合理价格

证券交易价格是在证券市场上通过证券需求者和证券供给者的竞争所反映的证券供求状况所最终确定的。整个证券市场成交迅速,通过证券市场众多买卖双方的竞争,易于形成均衡价格,这比私下成交公平得多。均衡价格即为合理定价。

（4）资源配置功能

证券市场的出现在很大程度上铲除了生产要素部门间转移的障碍。在证券市场中,企业产权已经商品化,资产采取了有价证券的形式,可以在证券市场上自由买卖,这就打破了实物资产的凝固和封闭状态,使资产具有最大的流动性。证券市场有利于产业结构调整与资源优化配置,就在于它使资产证券化,从而有助于生产要素在部门间的转移和重组。一些效益好、有行业发展前途的企业可根据市场需要,通过控股、参股方式实行兼并,得到进一步发展;而效益差、行业无发展前途的企业则通过破产或被收购得以淘汰。

（5）经济信号功能

所有影响证券市场价格波动的政治、经济和社会的信息都会在市场参与者之间迅速地扩散传播。这些信息影响着证券交易价格,反过来,人们也可根据证券交易市场观察一国政治、经济和社会动态变化。正因为如此,人们把证券交易市场价格波动看作国民经济的"晴雨表"。

7.2.3　我国证券交易市场发展历程

我国证券交易市场是随着我国市场经济体系的建立和发展而逐渐成长起来的。新中国证券交易市场的建立始于 1986 年。1986 年 8 月,沈阳开始试办企业债券转让业务;9 月,上海开办了股票柜台买卖业务。从 1988 年 4 月起,我国先后在 61 个大中城市开放了国库券转让市场。1990 年 12 月和 1991 年 7 月,上海证券交易所和深圳证券交易所先后正式开业。1992 年初,人民币特种股票（B 股）在上海证券交易所上市。同一时期,证券投资基金的交易转让也逐步开展。1999 年 7 月,《证券法》正式开始实施,标志着维系证券交易市场运作的法规体系趋向完善。2004 年 5 月,中国证监会批准了深圳证券交易所在主板市场内开设中小企业板块,并核准了中小企业板块的实施方案。2005 年 4 月,我国开始启动股权分置改革试点工作。这是一项完善证券市场基础制度和运行机制的改革,它不仅解决了历史问题,更为资本市场其他各项改革和制度创新创造了条件。2005 年 10 月,重新修订的《证券法》经第十届全国人民代表大会常务委员会第十八次会议通过后颁布,并于 2006 年 1 月起正式实施。2009 年 10 月,创业板在深圳证券交易所开市。2010 年 3 月,上海证券交易所和深圳证券交易所开始接受融资融券交易的申报。2010 年 4 月,我国股指期货开始上市交易。2013 年 1 月,全国中小企业股份转让系统在北京正式揭牌运营。2013 年 7 月,中国证监会正式批准中国金融期货交易所上市国债期货。

7.2.4 证券交易所的会员、交易席位和单元

1)会员制度

在证券市场上,证券交易所是最主要的交易场所。对于实行会员制的证券交易所,投资者是通过交易所会员来代理买卖证券的。上海证券交易所和深圳证券交易所都采取会员制。它们通过接纳证券公司入会,组成一个自律性的会员制组织。

证券交易所接纳的会员分为普通会员和特别会员。普通会员应当是经有关部门批准设立并具有法人地位的境内证券公司。境外证券经营机构设立的驻华代表处,经申请可以成为证券交易所的特别会员。

证券交易所要对会员进行监督管理,其中重要的一环是制订具体的会员管理规则。这一规则的内容包括总则、会员资格管理、席位与交易权限管理、证券交易及相关业务管理、日常管理等。

2)交易席位

(1)交易席位的含义

在传统意义上,交易席位是证券公司在证券交易所交易大厅内进行交易的固定位置,其实质还包括了交易资格的含义,即取得了交易席位后才能从事实际的证券交易业务。交易席位代表了会员在证券交易所拥有的权益,是会员享有交易权限的基础。

(2)交易席位的管理

①交易席位的取得和享有的权利。证券交易所会员的权利之一是参加交易,参加交易先要取得交易席位。根据我国证券交易所现行制度的规定,证券交易所会员应当至少取得并持有一个席位。证券交易所会员可以向证券交易所提出申请购买席位,也可以在证券交易所会员之间转让席位。

②交易席位的转让。证券交易所为了保证证券交易正常、有序地进行,要对会员取得的交易席位实施严格管理。证券交易所会员不得共有席位,席位也不得退回证券交易所。未经证券交易所同意,会员不得将席位出租、质押,或将席位所属权益以其他任何方式转给他人。

3)交易单元

交易单元是指证券交易所会员取得席位后向证券交易所申请设立的、参与证券交易所证券交易与接受证券交易所监管及服务的基本业务单位。

证券交易所的会员及证券交易所认可的机构,若要进入证券交易所市场进行证券交易,要向证券交易所申请取得交易权,成为证券交易所的交易参与人。交易参与人应当通过在

证券交易所申请开设的交易单元进行证券交易,交易单元是交易权限的技术载体。会员参与交易及会员权限的管理通过交易单元来实现。

7.3 股票交易程序

7.3.1 股票交易程序概述

在证券交易活动中,投资者在证券市场上买卖已发行的证券要按照一定的程序进行。所谓证券交易程序,也就是指投资者在二级市场上买进或卖出已上市证券所应遵循的规定过程。本节主要针对证券交易所场内集中竞价交易,不涉及场外市场。

在证券交易所市场,证券交易的基本过程包括开户、委托、成交、结算等步骤。

1)开户

开户有两个方面,即开立证券账户和开立资金账户。证券账户用来记载投资者所持有的证券种类、数量和相应的变动情况,资金账户则用来记载和反映投资者买卖证券的货币收付和结存数额。

开立证券账户和资金账户后,投资者买卖证券所涉及的证券、资金变化就会从相应的账户中得到反映。例如某投资者买入甲股票 1 000 股,包括股票价格和交易税费的总费用为10 000 元,则投资者的证券账户上就会增加甲股票 1 000 股,资金账户上就会减少10 000元。

2)委托

在证券交易所市场,投资者买卖证券是不能直接进入交易所办理的,而必须通过证券交易所的会员来进行。换言之,投资者需要通过经纪商的代理才能在证券交易所买卖证券。在这种情况下,投资者向经纪商下达买进或卖出证券的指令,称为"委托"。

证券经纪商接到投资者的委托指令后,首先要对投资者身份的真实性和合法性进行审查。审查合格后,经纪商要将投资者委托指令的内容传送到证券交易所进行撮合。这一过程称为"委托执行",也称为"申报"或"报盘"。

证券交易所在证券交易中接受报价的方式主要有口头报价、书面报价和电脑报价 3 种。采用口头报价方式时,证券公司的场内交易员接到交易指令后,在证券交易所规定的交易台前或者指定的区域,用口头方式喊出自己的买价或者卖价,同时辅以手势,直至成交。而在书面报价情况下,交易员将证券买卖要求以书面形式向证券交易所申报,然后按规定的竞价交易原则撮合成交。电脑报价则是指证券公司通过计算机交易系统进行证券买卖申报,其做法是:证券公司将买卖指令输入计算机终端,并通过计算机系统传给证券交易所的交易系统,交易系统接收后即进行配对处理。若买卖双方有合适的价格和数量,交易系统便自动撮合成交。目前,我国通过证券交易所进行的证券交易均采用电脑报价方式。

3)成交

证券交易所交易系统接受申报后,要根据订单的成交规则进行撮合配对。符合成交条件的予以成交,不符合成交条件的继续等待成交,超过了委托时效的订单失效。

在成交价格确定方面,一种情况是通过买卖双方直接竞价形成交易价格;另一种情况是交易价格由交易商报出,投资者接受交易商的报价后即可与交易商进行证券买卖。

在订单匹配原则方面,根据各国(地区)证券市场的实践,优先原则主要有:价格优先原则、时间优先原则、按比例分配原则、数量优先原则、客户优先原则、做市商优先原则和经纪商优先原则等。其中,各证券交易所普遍使用价格优先原则作为第一优先原则。我国采用价格优先和时间优先原则。

4)结算

证券交易成交后,首先需要对买方在资金方面的应付额与在证券方面的应收种类和数量进行计算,同时也要对卖方在资金方面的应收额与在证券方面的应付种类和数量进行计算。这一过程属于清算,包括资金清算和证券清算。清算结束后,需要完成证券由卖方向买方转移和对应的资金由买方向卖方转移。这一过程属于交收。清算和交收是证券结算的两个方面。

对于记名证券而言,完成了清算和交收,还有一个登记过户的环节。完成了登记过户,证券交易过程才告结束。

7.3.2 证券账户和证券托管

1)证券账户管理

账户包括证券账户和资金账户。对于投资者的资金账户,涉及投资者买卖证券的交易结算资金管理。这里主要说明证券账户的内容。在我国证券市场上,中国结算公司经中国证监会批准发布的《中国证券登记结算有限责任公司证券账户管理规则》(简称《证券账户管理规则》)以及相关业务指南是办理这类业务活动的依据,对参与主体具有约束力。

证券账户是指中国结算公司为申请人开出的记载其证券持有及变更的权利凭证。开立证券账户是投资者进行证券交易的先决条件。根据中国结算公司《证券账户管理规则》的规定,中国结算公司对证券账户实施统一管理,投资者证券账户由中国结算公司上海分公司、深圳分公司及中国结算公司委托的开户代理机构负责开立。其中,开户代理机构是指中国结算公司委托代理证券账户开户业务的证券公司、商业银行及中国结算公司境外 B 股结算会员。

(1)证券账户的种类

目前,我国证券账户的种类有两种划分依据:一是按照交易场所划分;二是按照账户用途划分。按交易场所划分,证券账户可以划分为上海证券账户和深圳证券账户,分别用于记载在上海证券交易所和深圳证券交易所上市交易的证券以及中国结算公司认可的其他证券。按用途划分,证券账户可以划分为人民币普通股票账户、人民币特种股票账户、证券投资基金账户、创业板交易账户和其他账户等。下面分别对股票账户和基金账户作简要介绍。

①人民币普通股票账户。人民币普通股票账户简称"A 股账户",其开立仅限于国家法律法规和行政规章允许买卖 A 股的境内投资者和合格境外机构投资者。A 股账户按持有人分为自然人证券账户、一般机构证券账户、证券公司自营证券账户和基金管理公司的证券投资基金专用证券账户等。在实际运用中,A 股账户是我国目前用途最广、数量最多的一种通用型证券账户,既可用于买卖人民币普通股票,也可用于买卖债券、上市基金、权证等各类证券。

②人民币特种股票账户。人民币特种股票账户简称"B 股账户",是专门为投资者买卖人民币特种股票(B 股,也称为境内上市外资股)而设置的。B 股账户按持有人可以分为境内投资者证券账户和境外投资者证券账户。

③证券投资基金账户。证券投资基金账户简称"基金账户",是用于买卖上市基金的一种专用型账户。基金账户是随着我国证券投资基金的发展,为方便投资者买卖证券投资基金而专门设置的。

(2)开立证券账户的基本原则

证券经纪商为投资者办理经纪业务的前提条件之一,是投资者必须事先到中国结算公司或其开户代理机构开立证券账户。开立证券账户应坚持合法性和真实性的原则。

①合法性。合法性是指只有国家法律允许进行证券交易的自然人和法人才能开立证券账户。对国家法律法规不准许开户的对象,中国结算公司及其开户代理机构不得予以开户。

②真实性。真实性是指投资者开立证券账户时所提供的资料必须真实有效,不得有虚假隐匿。目前,投资者在我国证券市场上进行证券交易时采用实名制。《证券法》规定,证券登记结算机构应当按照规定以投资者本人的名义为投资者开立证券账户。投资者申请开立账户时,必须持有证明中国公民身份或者中国法人资格的合法证件。

(3)证券账户开立流程和规定

证券公司和基金管理公司等特殊法人机构开立证券账户,由中国结算公司上海分公司和深圳分公司直接受理。这类特殊法人机构投资者需要前往中国结算公司上海分公司和深圳分公司现场办理开户手续。自然人及一般机构开立证券账户,可以通过中国结算公司上海分公司和深圳分公司委托的分布在全国各地的开户代理机构办理。目前,上海证券账户当日开立,次日交易生效。深圳证券账户当日开立,当日即可用于交易。

2)证券托管与存管

(1)证券托管、存管的概念

一般意义上,证券托管是指投资者将持有的证券委托给证券公司保管,并由后者代为处理有关证券权益事务的行为。证券存管是指证券公司将投资者交给其保管的证券以及自身持有的证券统一交给证券登记结算机构保管,并由后者代为处理有关证券权益事务的行为。

在账户记录上,由于实现了无纸化,证券登记结算机构一般以证券公司为单位,采用电脑记账方式记载证券公司交给的证券;证券公司也采用电脑记账的方式记载投资者的证券。对股权、债权变更引起的证券转移,通过账面予以划转。

（2）我国目前的证券托管制度

①上海证券交易所交易证券的托管制度。对于在上海证券交易所交易的证券,其托管制度是和指定交易制度联系在一起的,指定交易制度于1998年4月起推行。所谓指定交易,是指凡在上海证券交易所市场进行证券交易的投资者,必须事先指定上海证券交易所市场某一交易参与人,作为其证券交易的唯一受托人,并由该交易参与人通过其特定的交易单元参与交易所市场证券交易的制度。投资者如不办理指定交易,上海证券交易所交易系统将自动拒绝其证券账户的交易申报指令,直至该投资者完成办理指定交易手续。

对于持有和买卖上海证券交易所上市证券的投资者,办理的指定交易一经确认,其与指定交易证券公司（指定的交易参与人）的托管关系即建立,即投资者持有的上海市场证券将由其指定的证券公司负责托管,投资者需要通过其托管证券公司领取相应的红利、股息、债息、债券兑付款等。中国结算公司上海分公司将记录该投资者与托管证券公司托管关系的建立、变更等情况,并对投资者托管在证券公司的证券数量及其变化情况等加以记录。

未办理指定交易的投资者的证券暂由中国结算公司上海分公司托管,其红利、股息、债息、债券兑付款在办理指定交易后可领取。

投资者在办理指定交易时,须通过其委托的交易参与人向上海证券交易所交易系统申报证券账户的指定交易指令,申报经上海证券交易所交易系统确认后即时生效。

已经办理指定交易的投资者,根据需要可以变更指定交易。办理指定交易变更手续时,投资者须向其原指定交易的交易参与人提出撤销指定交易的申请,并由原交易参与人完成向上海证券交易所交易系统撤销指定交易的指令申报。申报一经确认,其撤销即刻生效。但投资者具有下列情形之一的,交易参与人不得为其申报撤销指定交易:撤销当日有交易行为的;撤销当日有申报;新股申购未到期的;因回购或其他事项未了结的;相关机构未允许撤销的。

②深圳证券交易所交易证券的托管制度。深圳证券交易所交易证券的托管制度可概括为自动托管、随处通买、哪买哪卖、转托不限。深圳证券市场的投资者持有的证券须在自己选定的证券营业部托管,由证券营业部管理其名下明细证券资料。投资者的证券托管是自动实现的,投资者在哪家证券营业部买入证券,这些证券就自动托管在哪家证券营业部。投资者可以利用同一证券账户在国内任意一家证券营业部买入证券。投资者要卖出证券,必须到证券托管营业部方能进行（在哪里买入就在哪里卖出）。投资者也可以将其托管证券从一家证券营业部转移到另一家证券营业部托管,称为"证券转托管"。转托管可以是一只证券或多只证券,也可以是一只证券的部分或全部。

投资者需要通过其托管证券公司领取相应的红利、股息、债息、债券兑付款等。中国结算公司深圳分公司将记录该投资者与托管证券公司托管关系的建立、变更等情况,同时对投资者托管在证券公司的证券数量及其变化情况等加以记录。

7.3.3 委托买卖

1)委托形式

投资者在证券交易所买卖证券,是通过委托证券经纪商来进行的,此时,投资者是证券经纪商的客户。客户在办理委托买卖证券时,需要向证券经纪商下达委托指令。委托指令有不同的具体形式,可以分为柜台委托和非柜台委托两大类。

(1)柜台委托

柜台委托是指委托人亲自或由其代理人到证券营业部交易柜台,根据委托程序和必需的证件采用书面方式表达委托意向,由本人填写委托单并签章的形式。采用柜台委托方式,客户和证券经纪商面对面办理委托手续,加强了委托买卖双方的了解和信任,比较稳妥可靠。

(2)非柜台委托

非柜台委托主要有人工电话委托或传真委托、自助和电话自动委托、网上委托等形式。根据中国证券业协会的要求,客户在使用非柜台委托方式进行证券交易时,必须严格按照证券公司证券交易委托系统的提示进行操作,因客户操作失误造成的损失由客户自行承担。对证券公司电脑系统和证券交易所交易系统拒绝受理的委托,均视为无效委托。

①人工电话委托或传真委托。人工电话委托是指客户将委托要求通过电话报给证券经纪商,证券经纪商根据电话委托内容向证券交易所交易系统申报。传真委托是指客户填写委托内容后,采用传真的方式表达委托要求,证券经纪商接到传真委托书后,将委托内容输入交易系统申报进场。

②自助和电话自动委托。这里的自助方式是自助终端委托,即客户通过证券营业部设置的专用委托电脑终端,凭证券交易磁卡和交易密码进入电脑交易系统委托状态,自行将委托内容输入电脑交易系统,以完成证券交易。电话自动委托是指证券经纪商把电脑交易系统和普通电话网络连接起来,构成一个电话自动委托交易系统;客户通过普通电话,按照该系统发出的指示,借助电话机上的数字和符号键输入委托指令。

③网上委托。网上委托是指证券公司通过基于互联网或移动通信网络的网上证券交易系统,向客户提供用于下达证券交易指令、获取成交结果的一种服务方式,包括需下载软件的客户端委托和无须下载软件、直接利用证券公司网站的页面客户端委托。网上委托的上网终端包括电子计算机、手机等设备。

客户在办理网上委托的同时,也应当开通柜台委托、电话委托等其他委托方式,当证券公司网上证券委托系统出现网络中断、高峰拥挤或网上委托被冻结等异常情况时,客户可采用上述其他委托方式下达委托指令。

2)委托内容

在委托指令中,不管是采用填写委托单还是自助委托方式,都需要反映客户买卖证券的基本要求或具体内容,这些主要体现在委托指令的基本要素中。以委托单为例,委托指令的基本要素包括证券账号、日期、品种、买卖方向、数量、价格、时间、有效期、签名及其他内容等。

上海证券交易所和深圳证券交易所都规定,客户可以采用限价委托或市价委托的方式委托会员买卖证券。同时,证券交易所也接受会员的限价申报和市价申报。不过,市价申报只适用于有价格涨跌幅限制证券连续竞价期间的交易。在市价申报类型方面,上海证券交易所和深圳证券交易所不完全相同。

3)委托受理、执行与撤销

(1)委托受理

证券经纪商在收到客户委托后,应对委托人身份、委托内容、委托卖出的实际证券数量及委托买入的实际资金余额进行审查。经审查符合要求后,才能接受委托。

①验证与审单。验证主要是对客户委托时递交的相关证件(如身份证件等)进行核实,审单主要是检查客户填写的委托单。证券经纪商要根据证券交易所的交易规则,对客户的证件和委托单在合法性和同一性方面进行审查。这些审查是为了维护交易的合法性,提高成交的准确率,避免造成不必要的纠纷。

②查验资金及证券。在不采用信用交易的情况下,投资者必须用自己账户上的资金买入证券,或者卖出自己账户上实际存在的证券。因此,证券经纪商在受理客户委托买卖证券时,要查验证实客户的资金及证券。

另外需要说明,如果客户采用自助委托方式,则当其输入相关的账号和正确的密码后,即视同确认了身份。证券经纪商的电脑系统还自动检验客户的证券买卖申报数量和价格等是否符合证券交易所的交易规则。

(2)委托执行

证券经纪商接受客户买卖证券的委托,应当根据委托书载明的证券名称、买卖数量、出价方式、价格幅度等,按照证券交易所交易规则代理买卖证券。买卖成交后,应当按规定制作买卖成交报告单交付客户。

①申报原则。证券经纪商接受客户委托后应按"时间优先、客户优先"的原则进行申报竞价。"时间优先"是指证券经纪商应按受托时间的先后次序为委托人申报。"客户优先"是指当证券公司自营买卖申报与客户委托买卖申报在时间上相冲突时,应让客户委托买卖优先申报。在我国,根据上海和深圳证券交易所交易规则的规定,取得自营业务资格的证券公司应当设专门管理人员和专用交易终端从事自营业务,不得因自营业务影响经纪业务。这样,就从制度上限制了证券公司自营买卖申报抢先客户委托买卖申报的情况。

②申报方式。申报方式有两种,一种由证券经纪商的场内交易员进行申报,另一种由客户或证券经纪商营业部业务员直接申报。在前一种情况下,证券经纪商营业部业务员在受理客户委托后,要按受托先后顺序用电话将委托买卖的有关内容通知其场内交易员(俗称"红马甲"),由场内交易员通过场内电脑终端将委托指令输入证券交易所交易系统。在后一种情况下,证券经纪商的电脑系统要与证券交易所交易系统联网;客户利用自助委托方式,自行将委托指令输入证券经纪商电脑系统,经审查确认后,再自动传送至证券交易所交易系统;或是由证券经纪商营业部业务员在进行委托审查后,将委托指令直接通过终端机输

入证券交易所交易系统,无须其场内交易员再行输入。客户自行输入委托指令这种方式,缩短了申报时间与成交回报时间,而且减去了场内交易员人工报盘的环节,从而降低了申报的差错,减少了客户与证券经纪商的纠纷,因此成为目前主要的申报方式。前一种申报方式更多的是作为备用的应急手段。

另外,B 股的境外客户在境外委托时,有一些不同于境内委托申报的特点。境外客户若要买卖 B 股,必须通过境外的证券代理商进行。境外证券代理商通过国际通信设备将客户的指令传给其派驻证券交易所的 B 股场内交易员,再由驻场 B 股交易员将委托指令通过终端输入证券交易所交易系统。

(3)委托撤销

①撤单的条件。在委托未成交之前,客户有权变更和撤销委托。证券营业部申报竞价成交后,买卖即告成立,成交部分不得撤销。

②撤单的程序。在委托未成交之前,客户变更或撤销委托,在采用证券经纪商场内交易员进行申报的情况下,证券经纪商营业部业务员须即刻通知场内交易员,经场内交易员操作确认后,立即将执行结果告知客户。在采用客户或证券经纪商营业部业务员直接申报的情况下,客户或证券经纪商营业部业务员可直接将撤单信息通过电脑终端输入证券交易所交易系统,办理撤单。对客户撤销的委托,证券经纪商须及时将冻结的资金或证券解冻。

7.3.4 竞价与成交

证券市场的市场属性集中体现在竞价与成交环节上,特别是在高度组织化的证券交易所内,会员经纪商代表众多的买方和卖方按照一定规则和程序公开竞价,达成交易。这种竞价成交机制,符合证券市场公开、公平、公正的原则。

1)竞价原则

证券交易所内的证券交易按"价格优先、时间优先"原则竞价成交。

(1)价格优先

成交时价格优先的原则为:较高价格买入申报优先于较低价格买入申报,较低价格卖出申报优先于较高价格卖出申报。

(2)时间优先

成交时间优先的原则为:买卖方向、价格相同的,先申报者优先于后申报者。先后顺序按证券交易所交易主机接受申报的时间确定。例如,有甲、乙、丙、丁投资者 4 人,均申报卖出 X 股票,申报价格和申报时间分别为:甲的卖出价 10.75 元,时间为 13:25;乙的卖出价 10.40 元,时间为 13:40;丙的卖出价 10.70 元,时间为 13:35;丁的卖出价 10.40 元,时间为 13:38,那么这 4 位投资者交易的优先顺序为:丁、乙、丙、甲。

2)竞价方式

目前,我国证券交易所采用两种竞价方式:集合竞价方式和连续竞价方式。上海证券交易所规定,采用竞价交易方式的,每个交易日的 9:15—9:25 为开盘集合竞价时间,9:30—

11:30,13:00—15:00 为连续竞价时间。深圳证券交易所规定,采用竞价交易方式的,每个交易日的 9:15—9:25 为开盘集合竞价时间,9:30—11:30,13:00—14:57 为连续竞价时间,14:57—15:00 为收盘集合竞价时间。

（1）集合竞价

所谓集合竞价,是指对在规定的一段时间内接受的买卖申报一次性集中撮合的竞价方式。根据我国证券交易所的相关规定,集合竞价确定成交价的原则为:

①可实现最大成交量的价格。

②高于该价格的买入申报与低于该价格的卖出申报全部成交的价格。

③与该价格相同的买方或卖方至少有一方全部成交的价格。

如有两个以上申报价格符合上述条件的,深圳证券交易所取距前收盘价最近的价位为成交价;上海证券交易所则规定使未成交量最小的申报价格为成交价格,若仍有两个以上使未成交量最小的申报价格符合上述条件的,其中间价为成交价格。

集合竞价的所有交易以同一价格成交,然后进行集中撮合处理。所有买方有效委托按委托限价由高到低的顺序排列,限价相同者按照进入证券交易所交易系统电脑主机的时间先后排列。所有卖方有效委托按照委托限价由低到高的顺序排列,限价相同者也按照进入交易系统电脑主机的时间先后排列。依序逐笔将排在前面的买方委托与卖方委托配对成交。也就是说,按照价格优先、同等价格下时间优先的成交顺序依次成交,直至成交条件不满足为止,即所有买入委托的限价均低于卖出委托的限价,所有成交都以同一成交价成交。集合竞价中未能成交的委托,自动进入连续竞价。

（2）连续竞价

连续竞价是指对买卖申报逐笔连续撮合的竞价方式。连续竞价阶段的特点是,每一笔买卖委托输入交易自动撮合系统后,当即判断并进行不同的处理:能成交者予以成交;不能成交者等待机会成交;部分成交者则让剩余部分继续等待。

按照我国证券交易所的有关规定,在无撤单的情况下,委托当日有效。另外,开盘集合竞价期间未成交的买卖申报,自动进入连续竞价。深圳证券交易所还规定,连续竞价期间未成交的买卖申报,自动进入收盘集合竞价。连续竞价时,成交价格的确定原则为:

①最高买入申报与最低卖出申报价位相同,以该价格为成交价。

②买入申报价格高于即时揭示的最低卖出申报价格时,以即时揭示的最低卖出申报价格为成交价。

③卖出申报价格低于即时揭示的最高买入申报价格时,以即时揭示的最高买入申报价格为成交价。

3）竞价申报时的有效申报价格范围

（1）实行涨跌幅限制的证券的有效申报价格范围

根据现行制度规定,无论买入或卖出,股票(含 A,B 股)、基金类证券在 1 个交易日内的交易价格相对上一交易日收市价格的涨跌幅度不得超过 10% ,其中 ST 股票和 * ST 股票价格涨跌幅度不得超过 5% 。涨跌幅价格的计算公式为(计算结果四舍五入至价格最小变动单位):

$$涨跌幅价格 = 前收盘价 \times (1 \pm 涨跌幅比例)$$

买卖有价格涨跌幅限制的证券,在价格涨跌幅限制内的申报为有效申报,超过涨跌幅限制的申报为无效申报。

在深圳证券交易所,买卖有价格涨跌幅限制的中小企业板股票,连续竞价期间超过有效竞价范围的有效申报不能即时参加竞价,暂存于交易主机;当成交价格波动使其进入有效竞价范围时,交易主机自动取出申报,参加竞价。中小企业板股票连续竞价期间有效竞价范围为最近成交价的 ±3%。开盘集合竞价期间没有产生成交的,连续竞价开始时有效竞价范围调整为前收盘价的 ±3%。

(2)不实行涨跌幅限制的证券的有效申报价格范围

对于无价格涨跌幅限制的证券,我国上海证券交易所和深圳证券交易所都规定了其发生的情形和有效申报价格范围。

上海证券交易所和深圳证券交易所规定,属于下列情形之一的,首个交易日不实行价格涨跌幅限制:首次公开发行上市的股票(上海证券交易所还包括封闭式基金);增发上市的股票;暂停上市后恢复上市的股票;证券交易所或中国证监会认定的其他情形等。

4)竞价结果

竞价的结果有 3 种可能:全部成交、部分成交、不成交。

(1)全部成交

委托买卖全部成交,证券经纪商应及时通知客户按规定的时间办理交收手续。

(2)部分成交

客户的委托如果未能全部成交,证券经纪商在委托有效期内可继续执行,直到有效期结束。

(3)不成交

客户的委托如果未能成交,证券经纪商在委托有效期内可继续执行,等待机会成交,直到有效期结束。对客户失效的委托,证券经纪商需及时将冻结的资金或证券解冻。

5)交易费用

投资者在委托买卖证券时,需支付多项费用和税收,如佣金、过户费、印花税等。

(1)佣金

佣金是投资者在委托买卖证券成交后按成交金额一定比例支付的费用,是证券经纪商为客户提供证券代理买卖服务收取的费用。此项费用由证券公司经纪佣金、证券交易所手续费及证券交易监管费等组成。

佣金的收费标准因交易品种、交易场所的不同而有所差异。根据中国证监会、原国家计划和发展委员会(现为国家发展和改革委员会)、国家税务总局联合发出的《关于调整证券交易佣金收取标准的通知》,从 2002 年 5 月 1 日开始,A 股、B 股、证券投资基金的交易佣金实行最高上限向下浮动制度。证券经纪商向客户收取的佣金(包括代收的证券交易监管费、证券交易所手续费等)不得高于证券交易金额的 3‰,也不得低于代收的证券交易监管费和证券交易所手续费等。A 股、证券投资基金每笔交易佣金不足 5 元的,按 5 元收取;B 股每笔交易佣金不足 1 美元或 5 港元的,按 1 美元或 5 港元收取。国债现券、企业债(含可转换债券)、国债回购以及以后出现的新的交易品种,其交易佣金标准由证券交易所制订并报中国证监会和国家发展和改革委员会备案,备案期 15 天内无异议后实施。

(2)过户费

过户费是委托买卖的股票、基金成交后,买卖双方为变更证券登记所支付的费用。这笔收入属于中国结算公司的收入,由证券经纪商在同投资者清算交收时代为扣收。2012 年 9 月 1 日起,沪深证券交易所 A 股交易经手费按成交金额的 0.069 6% 双向收取。

对于 B 股,这项费用称为结算费。在上海证券交易所,结算费为成交金额的 0.5‰;在深圳证券交易所亦为成交金额的 0.5‰,但最高不超过 500 港元。

(3)印花税

印花税是根据国家税法规定,在 A 股和 B 股成交后对买卖双方投资者按照规定的税率分别征收的税金。我国税收制度规定,股票成交后,国家税务机关应向成交双方分别收取印花税。为保证税源,简化缴款手续,现行的做法是由证券经纪商在同投资者办理交收过程中代为扣收;然后,在证券经纪商同中国结算公司的清算、交收中集中结算;最后,由中国结算公司统一向征税机关缴纳。

我国证券交易的印花税税率标准曾多次调整。21 世纪以来的调整情况为:2001 年 11 月 16 日,A 股、B 股交易印花税税率统一下调为 2‰;2005 年 1 月 24 日,证券交易印花税税率从 2‰ 再下调到 1‰;2007 年 5 月 30 日,证券交易印花税税率由 1‰ 上调为 3‰;2008 年 4 月 24 日,证券交易印花税税率再由 3‰ 下调为 1‰;2008 年 9 月 19 日,证券交易印花税只对出让方按 1‰ 税率征收,对受让方不再征收。

7.3.5 交易结算

每日交易结束后,证券公司要为客户办理证券和资金的清算与交收。目前我国证券市场采用的是法人结算模式。法人结算是指由证券公司以法人名义集中在证券登记结算机构开立资金清算交收账户,其接受客户委托代理的证券交易的清算交收均通过此账户办理。证券公司与其客户之间的资金清算交收由证券公司自行负责完成。证券公司作为结算参与人与客户之间的清算交收,是整个结算过程不可缺少的环节。

1)证券公司与客户之间的证券清算交收

实践中,对于证券公司与客户之间的证券清算交收,一般由中国结算公司根据成交记录按照业务规则自动办理。证券交收结果等数据由中国结算公司每日传送至证券公司,供其对账和向客户提供余额查询等服务。证券公司根据中国结算公司数据,记录客户清算交收结果。

2)证券公司与客户之间的资金清算交收

(1)证券公司和存管银行在资金清算交收中的职责

在"客户交易结算资金第三方存管"制度框架下,证券公司与客户之间的资金清算交收,

需要由证券公司与存管银行(即客户在与证券公司合作的商业银行中指定的存放客户交易结算资金的银行)配合完成:

①证券公司负责根据中国结算公司发送的结算数据和存管银行发送的客户资金存取数据完成客户资金的清算,更新客户资金账户的余额,并向存管银行发送客户证券交易清算数据及资金账户余额。

②存管银行负责根据客户资金的存取数据和证券公司向其发送的证券交易清算数据完成客户管理账户余额的更新,并进行客户资金账户余额与客户管理账户余额的核对,将核对结果发送证券公司。

③证券公司根据核对无误的清算结果向存管银行发送资金划付指令,存管银行根据证券公司的资金划付指令及时办理资金划付,完成客户证券交易的资金交收。

(2)资金存取及结算流程

在客户交易结算资金第三方存管模式下,证券公司与客户之间的资金存取、清算与交收过程可简要概括如下:

①客户从其银行结算账户向资金账户存入交易结算资金,可以通过存管银行提供的电话银行、网上银行、柜面服务、多媒体自助终端等方式发出转账指令,也可以通过证券公司提供的电话委托、网上交易、自助委托等方式发出转账指令;存管银行系统根据客户转账指令启动客户资金转账交易。该交易启动后,银行将减少客户银行结算账户余额,相应增加客户管理账户余额和证券公司客户交易结算资金汇总账户余额,证券公司同步更新客户管理账户对应的资金账户余额。

②客户证券交易由证券公司单方发起。客户通过证券公司的资金账户及密码,采用证券公司提供的委托手段进行交易。

③证券公司接到客户委托买卖指令后对客户账户内资金和证券进行校验。校验通过后证券公司向交易所报送交易指令。

④中国结算公司根据交易所当日成交数据生成清算交收文件,并将清算交收文件发给证券公司。

⑤证券公司根据中国结算公司提供的清算交收数据及存管银行提供的客户交易结算资金存取数据,完成客户资金的清算,更新客户资金账户的余额,并向存管银行发送客户证券交易清算数据及资金账户余额。

⑥存管银行根据客户资金的存取数据和证券公司向其发送的证券交易清算数据完成客户管理账户余额的更新,并进行客户资金账户余额与客户管理账户余额的核对,将核对结果发送证券公司。

⑦证券公司根据核对无误的清算结果制作资金划付指令发送给存管银行。

⑧存管银行根据证券公司的资金划付指令办理交收资金划付。

⑨客户证券交易结算资金的取出,只能通过转账的方式转入其在存管银行开立的同名银行结算账户,再通过银行结算账户办理资金的提取或划转。存管银行系统根据客户转账指令启动客户资金转账交易,通过存管银行与证券公司联网系统获取证券公司对客户取出资金的校验结果。如双方校验通过,存管银行将减少客户管理账户余额和证券公司客户交易结算资金汇总账户余额,相应增加客户银行结算账户余额,证券公司同步更新客户管理账

户对应的资金账户余额。

7.4 债券的回购交易

7.4.1 债券质押式回购交易

1)债券质押式回购交易的概念

债券质押式回购交易是指融资方(正回购方、卖出回购方、资金融入方)在将债券质押给融券方(逆回购方、买入返售方、资金融出方)融入资金的同时,双方约定在将来某一指定日期,由融资方按约定回购利率计算的资金额向融券方返回资金,融券方向融资方返回原出质债券的融资行为。在债券质押式回购交易中,融资方是指在债券回购交易中融入资金、出质债券的一方;融券方是指在债券回购交易中融出资金、享有债券质权的一方。

开展债券回购交易业务的主要场所为沪、深证券交易所及全国银行间同业拆借中心。

上海证券交易所于1993年12月、深圳证券交易所于1994年10月分别开办了以国债为主要品种的质押式回购交易,其目的主要是发展我国的国债市场,活跃国债交易,发挥国债这一金边债券的信用功能,为社会提供一种新的融资方式。2002年12月和2003年1月,上海证券交易所和深圳证券交易所分别推出了企业债券回购交易。2007年公司债券推出后,证券交易所又进一步允许公司债券,包括普通公司债券和分离交易的可转换公司债券中的公司债券(简称"分离债券")进行质押式回购。因此,目前交易所上市的各类债券都可以用作质押式回购。交易所债券回购市场的参与主体主要是投资股市的各类投资者,如证券公司、保险公司、证券投资基金等。根据中国人民银行1997年的通知,商业银行不得参与交易所债券回购交易。2009年1月,中国证监会与中国银行业监督管理委员会联合发布通知,开展上市商业银行在证券交易所参与债券交易试点。

全国银行间同业拆借中心也开办了国债、政策性金融债等债券的回购业务,参与主体是银行间市场会员,主要是商业银行、保险公司、财务公司、证券投资基金等金融机构。

2)证券交易所债券质押式回购交易

(1)证券交易所质押式回购制度和回购品种

证券交易所质押式回购实行质押库制度。融资方应在回购申报前,通过交易所交易系统申报提交相应的债券作质押。按照中国结算公司的相关规定,用于质押的债券需要转移至专用的质押账户(即进入"质押库")。当日购买的债券,当日可用于质押券申报,并可进行相应的债券回购交易业务。质押券对应的标准券数量有剩余的,可以通过交易所交易系统将相应的质押券申报转回原证券账户。当日申报转回的债券,当日可以卖出。

交易所债券质押式回购实行标准券制度。标准券是由不同债券品种按相应折算率折算形成的回购融资额度。2008年，上海证券交易所规定国债、企业债、公司债等可参与回购的债券均可折成标准券，并可合并计算，不再区分国债回购和企业债回购。深圳证券交易所仍维持原状，规定国债、企业债折成的标准券不能合并计算，因此需要区分国债回购和企业债回购。2009年我国发行了一批地方政府债券，这些地方政府债券也可比照国债参与债券回购。

目前，上海证券交易所实行标准券制度的债券质押式回购分为1天、2天、3天、4天、7天、14天、28天、91天、182天9个品种。深圳证券交易所现有实行标准券制度的债券质押式回购有1天、2天、3天、4天、7天、14天、28天、63天、91天、182天、273天11个品种；实行标准券制度的质押式企业债回购有1天、2天、3天、7天4个品种。

（2）证券交易所债券质押式回购交易流程

证券公司营业部接受投资者的债券质押式回购交易委托时，应事先向投资者提交《债券回购交易风险提示书》，与投资者签订《债券质押式回购委托协议书》；应当要求投资者提交质押券，填写质押券提交申请表。

营业部应对投资者证券账户内可用于债券回购的标准券余额进行检查。标准券余额不足的，债券回购的申报无效。投资者进行回购交易时，应提交有效签署的债券回购交易申请表。营业部收到债券回购交易申请表后，有权对投资者的回购交易申请进行审查，并确定其债券回购交易的最大融资额度。审查无异议的，营业部应根据投资者申请的时间、品种、数量及价格等及时办理，并将办理结果及时通知投资者。

债券回购交易申报中，融资方按"买入"（B）予以申报，融券方按"卖出"（S）予以申报。成交后由中国结算公司根据成交记录和有关规则进行清算交收；到期反向成交时，无须再行申报，由交易所电脑系统自动产生一条反向成交记录，中国结算公司据此进行资金和债券的清算与交收。债券回购交易的融资方，应在回购期内保持质押券对应标准券足额。债券回购到期日，融资方可以通过交易所交易系统，将相应的质押券申报转回原证券账户，也可以申报继续用于债券回购交易。当日申报转回的债券，当日可以卖出。

（3）证券交易所质押式回购的申报要求

①报价方式。以每百元资金的到期年收益率进行报价。

②申报要求。沪、深证券交易所对申报单位、最小报价变动单位及申报数量的规定有所不同。《上海证券交易所债券交易实施细则》（2014年修订）规定，债券回购交易集中竞价时，其申报应当符合下列要求：申报单位为手，1 000元标准券为1手；计价单位为每百元资金到期年收益；申报价格最小变动单位为0.005元或其整数倍；申报数量为100手或其整数倍，单笔申报最大数量应当不超过1万手；申报价格限制按照交易规则的规定执行等。《深圳证券交易所债券交易实施细则》规定，债券回购交易的申报单位为张，100元标准券为1张；计价单位为"每百元资金到期年收益"；申报价格最小变动单位为0.001元；以10张或其整数倍进行申报；单笔申报最大数量不得超过100万张等。

3）全国银行间债券市场债券质押式回购交易的基本规则

全国银行间债券市场债券回购业务是指以商业银行等金融机构为主的机构投资者之间以询价方式进行的债券交易行为。《全国银行间债券市场债券交易管理办法》规定，全国银行间债券市场回购的债券是指经中国人民银行批准、可在全国银行间债券市场交易的政府债券、中央银行债券和金融债券等记账式债券。

中央国债登记结算有限责任公司（简称"中央结算公司"）为中国人民银行指定的办理债券的登记、托管与结算的机构。中国人民银行是全国银行间债券市场的主管部门。中国人民银行各分支机构对辖内金融机构的债券交易活动进行日常监督。

（1）全国银行间债券市场质押式回购参与者

①在中国境内具有法人资格的商业银行及其授权分支机构。

②在中国境内具有法人资格的非银行金融机构和非金融机构。

③经中国人民银行批准经营人民币业务的外国银行分行。

这些机构进入全国银行间债券市场，应签署《全国银行间债券市场债券回购主协议》。除签订回购主协议外，回购双方进行回购交易应逐笔订立回购成交合同。回购成交合同与债券回购主协议共同构成回购交易完整的回购合同。

（2）全国银行间债券市场质押式回购成交合同

回购成交合同是回购双方就回购交易所达成的协议。回购成交合同应采用书面形式，内容由回购双方约定。

回购双方需在中央结算公司办理债券的质押登记。质押登记是指中央结算公司按照回购双方通过中央债券簿记系统发送并相匹配的回购结算指令，在融资方债券托管账户将回购成交合同指定的债券进行冻结的行为。以债券为质押进行回购交易，应办理质押登记。回购合同在办理质押登记后生效。合同一经成立，交易双方应全面履行合同规定的义务，不得擅自变更或解除合同。

（3）全国银行间市场质押式回购交易品种及交易单位

全国银行间同业拆借中心根据中央结算公司提供的交易券种要素，公告交易券种的挂牌日、摘牌日和交易的起止日期。2002年发布的《全国银行间债券市场债券交易规则》第6条规定，全国银行间债券市场回购期限最短为1天，最长为1年。参与者可在此区间内自由选择回购期限，回购到期时参与者必须按规定办理资金与债券的反向交割，不得展期。

全国银行间债券市场回购交易数额最小为债券面额10万元，交易单位为债券面额1万元。回购利率由交易双方自行确定。回购期间，交易双方不得动用质押的债券。回购到期应按照合同约定全额返还回购项下的资金，并解除质押关系。

（4）全国银行间债券市场质押式回购询价交易方式

全国银行间债券市场债券交易以询价方式进行，自主谈判，逐笔成交。债券交易采用询价交易方式，包括自主报价、格式化询价、确认成交3个交易步骤。回购交易成交后，最后一个步骤是成交双方办理债券和资金的结算。

①自主报价。参与者的自主报价分为两类：公开报价和对话报价。公开报价是指参与者为表明自身交易意向而面向市场做出的、不可直接确认成交的报价。对话报价是指参与者为达成交易而直接向交易对手方做出的、对手方确认即可成交的报价。

公开报价还可进一步分为单边报价和双边报价两类。单边报价是指参与者为表明自身对资金或债券的供给或需求而面向市场做出的公开报价。双边报价是指经批准的参与者在进行现券买卖公开报价时,在中国人民银行核定的债券买卖价差范围内连续报出该券种的买卖实价,并可同时报出该券种的买卖数量、清算速度等交易要素。进行双边报价的参与者有义务在报价的合理范围内与对手方达成交易。

②格式化询价。格式化询价是指参与者必须按照交易系统规定的格式内容填报自己的交易意向。未按规定做的报价为无效报价。

③确认成交。确认成交须经过"对话报价—确认"的过程,即一方发送的对话报价,由对手方确认后成交,交易系统及时反馈成交。交易成交前,进入对话报价的双方可在规定的次数内轮流向对手方报价。超过规定的次数仍未成交的对话,必须进入另一次询价过程。参与者在确认交易成交前可对报价内容进行修改或撤销。交易一经确认成交,则参与者不得擅自进行修改或撤销。

7.4.2 债券买断式回购交易

1)债券买断式回购交易的含义

所谓债券买断式回购交易(亦称"开放式回购",简称"买断式回购"),是指债券持有人(正回购方)将一笔债券卖给债券购买方(逆回购方)的同时,交易双方约定在未来某一日期,再由卖方(正回购方)以约定价格从买方(逆回购方)购回相等数量同种债券的交易行为。

买断式回购与前述质押式回购业务(亦称"封闭式回购")的区别在于:在买断式回购的初始交易中,债券持有人将债券"卖"给逆回购方,所有权转移至逆回购方;而在质押式回购的初始交易中,债券所有权并不转移,逆回购方只享有质权。由于所有权发生转移,因此买断式回购的逆回购方可以自由支配买入债券,如出售或用于回购质押等,只要在协议期满能够有相等数量同种债券返售给债券持有人即可。

买断式回购的这一特性对完善市场功能具有重要意义,主要表现在:

①有利于降低利率风险,合理确定债券和资金的价格。买断式回购使大量的债券不再像质押式回购那样被冻结,保证了市场上可供交易的债券量,缓解了债券供求矛盾,从而提高了债券市场的流动性,有利于合理地确定债券和资金的价格。

②有利于金融市场的流动性管理。债券资产在商业银行、保险公司以及证券公司和基金公司等金融机构的资产结构中占有相当重要的地位,而债券回购业务是其调整头寸、进行资金管理的重要工具。这些机构的资产流动性管理始终贯穿于其经营管理的全过程,也是体现其经营管理水平的重要标志。买断式回购可以使大量回购债券不被冻结,突破了质押式回购在流动性管理方面存在的隐患和桎梏,提高了债券的利用效率,可以满足金融市场流动性管理的需要。

③有利于债券交易方式的创新。买断式回购使交易双方处于对称的地位。对正回购方而言,由于回购协议具有较低的利率和较低的保证金要求,因此正回购方可以利用融入的资金建立一个具有杠杆作用的证券远期多头。对于逆回购方来说,不仅可以防止因为正回购方到期拒付资金而给逆回购方带来损失,而且逆回购方还可以利用回购"买断"的债券进行相应的规避利率风险和套利的操作。如果将买断式回购、现券买卖、质押式回购以及其他远

期交易新品种等金融工具配合操作,可以组合产生一系列新的交易方式,满足投资者债券结构调整、规避利率风险等要求。

不过,由于我国利率市场化程度不高、参与主体同质性较强、税收和会计政策等原因,相对于质押式回购,买断式回购交易并不活跃。

2)全国银行间债券市场买断式回购交易

(1)全国银行间债券市场买断式回购的有关规则

市场参与者进行买断式回购应签订买断式回购主协议,该主协议须具有履约保证条款,以保证买断式回购合同的切实履行。

市场参与者进行每笔买断式回购还应订立书面形式的合同。其书面形式包括全国银行间同业拆借中心(以下简称"同业中心")交易系统生成的成交单,或者合同书、信件和数据电文等形式。买断式回购主协议和上述书面形式的合同构成买断式回购的完整合同。

全国银行间债券市场买断式回购的期限由交易双方确定,但最长不得超过 91 天。买断式回购期间,交易双方不得换券、现金交割和提前赎回。

全国银行间债券市场买断式回购以净价交易,全价结算。买断式回购的首期交易净价、到期交易净价和回购债券数量由交易双方确定,但到期交易净价加债券在回购期间的新增应计利息应大于首期交易净价。

(2)全国银行间债券市场买断式回购的风险控制

全国银行间市场对买断式回购采取了如下风险控制措施:

①保证金或保证券制度。买断式交易双方都面临承担对手方不履约的风险。如正回购方(融资方)到期不返还款项,则逆回购方需要变卖此前从正回购方收到的债券,但变卖款可能不足额;如逆回购方到期不归还债券,则正回购方须动用款项补购债券,但款项金额可能不足。对于此类违约风险,全国银行间债券市场规定交易双方可以协商设定保证金或保证券。设定保证券时,回购期间保证券应在交易双方中的提供方托管账户冻结。保证金或保证券在一定程度上可以弥补交易对手方违约所带来的损失。

②仓位限制。全国银行间债券市场规定进行买断式回购,任何一家市场参与者单只券种的待返售债券余额应小于该只债券流通量的 20%,任何一家市场参与者待返售债券总余额应小于其在中央结算公司托管的自营债券总额的 200%。同业中心和中央结算公司每日向市场披露上一交易日单只券种买断式回购待返售债券总余额占该券种流通量的比例等买断式回购业务信息。这些规定有利于防范承担返售债券义务的正回购方被迫高价买券或违约的风险,有利于维护债券市场的正常秩序。

7.4.3 债券回购交易的清算与交收

1)证券交易所质押式回购的清算与交收

证券交易所实行标准券制度的质押式回购的清算交收,按照中国结算公司的《债券登记、托管与结算业务实施细则》办理清算交收。

（1）初始清算交收

在回购交易日，中国结算公司于当日收市后根据结算备付金账户分户相关规定，按成交金额将结算参与人当日回购成交应收、应付资金数据，与当日其他应收、应付资金数据合并清算，轧差计算出结算参与人净应收或净应付资金余额。结算参与人客户或自营结算备付金账户净应付款的，结算参与人应当按照规定履行资金交收义务。

（2）到期清算交收

回购交易到期清算日收市后，中国结算公司按到期购回金额将到期购回的应收、应付资金数据，与其到期清算当日其他应收、应付资金数据合并清算，轧差计算出结算参与人净应收或净应付资金余额。

到期购回金额 = 购回价格 × 成交金额 ÷ 100

购回价格 = 100 + 成交年收益率 × 100 × 回购天数 ÷ 360

结算参与人客户或自营结算备付金账户净应付款的，应当按照规定履行资金交收义务。

2）全国银行间债券市场回购的清算与交收

全国银行间同业拆借中心为参与者的报价、交易提供中介及信息服务，中央结算公司为参与者提供托管、结算和信息服务。参与债券回购业务的金融机构应在中央结算公司开立债券托管账户，并将持有的债券托管于其账户。债券交易的债券结算通过中央结算公司的中央债券簿记系统进行。债券交易的资金结算以转账方式进行。商业银行应通过其准备金存款账户和人民银行资金划拨清算系统进行债券交易的资金结算，商业银行与其他参与者之间、其他参与者相互之间债券交易的资金结算途径由双方自行商定。

债券回购双方可以选择的交收方式包括见券付款、券款对付和见款付券 3 种。具体方式由交易双方协商选择。

见券付款指在首次交收日完成债券质押登记后，逆回购方按合同约定将资金划至正回购方指定账户的交收方式。券款对付指中央结算公司和债券交易的资金清算银行根据回购双方发送的债券和资金结算指令，于交收日确认双方已准备用于交收的足额债券和资金后，同时完成债券质押登记（或解除债券质押关系手续）与资金划账的交收方式。见款付券指在到期交收日正回购方按合同约定将资金划至逆回购方指定账户后，双方解除债券质押关系的交收方式。交易双方应按合同约定及时发送债券和资金的交收指令，在约定交收日应有足额的用于交收的债券和资金，不得买空或卖空。

全国银行间债券市场回购期限是首次交收日至到期交收日的实际天数，以天为单位，含首次交收日，不含到期交收日。回购利率是正回购方支付给逆回购方在回购期间融入资金的利息与融入资金的比例，以年利率表示。计算利息的基础天数为 365 天。

资金清算额分首次资金清算额和到期资金清算额。到期资金清算额 = 首次资金清算额 ×（1 + 回购利率 × 回购期限 ÷ 365）。中央结算公司应定期向中国人民银行报告债券托管和结算有关情况，及时为参与者提供债券托管、债券结算、本息兑付和账务查询等服务；应建立严格的内部稽核制度，对债券账务数据的真实性、准确性和完整性负责，并为账户所有人保密。

3）证券交易所买断式回购的清算与交收

上海证券交易所于 2005 年 12 月推出了买断式回购品种。买断式回购采用"一次成交、两次结算"的方式。两次结算包括初始结算与到期结算。初始结算由中国结算公司上海分公司作为共同对手方担保交收。到期结算由中国结算公司上海分公司组织融资方结算参与人和融券方结算参与人双方采用逐笔方式交收。此时,中国结算公司上海分公司不作为共同对手方,不提供交收担保。

结算参与人应当开立资金交收账户(即结算备付金账户)和证券交收账户,用于买断式回购初始结算资金和证券交收。结算参与人证券交收账户与资金交收账户存在一一对应关系。另外,中国结算公司在结算系统中分别设立资金及证券集中交收账户,用于完成与结算参与人资金和证券的交收。此外,中国结算公司还以结算系统名义,开立交收担保品证券账户和专用待清偿证券账户,分别用于核算和存放结算参与人提交或中国结算公司上海分公司暂扣的交收担保品、交收透支后的待处分证券。

国债买断式回购初始结算实行中国结算公司上海分公司与结算参与人之间的货银对付制度。在买断式回购初始结算的交收日,融资方结算参与人与融券方结算参与人均需按规定缴纳履约金。履约金比率由交易所按照买断式回购品种设定并公布。如有调整,调整后的比率适用于调整日后的交易,已发生交易的履约金不追溯调整。结算参与人应缴纳的履约金并入结算参与人当日清算净额在资金交收账户中交收。中国结算公司上海分公司按金融同业存款利率对履约金计付利息。在收到结算参与人缴纳的履约金后,中国结算公司上海分公司立即对履约金单列专户代为保管,直至买断式回购交易到期结算完成。

◆本章小结

1. 证券上市是指上市公司的有价证券在证券交易所自由、公开地买卖。换言之,证券上市是指证券交易所承认并接纳其证券在交易所市场上交易。

2. 证券交易市场是对已经发行证券进行转让、买卖的场所,因此它又被称为证券流通市场、二级市场或证券次级市场。

3. 证券发行市场与证券流通市场是相对应的市场,在这一市场中,资金拥有者可随时购进所需要的已发证券,以实现投资获利的目的,同时证券的持有者可随时出售所持有的证券,以获得所需资金。因此,证券流通市场的存在为投资者提供了灵活方便的变现场所,也极大地方便了证券发行市场的证券发行。

4. 证券交易方式可以按照不同的角度来认识。根据交易合约的签订与实际交割之间的关系,证券交易的方式有现货交易、远期交易和期货交易。在短期资金市场,结合现货交易和远期交易的特点,存在着债券的回购交易。如果投资者买卖证券时允许向经纪商融资或融券,则发生信用交易。

5. 目前,我国证券交易所采用两种竞价方式:集合竞价方式和连续竞价方式。

◆综合练习与训练

一、名词解释

证券交易　交易单元　证券账户　证券托管　集合竞价　连续竞价

二、简答题

1. 简述股票交易的竞价原则。

2. 如何理解证券交易市场与发行市场的关系？

3. 证券交易市场的类型有哪些？

4. 结合实际说明证券上市的利与弊。

三、计算题

某股票当日在集合竞价时买卖申报价格和数量情况如表 7.1 所示,该股票上日收盘价为 10.13 元。该股票在上海证券交易所的当日开盘价及成交量分别是多少？ 如果是在深、沪证券交易所,当日开盘价及成交量分别是多少？

表 7.1　某股票某日在集合竞价时买卖申报价格和数量

买入数量	价格/元	卖出数量/手
—	10.50	100
—	10.40	200
150	10.30	300
150	10.20	500
200	10.10	200
300	10.00	100
500	9.90	—
600	9.80	—
300	9.70	—

第8章

证券价格与价格指数

◆ **学习目标**

1. 了解债券价格的种类及影响债券价格的因素；
2. 掌握影响股票价格的基本因素；
3. 掌握股票价格指数的含义；
4. 掌握股票价格指数的几种计算方法；
5. 了解世界主要股价指数及其特点；
6. 了解中国现行股价指数的种类；
7. 了解中国现行债券指数和基金指数。

◆ **创设情境**

巴菲特于2004年投资1亿美元，购买韩国股票，结果获得高收益。

巴菲特是阅读花旗集团在韩国收集并向一些顾客提供的参考资料后，选定了所要购买的股票。

韩国股市在2005年之前的市盈率只有7倍左右（当时中国股市的市盈率为25倍左右），几乎是周边市场中最低的。巴菲特果然没有看错，2005年韩国股市整体大涨50%，拉动MSCI亚太市场指数（MSCIAP）全年上扬21%。巴菲特最终获得暴利。

市盈率又称股份收益比率或本益比，是股票市价与其每股收益的比值，计算公式是：市盈率＝当前每股市场价格/每股税后利润。由于市盈率把股票市价与盈利能力联系起来，其水平的高低能够一定程度上影响投资者的行为。

例如，两只股票股价同为100元，其每股收益分别为10元和5元，则其市盈率分别是10倍和20倍。若企业未来盈利能力不变，投资者要从企业盈利中收回投资，前者只需后者的一半时间。如果现在两只市盈率相同的股票，看其投资价值，则要看其预期未来的利润增长速度，成长性较高的品种其未来相同时间内的收益会更多。

另外，市盈率还应与其他指标联系起来，而不是单纯地看它数值的大小。如市盈率受到基准利率的影响，一般认为基准利率较高，市盈率会偏低，成负相关的关系。市盈率还与股本挂钩，在美国，小盘股的平均市盈率高于大盘股平均市盈率的好几倍。因此对市盈率偏高或偏低的判断需要综合各种因素,而不是认为数值小就是市盈率偏低,投资价值就大。有对市盈率持否定态度的西方学者甚至认为:"市盈率10倍太高,1 000倍却太低"。([美]肯尼斯·L. 费希尔,2000)

市盈率的确能从一方面反映股票的投资价值,但单纯从市盈率去决定你的投资行为,是非常不理智的。

巴菲特擅长于长期投资,他说:"如果你没有持有一种股票10年的准备,那么连10分钟都不要持有这种股票"。我们无须研究这句话,但却需要仔细地研究我们需要投资的股票,它的种种内在指标,它的未来成长性等。

思考:谈谈你对上述分析的看法。

8.1　证券价格

有价证券的价格主要取决于证券预期的收入量和当时银行存款利息率两个因素,它同前者成正比,同后者成反比。同时,证券价格又强烈地受到市场上证券供求关系的影响。证券价格的升降变动是证券市场的"指示器"和"晴雨表"。

证券价格机制则是构成证券市场的中枢机制。

8.1.1　债券的价格及其决定

1)债券的理论价格

债券价格是未来各期债券的利息收入与某年后出售(兑付)债券所得收入的现值之和。

根据现值(贴现)公式:$P = F \cdot \dfrac{1}{(1+i)^n}$,可将债券的理论价格用公式表示为:

$$P = \frac{C_1}{1+i} + \frac{C_2}{(1+i)^2} + \frac{C_3}{(1+i)^3} + \cdots + \frac{C_n}{(1+i)^n} + \frac{S}{(1+i)^{n+1}} = \sum_{t=1}^{n} \frac{C_t}{(1+i)^t} + \frac{S}{(1+i)^{n+1}}$$

式中　F——债券本息和;

　　　P——债券价格;

　　　C_t——第 t 期可以预期得到的债券利息收入;

　　　i——债券持有人要求得到的实际收益率(或称折现率);

　　　S——第 $n+1$ 期出售债券的预期收入。

2)债券的发行价格

债券发行价格一般分为平价发行、溢价发行和折价发行3种情况,下面分别介绍对不同种类债券发行价格的计算公式。

（1）附息票债券发行价格的计算（单利）

附息票债券发行价格公式（单利）是通过债券单利收益率计算公式推导得来的，其公式为：

$$债券发行价格 = \frac{1 + （票面利率 \times 偿还年限）}{1 + （年收益率 \times 偿还年限）} \times 面值$$

上式中，当票面利率低于年收益率时，为折价发行；二者相等时，为平价发行；前者大于后者时，则为溢价发行。

（2）附息票债券发行价格的计算（复利）

用复利计算法确定债券发行价格，是考虑了利息再投资的因素，用以下公式即可求得债券的发行价格：

$$发行价格 = \frac{N + C \cdot (1 + N)^n - C}{N \cdot (1 + N)^n} \times 票面价格$$

式中　N——债券收益率；

　　　C——债券的票面利率；

　　　n——债券的偿还期限。

（3）贴现债券的发行价格

由于贴现债券不支付年利息，因此同附息票债券价格的计算方法略有不同。一般情况下，1 年以内的贴现债券用单利计算，超过 1 年的贴现债券则用复利计算。

①1 年以内的贴现债券发行价格的计算方法（以日本为例）。

已知年贴现率求发行价格，其单利计算公式为：

$$发行价格 = 票面金额 - 票面金额 \times 年贴现率 \times \frac{期限（含头尾两天）}{365}$$

已知收益率求发行价格，其计算公式为：

$$发行价格 = \frac{票面价格}{1 + 年收益率 \times \dfrac{期限（计算一头）}{365}}$$

②1 年以上贴现债券发行价格的计算方法。

1 年以上的贴现债券通常采用复利计算，其计算公式为：

$$发行价格 = \frac{票面价格}{(1 + 年收益率)^{年限}}$$

3）债券的转让价格

（1）附息票债券转让价格的计算

在债券价格与收益计算中，对三方面的因素，即债券的利息收入、资本损益和利息再投资因素都加以考虑而计算的价格或收益率，称为复利计算法。附息票债券转让价格的复利计算方法是：

设　r——复利到期收益率；

　　C——年利息（年利率 $\times$ 面额）；

　　P——购买价格（投资本金）；

m——每年付息次数；

n——距到期年数；

R——偿还价格（面额）。

当 $m=1$ 时（即当债券每年付息一次），假如以价格 P 买入某种债券后按复利方式计算，则：

$$P_1 = P + P \cdot r = P \cdot (1+r)$$

2 年后债券的价值为：

$$P_2 = P_1 + P_1 \cdot r = P_1 \cdot (1+r) = P \cdot (1+r)^2$$

n 年后债券的价值为：

$$P_n = P \cdot (1+r)^n \tag{1}$$

再假如该债券的年利息为 C，以复利方式计算，则 1 年后可得利息 C；2 年后可得利息：$C + C \cdot (1+r)$；3 年后可得利息：$C + C \cdot (1+r) + C \cdot (1+r)^2$；$n$ 年后可得利息：$C + C \cdot (1+r) + C \cdot (1+r)^2 + \cdots + C \cdot (1+r)^{n-1}$。

因此，当 n 年后偿还债券时，该债券的价值应为利息与面额之和，即：

$$P_n = C \cdot (1+r)^{n-1} + C \cdot (1+r)^{n-2} + \cdots + C + R = \frac{C}{r} \cdot [(1+r)^n - 1] + R \tag{2}$$

由(1)式和(2)式可得：

$$P \cdot (1+r)^n = \frac{C}{r} \cdot [(1+r)^n - 1] + R$$

由此可得债券市场价格公式：

$$P = \frac{C}{r} \cdot \left[\frac{(1+r)^n - 1}{(1+r)^n} \right] + \frac{R}{(1+r)^n}$$

当 $m=2$ 时（即当债券每年付息两次时），美国计算方式和欧洲计算方式不同。美国计算公式为：

$$P = \frac{C}{r} \cdot \left[\frac{\left(1+\dfrac{r}{2}\right)^{2n} - 1}{\left(1+\dfrac{r}{2}\right)^{2n}} \right] + \frac{R}{\left(1+\dfrac{r}{2}\right)^{2n}}$$

欧洲计算公式为：

$$P = \frac{C}{2(\sqrt{1+r}-1)} \cdot \left[\frac{(1+r)^n - 1}{(1+r)^n} \right] + \frac{R}{(1+r)^n}$$

(2) 贴现债券转让价格的计算

①美国方式的计算公式如下：

$$市场价格 = 面额 - \left(\frac{距到期天数}{360} \times 年贴现率 \right) \times 面额$$

②日本方式的计算公式如下：

$$购买价格 = \frac{偿还价格}{(1+年收益率)^{剩余年数}}$$

$$卖出价格 = 购买价格 + 购买价格 \times 持有期间收益率 \times 持有年限$$

③一次还本付息债券转让价格的计算：

当前我国的可转让债券中,除有极少数附息票债券和贴现债券外,绝大部分为到期一次还本付息的债券,如国库券、重点建设债券、国家建设债券以及大多数金融债券和地方企业债券等。这类债券实质上应属于贴现债券,因此在计算这类债券的转让价格时,应选用变通形式的贴现债券,转让价格的计算公式如下:

$$市场价格 = \frac{面额 + 利息总额}{(1 + 到期收益率)^{待偿年数}}$$

并按实际天数计算利息。

【例 8.1】10 张面额 10 元的 1985 年国债券,票面年利率 9%,期限 5 年(1990 年 7 月 1 日到期),到期一次还本付息,持券人于 1988 年 6 月 19 日将其卖出时,若向购券人提供 15% 的复利到期收益率,卖出价格应为多少?

距到期日还有 2 年零 12 天,则:

$$卖出价格 = \frac{10 \times 10 + 10 \times 10 \times 9\% \times 5}{(1 + 15\%)^{2\frac{12}{365}}} = 109.14(元)$$

4)影响债券行市的主要因素

债券行市是随着债券市场的供需状况不断变化的,因此,市场的供求关系对债券价格的变动有着直接的影响。当市场上的债券供过于求时,债券价格必然下跌;反之,债券价格则上涨。影响债券供求关系,从而引起债券行市变动的因素较多,除政治、战争、自然灾害等因素外,还有以下几方面的因素:

(1)利率

货币市场利率的高低与债券价格的涨跌有密切关系。当货币市场利率上升时,信贷紧缩,用于债券的投资减少,于是债券价格下跌;当货币市场利率下降时,信贷放松,可能流入债券市场的资金增多,投资需求增加,于是债券价格上涨。

(2)经济发展情况

经济发展情况的好坏,对债券市场行情有较大的影响。当经济发展呈上升趋势时,生产对资金的需求量较大,于是市场利率上升,债券价格下跌;当经济发展不景气、生产过剩时,生产企业对资金的需求急剧下降,于是市场利率下降,资金纷纷转向债券投资,债券价格也随之上涨。

(3)物价

物价的涨跌会引起债券价格的变动。当物价上涨的速度较快时,人们出于保值的目的,纷纷将资金投资于房地产或其他可以保值的物品,债券供过于求,从而会引起债券价格的下跌。

(4)中央银行的公开市场操作

中央银行具有宏观调控的重要功能,为调节货币供应量,通常在信用扩张时向市场抛售债券,这时债券价格就会下跌;而当信用萎缩时,中央银行又从市场上买进债券,这时债券价格则会上涨。

(5)新发债券的发行量

当新发债券的发行量超过一定限度时,会打破债券市场供求的平衡,使债券价格下跌。

（6）投机操纵

在债券交易中进行人为的投机操纵，会造成债券行情的较大变动，特别是在初建证券市场的国家，由于市场规模较小，人们对于债券投资还缺乏正确的认识，加之法规不够健全，因而使一些非法投机者有机可乘，以哄抬或压低价格的方式造成市场供求关系的变化，影响债券价格的涨跌，从而达到自己的目的。

（7）汇率

汇率的变动对债券市场行情的影响很大。当某种外汇升值时，就会吸引投资者购买以该种外汇标值的债券，使债券价格上涨；反之，当某种外汇贬值时，人们纷纷抛出以该种外汇标值的债券，债券价格就会下跌。

8.1.2　股票的价格及其决定

1）股票的价格及其本质

股票是一种虚拟资本，它本身没有价值，仅仅是一种凭证。它之所以有价格，是因为它具有能给持有者带来股息收入的性质。因此，买卖股票实际上就是购买或转让一种领取股息收入的凭证。

股票价格，从广义上讲，包括股票的发行价格和股票的交易价格；而狭义的股票价格，则更多的是指股票的交易价格，即股票行市。股票价格不是由人们的主观意志决定的，而是根据时常变动的供求关系形成的。我们说，股票是一种虚拟的资本商品，是因为它有三大特征：第一，股票作为一种虚拟的资本商品，其产生过程存在着风险。第二，股票作为虚拟的资本商品，其风险可以通过流通而转移。第三，股票作为虚拟的资本商品，在其风险转移的过程中会出现投机。由于股票的增值受多种因素制约，股票价格受多种因素影响，以及人们对股票的增值判断是依据他们各自对预期收入、风险大小的判断，于是出现了股票的投机。可以说，股票是最具有商品拜物教性质和投机性质的虚拟资本商品。总之，在"风险""流动""投机"三大特征中，"风险"是股票作为虚拟的资本商品的基本属性。

2）股票价格的种类

（1）股票的理论价格

股票代表的是持有者的股东权。这种股东权的直接经济利益，表现为股息、红利收入。股票的理论价格，就是为获得这种股息、红利收入的请求权而付出的代价，是股息资本化的表现。

股票的理论价格与预期股息收益的大小成正比，而与市场利率成反比。其公式可表示为：

$$股票理论价格 = \frac{预期股息收益}{市场利率}$$

（2）股票的票面价格

股票的票面价格又称股票的面额，是股份公司在发行股票时所标明的每股股票的票面金额。它表明每股股票对公司总资本所占的比例,以及该股票持有者在股利分配时所应占有的份额。股票的票面价格是确定股票发行价格的重要参考依据,也可防止那些同公司内部人员有联系的投资者以较低的价格获取新股票,同时又是新股票投资者投资的参与依据。通常,股票票面价格的高低主要取决于公司的筹资总额、公司发行股票的股数、原公司股票的票面价格等因素。

(3)股票的发行价格

股票的发行价格是指股份公司在发行股票时的出售价格。根据不同公司和发行市场的不同情况,股票的发行价格也各不相同,主要有面额发行、设定价格发行、折价发行和溢价发行4种情况。

股票虽然有许多种发行价格,但在一般情况下,同一种股票只能有一种发行价格。股票发行过程中究竟采用哪一种价格,主要取决于股票的票面形式、公司法的有关规定、公司状况及其他有关因素。

(4)股票的账面价格

股票的账面价格也称为股票的净值,是证券分析家和其他专业人员所使用的一个概念。它的含义是指股东持有的每一股份在账面上所代表的公司财产价值,它等于公司总资产与全部负债之差同总股数的比值。股票的账面价格与市场价格并不一致,一般成长股票其市场价格往往要高于其账面价格,但对于收益率取决于公司资产净值总额的股票,其账面价格和市场价格的变动却具有一致性。股票账面价格的变动主要取决于资产总额的数量、负债总额的数量等多项因素。

(5)股票的清算价格

股票的清算价格是指公司清算时,每股股票所代表的真实价格。从理论上讲,股票的清算价格是公司清算时的资产净值与公司股票股数的比值。但实际上由于清算费用、资产出售价格等原因,股票的清算价格不等于这一比值。通常,股票的清算价格主要取决于股票的账面价格、资产出售损益、清算费用的高低等因素。

3)影响股票价格的因素

股票市场价格的形成依据是理论价格,但因为受到诸多因素的影响,股票行市经常产生波动。影响股票行市的因素很多,从性质上讲,可归结为两大类:一是基本因素;二是技术因素。所谓基本因素是指市场以外的各种因素;而技术因素是指股票市场内可影响股价的各种操作。股市的主要运动或长期趋势是由基本因素决定的(如经济周期),而技术因素则会引起股价的短期波动。

(1)影响股票价格的基本因素

①经济因素。经济因素是影响股价的最基本的因素,它包括宏观经济因素、中观经济因素和微观经济因素。

宏观经济因素是指宏观经济环境的优劣对股价的影响,既包括商业周期波动这种单纯的经济因素,也包括政府经济政策及特定的财政金融行为等混合因素,如经济周期、财政收支状况、利率水平高低、货币政策、税收政策、物价水平等都会影响股价的变动。再如主要社会指标的变动,即国民生产总值、经济增长率、工农业生产指数等指标是对国民经济总体状况的反映,无疑会影响股票的行市。

中观经济因素指某一行业的经济状况对股票价格的影响,又称行业因素,主要包括行业生命周期、行业经济波动等因素。

微观经济因素对股票价格的影响主要包括:股票发行公司的盈利水平、公司的股利派发政策、股份分割和无偿增发新股、公司资产质量等。

②政治因素。政治因素是指能够影响股票价格的政治事件以及政府的政策措施,如政局稳定对股市有良好影响,相反,政局不稳是导致股市下跌的重要因素。此外,战争、劳资纠纷等都将对股价产生影响。

③其他因素。如自然灾害一旦发生,生产设备受到破坏,生产处于停顿,就会使股价下降;反之,当进入复兴阶段时,由于复兴需要大量投资,会使社会需求增加,从而使股价上升。

(2)影响股票价格的技术因素

技术因素即指市场的操作因素,它们的产生主要是投机活动的结果。由于投机活动的主要目的是获取短期收益,因此,技术因素一般只能影响股市的短期波动,而很少能对市场的长期波动趋势产生影响。

①人为的投资操作:一些投资者为获取暴利,采取不正当手段来左右股票价格,其主要表现有:转账、轮作、哄抬、轧空、公司操纵、串谋等。

②买空、卖空及大户购买。

(3)信用交易因素

信用交易使投机者可以通过大规模借入资金来购买股票或者借入股票做大宗卖出,这种情况使股价的长期波动又多了一个重要影响因素。因为信用交易除了受利率因素影响外还受交易保证金比例的影响,而交易保证金比例会对股价产生重大影响。更严格地说,是利率和保证金的综合效应对股价产生了影响。

(4)证券管理部门的限制规定

证券管理部门如果发现某些股价波动是由过度投机因素造成的,为了稳定股价,保证证券交易的秩序性及经济公平性,可以采取一些措施,如提高保证金比例或降低抵押证券的抵押率、规定信用交易贷款余额等。

8.1.3 股票投资价值的评价方法

在股票市场上,投资者必须先对各种股票的市场价格进行分析和评价,然后才能决定其投资行为。对股票市场价格进行评价的主要方法有以下几种:

1)每股净值法

许多稳健的投资者在进行股票投资时,常分析股票的每股净值,即分析每一股股票所代表的公司的净资产有多少。股票的每股净值是从公司的财务报表中计算出来的。每股净值的计算,通常是用公司的资本总额减去公司的负债总额,得到资产净值总额,再除以普通股股数,即得每股净值。其计算公式为:

$$股票每股净值 = \frac{资产总额 - 负债总额}{普通股股数} = \frac{股东权益}{普通股股数}$$

由于净资产总额是属于股东全体所有的,因此也称为股东权益。为了充分衡量股价的合理性,一般以每股净值的倍数作为衡量的指标。其计算公式为:

$$股价净资产倍率 = \frac{股票市价}{每股净资产}$$

股票市价是指在股票流通市场上,每种股票的现时交易价格。这个公式表明股票市价是股票净资产的倍数。倍数越高,表示投资价值越低;倍数越低,则表示投资价值越高。投资者一般把净资产倍率高的股票卖出,而买进净资产倍率低的股票。同时,投资者也可以计算上市股票的平均净资产倍率,对各个不同时期的平均净资产倍率进行比较,以判断现今股票市场价格是处于较高或较低的水平,从而决定是卖出或买进所持股票。因此,平均净资产倍率是分析股票市场股价水平的重要指标,而某种股票的净资产倍率则能反映此种股票的投资价值的高低。

2)每股盈余法

这是表示每一普通股所能获得的纯收益为多少的方法。其计算公式为:

$$每股盈余 = \frac{税后利润 - 特别股股利}{普通股股数}$$

为什么要计算每股盈余呢? 这是因为,仅仅用收益指标还不能判断两家公司股票到底哪一个能派发出更多的股息。假定在某一会计年度内,甲公司的税后利润为 500 万元,股本总额为 5 000 万元。乙公司的税后利润为 100 万元,股本总额为 500 万元。从总收益指标来看,当然是甲公司税后利润高,效益好。然而,这个结论并不一定正确。假如两家公司都决定用 50% 的税后利润派发股息,则:

甲公司每股股票所获股息为:

$$(500 \times 50\%) \div 5\ 000 = 0.05(元/股)$$

乙公司每股股票所获股息为:

$$(100 \times 50\%) \div 500 = 0.1(元/股)$$

因此,尽管甲公司的总收益比乙公司的总收益高几倍,但甲公司每股股票所能获取的收益,比乙公司每股股票所能获取的收益要低。因此,甲公司的股票价格要比乙公司的股票价格低得多。

利用每股盈余衡量普通股价值的方法有以下几种:

①将每股盈余与市盈率相乘,即为普通股的价格,这种方法简单方便。这里的市盈率指的是股票市场上的平均市盈率。如果以此方法计算出来的价格比此种股票的交易价格低,则卖出;反之,则买进。

②将上市公司股票的每股盈余与同行业其他公司的每股盈余相比较,若该公司每股盈余高,则表示其获利能力比其他公司更好。

③比较上市公司前后数年的每股盈余,如逐年增加,表示其获利能力在不断增加,则公司股票成长性较好,股价可能会不断上升;反之,则公司股票成长性下降,股价可能会不断下降。

每股盈余的多少,可以反映上市公司获利能力的高低。因此,每股盈余和上市公司股价关系密切,如能准确预测上市公司每股盈余,可以帮助投资者选择股票,获取较好的投资报酬。

3)市盈率法

市盈率表示投资者为获取每1元的盈余,必须付出多少代价,也称投资回报年数,即现在付出的投资代价,需要经过多少年才能收回。其计算公式为:

$$市盈率 = \frac{股票市价}{每股盈余}$$

一般而言,市盈率越低越好。市盈率越低,表示投资价值越高。影响股票市盈率变化的因素有以下几个方面:

①预期上市公司获利能力的高低。如预期获利能力高,虽然上市公司目前市盈率较高,也值得投资。因为其市盈率会随获利能力的提高而不断下降。

②分析公司的成长能力。上市公司的成长能力越强,成长的可能性越大,则投资者就越愿意付出较高的代价,以换取未来的成长利益。

③投资者所获报酬率的稳定性。报酬率不稳定,表示投资风险高,市盈率则也相应提高。

④当利率水平变化时,市盈率也应该作相应调整。在实务操作中,常用1年期银行存款利率,作为衡量市盈率是否合理的标准。如1年期银行存款利率为10%,则合理的市盈率可为10。而当利率上升到12.5%时,则合理的市盈率应降低到8。如利率下降到8%,则合理的市盈率则会上升到12.5。市盈率一直是投资者进行中长期投资的选股指标。仔细研究上市公司的市盈率,会给投资者带来丰厚的投资报酬。

8.2 股票价格指数

8.2.1 股票价格指数概述

1)股票价格指数的含义

股票价格指数是用来表示多种股票平均价格水平及其变动情况以衡量股市行情的指标,简称股价指数。若A日的股价指数大于(或小于)B日的股价指数,就称A日股票市场相对B日上涨(或下跌)了。股价指数除了天然具有反映股票市场平均股价走势这一告示功能外,它还是股市人气聚散的征兆,揭示大户试图造市的动向,体现多空双方实力和心态。不仅如此,股价指数与国民经济运行紧密相关,是国民经济的"晴雨表"。它可以反映经济周期所处阶段,证券市场与借贷市场的关系,利率、汇率等经济指标是否适度等。

按照股市涵盖股票数量和类别的不同,可以把指数分为综合指数、成分指数和分类指数

3 类。综合指数是指在计算股价指数时将某个交易所上市的所有股票市价升跌都计算在内的指数,如纽约证交所综合指数、我国的上证综合指数等。成分指数是指在计算股价指数时仅仅选择部分具有代表性的股票市值作为标的指数。目前世界上大多数的指数都是成分指数,如道·琼斯指数、标准普尔 500 指数、伦敦金融时报 100 指数、上证 180 指数、深成指等。成分指数选择的股票一般具有市值大、交易量大、业绩好的特点。分类指数是指选择具有某些相同特征(如同行业)的股票作为目标股计算出来的指数,如房地产股指数、金融股指数、工业股指数等。

2)股票价格指数的编制要求

股票价格指数一般具有客观性、准确性、代表性和敏感性的特征。为反映这些特征,在编制过程中应符合如下要求:

①要正确选择若干种股票作为计算对象。选择的计算对象又称样本,这些采样股票必须具有典型性、普遍性或一定的影响力,才能使计算结果具有较高的代表性。因此,在选择作为计算对象的样本股票时,必须综合考虑其行业分布、市场影响力、股票等级、适当数量等因素。

②要采用适当的计算方法进行科学的编制计算。对于股价平均数和股价指数的计算,其计算方法应具有高度的适应性,能对不断变化的股市行情作出相应的调整或修正,使股价指数有较强的敏感性。

③要有科学的计算依据和手段。对于股价指数的计算,其计算口径必须一致,一般均以交易所的收盘价为计算依据。但随着计算频率的增加,有的以每小时价格甚至更短的时间价格来计算,因此计算依据一般与计算时间间隔相适应,随着科技的发展,计算手段也需不断完善,使股价指标能更准确、更客观地反映股市行情。

④选好计算股价指数的基期。在计算股价指数时需选好基期,基期应该有较好的代表性和均衡性,要能够代表正常情况下股票市场的均衡水平。基期只有定得合适才有可比性,据此计算出的股价指数才能如实地反映股市活动的全貌。

3)股价平均数的计算方法

股价平均数的计算方法有以下 3 种:

(1)简单算术平均法

简单算术平均法即把纳入指数计算范围的股票(样本股票)市价加总,除以样本股票数,得出一个平均值即为股价平均数。若设采样股票数为 n,各采样股票的市价为 $P_i(i=1,2,\cdots,n)$,则:

$$股价平均数 = \frac{1}{n}\sum_{i=1}^{n}P_i = \frac{P_1 + P_2 + \cdots + P_n}{n}$$

例如,某证券交易所选定 A、B、C、D 四种股票为样本,当天收盘价分别为 10 元、8 元、20元、6 元,则:

$$股价平均数 = \frac{10 + 8 + 20 + 6}{4} = 11(元)$$

这种计算方法的优点是简单易懂,但当某种股票发生拆股时,则会导致平均数发生不合理的下跌。

（2）调整算术平均法

这种方法旨在对简单算术平均法作出调整，以克服拆股时平均数发生不合理下降的缺点。假设上例中 C 股票由 1 股拆为 5 股，其价格由每股 20 元变为每股 4 元。调整的方法有如下两种：

①调整股价，即将拆股后的股价还原为拆股前的股价。例如样本中第 i 种采样股票发生拆股，在拆股前该种股票价格为 P_i，拆股后每股新增的股份数为 R，股价为 P'_i，则：

$$股价平均数 = \frac{1}{n}\left[P_1 + P_2 + \cdots + (1+R)P'_i + \cdots + P_n \right]$$

将数据代入得：

$$股价平均数 = \frac{10 + 8 + (1+4) \times 4 + 6}{4} = 11（元）$$

②调整除数，即把原来的除数调整为新的除数。公式是：

$$新的除数 = 拆股后的每股加总价格 \div 拆股前的股价平均数$$

将数据代入得：

$$新的除数 = \frac{10 + 8 + 4 + 6}{11} \approx 2.55$$

$$股价平均数 = 拆股后的总价格 \div 新的除数 = \frac{10 + 8 + 4 + 6}{2.55} \approx 11（元）$$

上述两种修正方法都能使计算出的股价指数不会因拆股而变动。目前，这两种方法在实践中多被采用。如《纽约时报》编制的 500 种股价平均数采用调整股价的方法，而道·琼斯指数则采用调整除数的方法。

（3）加权算术平均法

上述两种股价平均数计算方法没有考虑不同股票的发行量（或交易量，下同）对股票市场的影响，而加权算术平均法把这一因素作为权数来计算股价平均数。其公式为：

$$加权股价平均数 = \frac{\sum\limits_{i=1}^{n} P_i \times Q_i}{\sum\limits_{i=1}^{n} Q_i}$$

式中，P_i 和 Q_i 分别是第 i 种采样股票的价格和发行量。假设上例中 4 种股票的交易量分别为 10 万、40 万、30 万、60 万，代入公式，则：

$$加权股价平均数 = \frac{10 \times 10 + 8 \times 40 + 20 \times 30 + 6 \times 60}{10 + 40 + 30 + 60} \approx 9.86（元）$$

4）股票价格指数的计算方法

股票价格指数是报告期股价与某一基期股价相比较的相对变化指数，它的编制首先假定某一时点为基期，基期值为 100，然后用报告期股价与基期股价相比较而得出。其计算方法主要有以下 4 种：

（1）简单平均股价指数

即在计算出样本股票个别价格指数的基础上加总求其算术平均数。其计算公式为：

$$P = \frac{1}{n} \sum_{i=1}^{n} \frac{P_{1i}}{P_{0i}} \times 100$$

式中　P——股价指数；

　　$P_{0i}(i=1,2,\cdots,n)$——基期第 i 种股票价格；

　　$P_{1i}(i=1,2,\cdots,n)$——报告期第 i 种股票价格；

　　n——股票样本数。

表 8.1 是 4 种股票交易资料,计算可得股价指数 $P=\dfrac{1}{4}\times\left(\dfrac{8}{5}+\dfrac{12}{8}+\dfrac{14}{10}+\dfrac{18}{15}\right)\times100=$ 142.5,说明报告期的股价比基期股价上升了 42.5 个百分点。

表 8.1　4 种股票交易资料

项　目 种　类	股价/元		交易量/股	
	基　期	报告期	基　期	报告期
A	5	8	1 000	1 500
B	8	12	500	900
C	10	14	1 200	700
D	15	18	600	800

（资料来源:刑天才,王玉霞.证券投资学[M].大连:东北财经大学出版社,2007:169.）

（2）综合平均股价指数

即分别把基期和报告期的股价加总后,用报告期股价总额除以基期股价总额。其计算公式为:

$$P=\frac{\displaystyle\sum_{i=1}^{n}P_{1i}}{\displaystyle\sum_{i=1}^{n}P_{0i}}\times100$$

代入表 8.1 数字计算,股价指数 $P=\dfrac{8+12+14+18}{5+8+10+15}\times100=136.8$,说明报告期股价比基期股价上升了 36.8 个百分点。

从简单算术平均法和综合平均法计算股价指数看,二者都未考虑到由于各种采样股票的发行量和交易量的不同,而对整个股市股价的影响不同等因素,因此,计算出来的指数不够准确。为了使股价指数计算精确,则需要加入权数,这个权数可以是交易量,也可以是发行量。

（3）加权平均股价指数

根据权数不同,其计算公式为:

①以基期交易量（Q_{0i}）为权数:$P=\dfrac{\displaystyle\sum_{i=1}^{n}P_{1i}Q_{0i}}{\displaystyle\sum_{i=1}^{n}P_{0i}Q_{0i}}\times100$

②以报告期交易量（Q_{1i}）为权数:$P=\dfrac{\displaystyle\sum_{i=1}^{n}P_{1i}Q_{1i}}{\displaystyle\sum_{i=1}^{n}P_{0i}Q_{1i}}\times100$

③以报告期发行量(W_{1i})为权数：$P = \dfrac{\displaystyle\sum_{i=1}^{n} P_{1i}W_{1i}}{\displaystyle\sum_{i=1}^{n} P_{0i}W_{1i}} \times 100$

表8.1的数字按以报告期交易量为权数的公式计算：

$$P = \frac{8 \times 1\,500 + 12 \times 900 + 14 \times 700 + 18 \times 800}{5 \times 1\,500 + 8 \times 900 + 10 \times 700 + 15 \times 800} \times 100 = 139.47$$

说明报告期比基期股价指数上升了39.47个百分点。

需要指出的是，如果以发行量计算股价指数，在遇到拆股时，不必调整股价和调整除数。在美国，标准普尔500种股价指数，就是以发行量为权数计算得出的。

（4）加权几何平均股价指数

即以交易量或发行量为权数。其计算公式为：

$$P = \sqrt{\frac{\displaystyle\sum_{i=1}^{n} P_{1i}Q_{0i} \cdot \sum_{i=1}^{n} P_{1i}Q_{1i}}{\displaystyle\sum_{i=1}^{n} P_{0i}Q_{0i} \cdot \sum_{i=1}^{n} P_{0i}Q_{1i}}}$$

此公式是对前几个公式的进一步修正，被称为"费雪理想公式"，其最大的缺点是样本股票增资除权（用除权法去除增资时的拆股认购权）时，修正很困难。因此，世界各国大多采用前几种方法计算。

8.2.2 国际主要股票价格指数

1）道·琼斯股票价格平均指数

道·琼斯股票价格平均指数简称道·琼斯指数，它是美国《华尔街日报》的出版者道·琼斯公司编制并公布的，用以反映美国纽约股票市场行市变动的一种股价平均指数。它实际上包括4种指数，即道·琼斯30种工业股价平均指数、20种交通运输业股价平均指数、15种公用事业股价平均指数以及65种股价的综合平均指数。它基本上反映了美国股票市场的股价水平，是目前世界上影响最大的股价指数。

2）标准普尔股票价格指数

标准普尔股票价格指数简称标准普尔指数，是美国最大的证券研究机构——标准普尔公司编制并发表的，用以反映美国股票市场行情变化的股价指数。目前标准普尔采样股票数量达500种，包括工商行业400种，公用事业40种，运输行业20种，金融业40种。标准普尔指数包括95种分指数，其中最为人们所熟悉的4种分指数是工业指数、公用事业指数、铁路指数和500种股票综合指数。美国商业部出版的《商情周报》一直把它作为经济周期变化的12个先行指标之一。

3）英国金融时报股票价格指数

英国金融时报股票价格指数是由英国金融界著名报纸《金融时报》编制发布的，描述伦敦证券交易所市场行情的股价指数。它包括 3 个股价指数:30 种工业股票组成计算的股价指数、100 种股票组成计算的福奇指数、500 种股票组成计算的股价指数。通常采用的《金融时报》股价指数指的是 30 种有代表性的工商业股价指数。它以能及时反映伦敦股票市场的动态而闻名于世。

4)日经股价指数

日经股价指数是由日本经济新闻社编制并发布的,用以反映日本股市动态的股价指数。日经股价指数按其计算对象的采样数目不同,目前分为两种:一是 1982 年 1 月开始编制的日经 500 种平均股票价格指数;二是 1950 年 9 月开始编制的日经 225 种平均股票价格指数。传媒经常引用的是后一种。由于日经指数所选样本多,具有广泛的代表性,不仅能比较全面地反映日本股市行情的变化,而且还能反映日本产业结构的变化。

5)香港恒生股价指数

香港恒生股价指数简称恒生指数,是由香港恒生银行于 1969 年 11 月 24 日开始编制的,反映香港股市行情的一种股票价格指数。该指数由 4 种金融业股,9 种地产股,14 种航空、酒店及其他工商业股,总计 33 种各行业具有代表性的股票组成,采用加权平均法计算得出。由于恒生指数每天计算并发布 3 次,能及时反映股价变动情况,因此,现在人们多以恒生指数作为衡量、观察香港股市变化的尺度。

6)纳斯达克指数

纳斯达克是美国全国证券交易商协会于 1968 年着手创建的自动报价系统的英文简称。纳斯达克的特点是收集和发布场外交易非上市股票的证券商报价,是美国的场外交易市场(又称柜台交易市场,OTC),于 1971 年 2 月 8 日正式开始交易,现已成为全球最大的证券交易市场。纳斯达克又是全世界第一个采用电子交易的股市,它在 55 个国家和地区设有 26 万多个计算机销售终端。纳斯达克指数就是反映纳斯达克证券市场行情变化的股票价格平均指数,基本指数为 100。纳斯达克的上市公司涵盖所有新技术行业,包括软件和计算机、电信、生物技术、零售和批发贸易等。世人瞩目的微软公司便是通过纳斯达克上市并获得成功的。

8.2.3　我国主要的证券价格指数

1)我国主要股票价格指数

（1）上证综合指数

上证综合指数是上海证券交易所编制并发布的,以其上市的全部股票为样本,以发行量为权数,综合反映上海证券交易所的全部 A、B 股上市股票股价走势的加权综合股价指数。综合指数及 A 股指数以 1990 年 12 月 19 日为基期,B 股指数以 1992 年 2 月 21 日为基期,基期指数都定为 100。1993 年 6 月 1 日,上海证券交易所又发布了包括工业类、商业类、房地产类、公用事业类和综合业类在内的分类指数。上证综合指数计算公式为：

$$本日股价指数 = \frac{本日股票市价总值}{基期股票市价总值} \times 100$$

遇上市股票增资扩股或新增（删除）时，要进行相应的修正，计算公式调整为：

$$本日股价指数 = \frac{本日股票市价总值}{新基期股票市价总值} \times 100$$

$$新基准股票市价总值 = 修正前基准日市价总值 \times \frac{修正前市价总值 + 市价总值变动额}{修正前市价总值}$$

（2）深证综合指数

深证综合指数是深圳证券交易所编制并发布的，以其全部上市股票为样本，以发行量为权数，反映深圳证券交易所全部 A、B 股上市股票的股价走势的加权综合股价指数。综合指数以及后来的深证 A 股指数以 1991 年 4 月 3 日为基期，深证 B 股指数以 1992 年 2 月 28 日为基期，基期指数都定为 100。深证综合指数计算公式为：

$$深证综合指数 = \frac{现时股票总市值}{基日股票总市值} \times 100$$

为方便日常计算，指数采用每日连锁方法计算，计算公式为：

$$今日即时指数 = 上一营业日收市指数 \times \frac{今日现时总市值}{上一营业日收市总市值}$$

当样本股的股本结构有变动，则以变动之日为新基日，并以新基数计算，同时用连锁方法将计算得到的指数溯源于原有基日，以维持指数的连续性。

（3）深证成分指数

深证成分指数是深圳证券交易所以上市股票中有代表性的 40 种股票为样本，并以流通股为权数计算得出的加权股价指数。该指数以 1994 年 7 月 20 日为基期，基期指数为 1 000。深证成分指数计算公式为：

$$即日指数 = \frac{即日成分股可流通总市值}{基日成分股可流通总市值} \times 1 000$$

每一交易日集中竞价结束后，用集中竞价产生的开盘价（无成交者取昨日收盘价）计算开盘指数，然后用连锁方法定时计算即时股价指数，直到收市。每日连锁计算公式为：

$$今日即时指数 = 上日收市指数 \times \frac{今日现时成分股可流通总市值}{经调整上日收市成分股可流通总市值}$$

$$成分股可流通总市值 = 成分股可流通 A 股总市值 + 成分股可流通 B 股总市值$$

$$成分股可流通 A 股总市值 = \sum（成分股 A 股股价 \times 成分股可流通 A 股数）$$

$$成分股可流通 B 股总市值 = \sum（成分股 B 股股价 \times 成分股可流通 B 股数）\times 上周外$$
汇平均汇率

（4）上证 30 指数

上证 30 指数是指由上海证券交易所编制并发布的，以上市的 A 股中有代表性的 30 种股票为样本，以流通市值为权数，综合反映上海证券交易所 A 股股价走势的加权股价指数。该指数以 1996 年 1—3 月的平均流通市值为基期，基期指数定为 1 000。

（5）上证 180 指数

上海证券交易所于 2002 年 7 月 1 日起正式对外发布上证 180 指数，上证 180 指数以 2002 年 6 月 28 日上证 30 指数收盘点数为基点，取代原上证 30 指数。上证 180 指数的选样是按照行业代表性、股票规模、交易活跃程度、财务状况等原则来确定的，较上证 30 指数增加了选样的定量化程度，提高了选样的客观性和透明度。依据样本稳定性和动态跟踪相结合的原则，上证 180 指数每半年调整一次成分股。上证 180 指数的加权方法也较上证 30 指数有所改进。新编制的上证 180 指数的样本数量扩大到 180 家，是为了做到编制方法的科学性，成分选择的代表性以及成分的公开性，使其与上证指数系列相结合。同时，恢复和提升成分指数的市场代表性，使市场覆盖率达到 50% 以上的国际惯例水平，从总体上和各个不同侧面更全面地反映股价的走势，以满足投资者和研究者多角度观察股市的需要。

（6）上证 50 指数

上证 50 指数于 2004 年 1 月 2 日正式发布，基日为 2003 年 12 月 31 日，基点为 1 000 点。上证 50 指数是挑选上海证券市场规模大、流动性好的最具代表性的 50 只股票组成样本股，以综合反映上海证券市场最具市场影响力的一批优质大盘企业的整体状况。上证 50 指数的推出，使上证综指（全市场指数）、上证 180 指数（投资标尺指数）、上证 50 指数（优质大盘指数）形成了一个三层金字塔型的指数结构。

（7）沪深 300 指数

由上海证券交易所和深圳证券交易所联合编制的沪深 300 指数于 2005 年 4 月 8 日正式发布。沪深 300 指数以 2004 年 12 月 31 日为基日，基日点为 1 000 点。沪深 300 指数是由上海和深圳证券市场中选取 300 只 A 股作为样本编制而成的成分股指数。沪深 300 指数样本覆盖了沪深市场六成左右的市值，具有良好的市场代表性。

2）我国的债券指数

（1）上证国债指数

上海证券交易所自 2003 年 1 月 2 日起发布上证国债指数。上证国债指数以在上海证券交易所上市的，剩余期限在 1 年以上的固定利率国债和一次还本付息国债为样本，按照国债发行量加权，基日为 2002 年 12 月 31 日，基点为 100 点。

上证国债指数采用派许法计算加权综合价格指数，以样本国债的发行量为权数。当出现以下情况时，国债指数需要修正：

①新上市国债自第 2 个交易日起计入指数。

②国债付息在除息日前修正指数。

③当某一成分国债暂停交易时不作调整，而是用该国债暂停交易的前一交易日收盘价计算指数。

④凡有成分国债发生发行量变动，在成分国债的发行量变动日前修正指数。

⑤在每月的最后一个交易日，将剩余期限不到 1 年的国债从指数样本中剔除，指数作相应调整。

（2）深市企业债指数

深圳证券信息有限公司于2003年2月17日起发布企业债指数。该指数以在深圳证券交易所上市交易的固定利率且不附带转股、优先购买股票权利、剩余期限在1年以上（含1年）的企业债券为样本，以2002年12月31日为基准日，基准日指数为100，采用派许加权法编制。需要对成分债券进行调整的情况是：新的企业债券发行上市且符合选取原则时，调入指数；成分债券剩余期限不足1年时，调出指数。

（3）中国债券指数

2002年12月31日，中央国债登记结算有限责任公司开始发布中国债券指数系列。该指数体系包括国债指数、企业债指数、政策性银行金融债指数、银行间国债券指数、交易所债券指数、中短期债券指数和长期国债指数等，覆盖了交易所市场和银行间市场所有发行额在50亿元人民币以上，待偿期限在1年以上的债券。指数样本债券每月月末调整一次。

我国债券指数系列以2001年12月31日为基准日，基期指数为100，每工作日计算一次；样本债券价格选取日终全价。

3）我国的基金指数

我国的基金指数由上证基金指数和深证基金指数组成。上证基金指数的选样范围为在上海证券交易所上市的所有证券投资基金。该指数的基准日指数为1 000点，指数代码为000011，于2005年5月9日开始正式发布。深证基金指数的样本包括已在深圳证券交易所上市的所有证券投资基金。新上市的基金自上市后第2个交易日起纳入指数计算范围。深证基金指数的编制采用派许加权综合指数法计算，权数为各证券投资基金的总发行规模，以2000年6月30日为基准日，基准日指数为1 000点。

基金指数的计算方法、修正方法与股票指数大致相同，只是基金指数不纳入上证综合指数等任何一个股价指数的编制范围。

◆ 本章小结

1. 证券本身并没有任何使用价值，也没有真正的价值，它只是表示因资本的供求关系而产生的一种权利。这种权利可以给投资者带来收益，这种权利使它可以在证券市场上进行买卖并形成了一定的价格，从而也使它具有了投资价值。证券的价格围绕证券投资价值上下波动。

2. 股票价格主要有股票的理论价格、票面价格、发行价格、账面价格、清算价格5种。

3. 股票市场价格的形成依据是理论价格，但因为受到诸多因素的影响，股票行市经常产生波动。影响股票行市的因素很多，从性质上讲，可归结为两大类：一是基本因素，二是技术因素。所谓基本因素是指市场以外的各种因素；而技术因素是指股票市场内可影响股价的各种操作。股市的主要运动或长期趋势是由基本因素决定的（如经济周期），而技术因素则会引起股价的短期波动。

4. 股票投资价值的评价方法主要有每股净值法、每股盈余法、市盈率法。

5. 股票价格指数是反映股票市场行情变化的主要指标。通常，股价指数的计算方法有4种，即简单算术平均法、综合平均法、加权综合法和加权几何平均法。

6.国际证券市场主要的股价指数有道·琼斯股价平均指数、标准普尔股价指数、英国金融时报股价指数、日经股价指数和香港恒生指数等。

7.中国证券市场主要的股价指数分为上证指数和深证指数两个类别,主要有上证综合指数、上证30指数、上证180指数和深证综合指数、深证成分指数、深证100指数等。

◆综合练习与训练

一、不定项选择题

1.清算价值是公司清算时每一股份所代表的( )。

A.票面价值 　　　　B.账面价值 　　　　C.内在价值 　　　　D.实际价值

2.股票及其他有价证券的理论价格就是( )。

A.以一定的必要收益率计算出来的未来收入的期值

B.以一定的必要收益率计算出来的未来收入的现值

C.在二级市场上交易的价格

D.在一级市场上交易的价格

3.( )的优点是计算简便,缺点是发生样本股送配股、拆股和更换时,会使股价平均数失去真实性、连续性和时间数列上的可比性,在计算时没有考虑权数,忽略了发行量和成交量不同的股票对股票市场有不同影响这一重要因素。

A.简单算术股价平均数 　　　　　　　　B.加权股价平均数

C.修正股价平均数 　　　　　　　　　　D.几何加权股价指数

4.英国最具权威性的股价指数是( )。

A.金融时报证券交易所指数(即"富时指数")

B.日经225股价指数

C.NASDAQ指数

D.道·琼斯指数

5.股票的账面价值又称为( )。

A.股票面值 　　　　B.股票内在价值 　　　　C.股票净值 　　　　D.每股净资产

6.编制股票价格指数的步骤依次是( )。

A.选择样本股;计算计算期平均股价,并作必要的修正;选定某基期;指数化

B.指数化;选择样本股;选定某基期;计算计算期平均股价,并作必要的修正

C.选择样本股;选定某基期;计算计算期平均股价,并作必要的修正;指数化

D.选定某基期;选择样本股;计算计算期平均股价,并作必要的修正;指数化

7.上证综合指数以全部上市股票为样本( )。

A.以股票流通股数为权数,按加权平均法计算

B.以股票发行量为权数,按简单平均法计算

C.以股票发行量为权数,按加权平均法计算

D.以股票流通股数为权数,按简单平均法计算

8.道·琼斯股价平均指数被视为最具权威性的股价指数,其原因在于( )。

A.该指数历史悠久

B. 采用的 65 种股票都是世界上第一流大公司的股票

C. 指数在《纽约时报》上发布

D. 不断以新生的更有代表性的股票取代失去活力的股票,较好地与纽约证券交易所上市的 2 000 多种股票变动同步

二、简答题

1. 影响股票价格的基本因素有哪些?

2. 请分析股票的本质及其特征。

3. 股票价格指数的计算方法有几种? 各有什么特点?

4. 国外最具有代表性的股价指数有哪些?

5. 中国现行股票市场上发布的价格指数有哪些?

三、计算题

某 3 种股票的交易资料如表 8.2 所示。

表 8.2　股票交易资料

项　目 股　票	股价/元		交易量/股	
	基　期	报告期	基　期	报告期
A	3	6	1 000	500
B	6	10	1 500	900
C	12	16	800	700

根据上表,试计算简单平均股价指数、综合平均股价指数和加权平均股价指数(分别以基期交易量和报告期交易量为权数计算)。

◆案例分析

"宝马进去,拓拓儿出来"

"宝马进去,单车出来;西服进去,裤衩出来……唉,说的可不就是我的情况嘛。"30 岁刚出头的罗先生本来已经准备好换一辆 20 多万的蒙迪欧,但 2007 年股市好,他听了证券公司的朋友介绍,开户重仓买入了几支股票。在股票 6 000 多点时,他的股票市值已经可以买到一辆入门级的宝马 3 系。"那时候贪心啊,还想让它再升一些,买部高配版的宝马,谁知道股市跌到了 2 000,点以下。"罗先生说到这里颇为懊悔。当股市在 4 500 点、3 000 点时,他本打算抛掉算了,但又觉得还有机会回到当初的高位,在 2 500 多点的时候,又动了笔钱去抄底,结果就这样被套牢在了 1 900 点,不仅宝马没了,现在剩下的"渣渣钱"就只能购买一辆中低档车了。

回顾自己的股市遭遇,罗先生非常懊悔,股市投资打乱了他的生活计划,他说自己完全是一个股市新人,原以为买入股票,股票自己就会涨,但后来看来并不是这样,影响股市的东西还挺多,美国次级债、股指期货、世博会、创业板……自己有很多东西需要去了解。

思考:从案例中我们应当吸取什么教训?

第 9 章

证券投资的基本分析

◆学习目标

1. 掌握基本分析法的含义和内容;
2. 熟悉宏观经济对证券市场的影响;
3. 熟悉行业分析的方法;
4. 掌握公司分析的方法。

◆创设情境

同仁堂 2013 年收入 87 亿元,同比增长 15.9%,股东净利润 6.6 亿元,同比增长 15.1%,扣非净利润 6.3 亿元,同比增长 14.4%,EPS0.50 元,基本符合 2014 年 2 月 11 日发布的《52 家重点公司业绩前瞻》的预测。其中:医药工业收入 52.4 亿元,同比增长 17%,毛利率同比下降 2.6 个百分点;医药商业收入 39.3 亿元,同比增长 15.8%,毛利率同比上升 2 个百分点;拟每 10 股分红 2 元(含税)。

第 4 季度增速恢复到较快水平。

第 4 季度收入和净利润分别同比增长 22% 和 27.2%,摆脱了第 3 季度的低增长,恢复到 2013 年上半年的增速水平。第 4 季度股东净利润同比增长 12.3%,子公司增速高于母公司。

母公司毛利率下降。

母公司收入 20.8 亿元,同比增长 12.3%,扣除投资收益之后的净利润同比增长 23%,主要原因是资产减值损失大幅下降:2012 年因坏账、存货跌价和固定资产减值而计提了 6 668 万元资产减值损失,但 2013 年几乎没有计提。剔除资产减值之后,净利润同比几乎持平。母公司毛利率同比下降 4.5 个百分点,期间费率同比下降了 2.7 个百分点。

子公司同仁堂科技和同仁堂国药较快增长,同仁堂商业下半年受结构性调整的影响:

(1)同仁堂科技(不包括同仁堂国药)收入和净利润分别为 22.2 亿元和 3.2 亿元,同比分别增长 15.1% 和 25.1%;

(2)同仁堂国药(直接间接持股 51.89%)收入和净利润分别为 4.9 亿元和 1.8 亿元,分别同比增长 34.6% 和 39.2%,同仁堂国药 2012 年 10 月份停止了海外销售灵芝孢子粉,仅经营安宫牛黄丸等,因此,持续经营业务 2013 年收入和净利润分别同比高速增长 84% 和

147%,同仁堂股份放弃海外销售安宫牛黄丸,给同仁堂国药带来巨大的增长空间;

(3)同仁堂商业(持股51.98%)收入和净利润分别为39.9亿元和2.4亿元,分别同比增长15.2%和15%,增速低于2013上半年(收入和净利润分别同比增长20.8%和25.1%),商业业务2013年下半年因结构性调整,高端贵稀中药销售增速下降。

公司独特品牌优势显著,未来仍将保持较快增长:①同仁堂阿胶2014年1月已经提价30%,零售价1794元/千克,仍然远低于东阿阿胶,同时,产能也低于唐山阿胶厂。2013年已经通过新版GMP并投产,阿胶是2014年增长亮点之一;②同仁堂国药将继续引入新品种,海外销售持续快速增长,灵芝孢子粉也可能以各种形式重新恢复销售;③北京市若启动国企改革,公司作为北京市国资委旗下优良的医药资产,有望率先试点。

基本分析法是以传统经济学理论为基础,以企业价值为主要研究对象,通过对决定企业内在价值和影响股票价格的宏观经济情况、行业发展前景、企业经营状况等进行分析,估计股票的合理价值并与当前的股票价格进行比较,形成相应投资建议的方法。

基本分析法主要可以分为自上而下分析方法和自下而上分析方法。

自下而上分析方法主要是从选择股票出发,寻找被低估的股票。投资者通过行业中被低估的股票,获得超出市场平均水平的收益,通过合适的组合构建方法分散风险。

自上而下分析方法则是一种更为常见的股票投资分析方法,遵循从宏观到中观,再到微观,从市场总体到股票个体的分析顺序。

宏观层次的分析主要分析影响股市涨跌的宏观经济因素,决定大类资产(股票或者债券)的配置比例,并且在全球范围内进行跨国投资,实现国际分散化。然后中观层次的分析是行业分析,主要通过行业现状和前景分析,选定行业组合。最后的微观层次的分析则以公司估值分析为主,在选定的行业中选择具有投资价值的个股,构成股票投资分析的完整过程。

自上而下的投资方法构建的投资组合,可以实现很好的分散化效果,因此成为大多数机构投资者的股票分析方法。

本章以自上而下分析方法为脉络,主要顺序是从宏观层次到中观层次再到微观层次。

9.1 宏观分析——宏观经济分析

9.1.1 国内宏观经济对股市的影响

宏观经济分析是对整体经济与证券市场关系的分析。股票市场活动是处于一定的宏观经济形势中的市场经济活动,股票市场的参与主体及其行为、股票市场的运行状况,都会受到宏观经济形势的影响。

1) 宏观经济周期对股市的影响

股票市场是整个国民经济的重要组成部分,股市的运行和发展植根于宏观经济环境,同时股市的活动又会对宏观经济产生影响。因此,股市运行与宏观经济运行应当基本一致。股市的涨跌从根本上来说,是上市公司经营业绩变化的反映,上市公司的业绩良好,可以增加公司的红利分配,从根本上促进公司股价的上涨。而上市公司的业绩不仅与其本身的经营水平有关,也取决于公司的外部环境,即取决于宏观经济的运行状况。因此,股市经常被看作国民经济的"晴雨表"。

宏观经济运行是一个动态的过程。在这一过程中,一些经济变量会以周期性的方式变动,使得经济发展过程也呈现出一定的周期性,这被经济学家称为"经济周期"。通过长期的研究,经济学家发现,尽管不同国家的经济运行具体状况各不相同,但一个国家经济发展的轨迹,总是呈现周期变化的发展特征,即一个国家的经济发展一般呈现出"复苏—扩张—繁荣—衰退—复苏"这样一个经济周期式的循环发展过程。不同的经济学家对经济周期给出了不同的定义,一个被大多数人所接受的定义是美国经济学家米契尔给出的,他认为:经济周期是以商业经济为主的国家总体经济活动的一种波动,一个周期是由很多经济活动差不多同时扩张,继之以普遍的衰退、收缩与复苏所组成的,这种变动同时出现。

经济学家根据时间长度的不同,把经济周期分成 3 种类型:

①短周期。即经济周期是平均长度为 40 个月的周期。这一观点是由美国经济学家基钦提出的,故又称为"基钦周期"。

②中周期。即平均长度为 9～10 年的周期。这一观点由法国经济学家朱格拉提出,故又叫"朱格拉周期"。

③长周期。平均长度为 50 年左右的周期。这一观点由苏联经济学家康德拉耶夫提出,故又称"康德拉耶夫周期"。

宏观经济运行的周期性变化,是带动股市"牛熊"周期性转换的根本原因。对于投资者来说,需要关注的是,当宏观经济处于经济周期的不同阶段时,不同行业的业绩可能会有很大的差异。这是因为,有些行业对经济周期很敏感,有些则不那么敏感。一般来说,需求弹性较小的行业对周期敏感程度较低,需求弹性较大的行业对周期的敏感程度较高。比如关于衣食住行等与人们基本生活需求有关的行业的需求弹性较小,它们对经济周期的敏感程度较低;而旅游、娱乐等与高档消费品有关的行业需求弹性较大,对经济周期敏感程度较高。此外,提供生产设备的行业,即生产设备制造行业对经济周期也很敏感。因为当经济景气时,生产不断扩大,对生产设备需求也大量增加;当经济衰退时,市场疲软,生产萎缩,对设备的需求也会大减。但由于各个国家的发展水平不同,相同行业在不同国家的需求弹性可能会不同。例如,汽车在发展中国家属于奢侈品,需求弹性较大;而在发达国家则属于生活必需品,需求弹性较小。

当宏观经济从繁荣进入萧条或衰退时,那些对经济周期敏感程度低的行业受影响较小,这些行业的公司股票价格的变化相对会较小。而那些对经济周期敏感程度较高的行业会受较大的影响,这些行业公司的股票价格变化会大得多。

2）货币政策对股市的影响

为了解决市场失灵带来的宏观经济失衡问题，市场经济国家的政府往往运用宏观经济政策对经济进行管理。宏观经济政策包括财政政策、货币政策、产业政策等。这些政策的实施会对整个社会投资、消费、资金、行业发展等产生重要影响，从而对股票市场参与主体的经济行为产生重大影响，进而影响到股票市场本身。

（1）紧缩性货币政策与股市涨跌的关系

在经济过度扩张、社会需求过度膨胀、社会总需求大于社会总供给时，政府常常运用紧缩性货币政策。其常常变现为：提高法定准备金率、再贴现率、利率，紧缩国家贷款规模和专业银行的贷款额度，在证券市场上出售公债等。这些措施，一方面会减少货币供给抑制股票市场投资需求；另一方面由于利率上升，企业筹资成本增加，利润率下降，证券投资成本和投资风险增大，公司债券和股票价格下跌。同时，利率上升，会使投资者转向储蓄。

（2）扩张性货币政策与股市涨跌的关系

在经济衰退时期，社会总需求小于社会总供给时，政府常常利用扩张性货币政策调节宏观经济。其表现为：降低法定准备金率、再贴现率、利率，放松对贷款规模、贷款总额和贷款总额度的控制，在证券市场上回购公债等。此时，一方面会增加货币供给，刺激股票市场需求；另一方面由于货币供给增加，利率下降，企业筹资成本降低，利润上升，证券投资成本和投资风险降低，证券市场价格逐步上升。同时，利率下降，投资者转向证券投资。

（3）货币政策分析的要点

现实经济中，货币政策的运用，往往取决于政府对经济形势的判断。在运用货币政策工具时，并非要动用所有的政策工具。不同时期，每一种货币政策工具对证券市场的影响也不尽相同。此外，还需注意：一是货币供给变化一般领先于股票价格的变化；二是如果市场正确预期未来的货币政策，股价会提前反映货币政策的实际变化。如果货币政策变化是非预期的，则对股价有显著影响。

3）财政政策对股市的影响

（1）短期财政政策与股市涨跌的关系

短期财政政策的目标一般是促进经济稳定增长，主要通过发挥财政政策的"相机抉择"功能，调节宏观经济的运行，进而影响股市。

在总需求相对不足时，一方面可以通过使用扩张性的财政政策减少税收，特别是降低对证券投资的税率；可以减少国债的发行，或运用短期国债的回购，增大证券投资的需求量，刺激证券价格上升。另一方面，也可以用松紧结合的财政政策，一边通过增加财政赤字、扩大财政开支，刺激总需求的增长；一边提高税率，扩大税收，抑制微观主体的供给。松紧结合的财政政策出现支出总效应大于税收总效应时，也会推高股票价格。

在总需求相对过剩时，一方面可以通过使用紧缩性财政政策扩大税收，压缩政府开支，减少财政赤字，增大国债发行规模，压缩社会总需求规模，促进股价回落。另一方面也可用松紧结合的财政政策，一边压缩财政支出，减少赤字，扩大国债发行，缩小社会总需求；一边减少税收,刺激微观主体,增加社会总供给。松紧结合的财政政策出现压缩财政支出总效应大于税收减少总效应时,也会促使股票价格下跌。

（2）中长期财政政策与股市涨跌的关系

中长期财政政策一般是促进社会资源配置、收入公平分配,主要是通过发挥财政政策"自动稳定器"的功能,调节宏观经济运行进而影响股市。

中长期财政政策可以调节社会经济产业结构,确定财政补贴对象,引导社会投资方向;可以通过合理确定公债品种、规模,将部分社会资金纳入国家预算,通过政府财政支出的安排,支持国家重点发展的产业,并配合其他经济政策为经济持续增长创造均衡条件。中长期财政政策会对股票市场的参与主体产生长期的作用,进而影响股市的涨跌。

4）利率对股市的影响

一般而言,利率与市场表现为负相关。根据现值理论,证券价格主要取决于股票市场预期收益和当时市场利率两个因素,并与预期收益成正比,与无风险利率成反比。

（1）利率上升对证券市场的影响

利率上升将对上市公司造成影响。利率上升,公司融资成本增加,利润率下降,股票价格自然下跌,使投资者不能对其业绩形成一个良好的预期,从而公司债券和股票价格将下跌。利率上升将改变资金流向,吸引部分资金流向储蓄,导致证券市场需求下降,证券价格下降。

（2）利率下降对证券市场的影响

银行利率的调低有可能使证券投资的收益率高于银行存款利率,从而抬高证券投资价值,吸引投资者从银行抽出资金投入证券市场,以获取更大的收益。因此,利率下降通过游资释放的刺激,使大量资金进入证券市场,从而形成一轮新上升行情;利率的降低也意味着银根的放松、企业借款规模的扩大和借款成本的下降,从而降低上市公司的经营成本,提高收益,负债水平较高的企业得益尤甚。

5）通货膨胀率对股市的影响

一般来说,通货膨胀和通货紧缩都会对经济的长期发展带来不良影响。证券市场是反映国民经济运行的"晴雨表",从理论上来说证券市场的运行方向与国民经济发展主流应该是一致的,无论是通货膨胀还是通货紧缩对证券市场都会带来影响。

温和、稳定的通货膨胀对证券价格上扬有推动作用。这种类型的通货膨胀通常理解为一种积极的经济政策结果,旨在调整某些商品的价格并以此推动经济的增长。在这种情况下,某些行业、产业和上市公司因受到政策支持,其商品价格有明显的上调,销售收入也随之提高,促使其证券价格上涨。但是,严重的通胀则是非常危险的,政府不能容忍通货膨胀的存在,又必然会运用宏观经济政策抑制通货膨胀,其结果是置企业于紧缩的宏观经济环境中,这又势必在短期中导致企业利润的下降,资金进一步离开资本市场,股票价格又会形成新一轮下跌。

9.1.2 国际宏观经济对中国股市的影响

1)汇率对中国股市的影响

汇率对股市的影响是多方面的。一般而言,一国经济的开放程度越高,股市的国际化程度就越高,股市受汇率的影响也越大。

人民币升值对股市的影响包括以下方面:

①中国股市对外资的吸引力提高。

②拥有人民币资本类的行业或企业受到投资者青睐,比如房地产、金融、零售业等。

③受益于人民币升值的预期,沪深 B 股市场价格有不同程度的上升。

2)次贷危机对中国股市的影响

次贷危机对中国股市的影响主要有两个方面:

①间接的传导在贸易领域发生。由于出口在中国经济中占有重要地位,是拉动国内经济增长的重要引擎,次贷危机会导致全球经济衰退和需求下降,可能导致中国出口形势恶化和增速大幅下降,并进一步影响就业、消费、投资等方面对国内实体经济产生全面的负面影响,这种负面影响将具体表现为企业的盈利能力下降,作为宏观经济"晴雨表"的股市必将在一定程度上反映宏观经济层面所发生的变化,造成股市价格下降。

②直接传导在金融领域发生。一方面是对外投资风险加大,QDII 基金境外投资普遍亏损;另一方面是次贷危机造成了大量国际游资进入中国股市,造成股市价格的上升。

3)国际宏观经济与中国资本市场开放的影响

目前,人民币还没有实现完全自由兑换,国际金融市场对中国股市的直接冲击较小。但是中国加入 WTO 以后,中国经济与世界经济的联系日趋紧密,中国股市的国际化进程加快,尤其是 QFII 和 QDII 两大制度的引入使中国股市实现了有限度的开放。中国股市受国际经济的影响也越来越显著。

(1)QFII 制度对中国股市的影响

QFII 制度是一国在货币没有实现完全可自由兑换、资本项目尚未开放的情况下,有限度地引进外资,开放资本市场的一项过渡性制度。这种制度要求外国投资者若要进入一国证券市场,必须符合一定的条件,得到该国有关部门的审批通过后汇入一定额度的外汇资金,并转换为当地货币,通过严格监管的专门账户投资当地证券市场。

实行 QFII 制度后,对中国股市的影响主要有:吸引国外资金、改善市场参与者结构和促进上市公司完善治理结构。

(2)QDII 制度对中国股市的影响

QDII 制度是指在人民币资本项下不可兑换、资本市场未开放的条件下,在一国境内设立,经该国有关部门批准,有控制地允许境内机构投资境外资本市场的股票、债券等有价证券投资业务的一项制度安排。

实行 QDII 制度后,对中国股市的影响主要有:分流国内资金,缓解外汇储备增长过快和人民币升值的压力,还提供了资金流出渠道,使中国股市更能适应国际化趋势,有利于我国股市的开放。

拓展阅读 9.1

市场分析:颠簸无碍牛市征途

近期市场不断上行,尤其进入本周,处于新股发行的密集期,指数依然保持较高速率上行,盘中不断续创 7 年新高。不过周三中小板、创业板的大幅调整,最终触发了两市股指临近尾盘的快速回撤,但这对市场整体上行趋势并无较大影响。经济数据的疲弱预示政策托底仍有延续空间,而高涨的投资者情绪,不断催生盘中热点的有序轮动,伴随两市量能的温和释放,沪指惯性上攻的趋势性将继续保持,预计沪指在 4 100~4 300 点仍有震荡反复。

牛市根基稳固,大小盘分化

从宏观面来看,周三国家统计局公布一季度 GDP 增速为 7%,创 6 年新低,偏弱的经济数据反映出经济增速下滑压力依然较大,稳增长、调结构政策还需加力。流动性方面,一季度央行通过公开市场短期流动性投放 3 347 亿元,本周二逆回购再度下降 100 亿元,中标利率接连下调,央行通过公开市场调节流动性,进一步补充和扩大基础货币投放,使得货币宽松政策的加码仍有延续的必要。政策延续托底,降准预期仍在加强,是触动本轮 A 股市场上涨的诱因之一,而目前这一因素并未转变。

不仅如此,市场情绪的高涨在近期并未减缓。中国结算最新周报数据显示,两市新增股票开户数连续三周维持在 150 万户以上,两市新增开户数环比暴增 153%。从 A 股市场量能显示,进入本月以来的 10 个交易日,沪市日均成交继续保持在 7 300 亿元以上,这一阶段内沪指累积涨幅 8.97%,高涨的市场情绪、源源不断的资金推动,使指数上攻的趋势更为稳固。

结合市场表现观察,市场走势的分化,具体表现在大小盘股风格迥异上。尤其沪指上攻至 4 100 点之际,无疑加剧了指数盘中的巨幅震荡。仅从周三市场表现来看,创业板、中小板综指大幅调整,当日跌幅分别为 4.70% 和 3.67%。本月以来,创业板综指动态市盈率高居 90 倍以上,前期快速上涨带来的高估压力仍待释放,挤泡沫、释风险是成长股随后均衡估值压力必经阶段。回顾月内 10 个交易日的表现,创业板综指三跌七涨,累积涨幅 6.57%、盘中振幅 13.13%,涨时放量、跌时缩量的调整节奏,也处于合理清洗浮筹的范围。由此可见,小盘股的调整压力是目前阻碍市场上行的主要阻力。

热点主线清晰,谨防多空失衡

沪指攻至 4 000 点之上,热点的有序轮动,一直推动着指数上攻的节奏没有改变。这其中有两条主线极为清晰,一方面,权重股始终担当指数稳定的中流砥柱,券商、保险及房地产板块,推动前期沪指有效收复 4 000 点的重要关口,随后二线蓝筹接力做多重任;另一方面,概念性板块配合跟涨,题材类品种仍以"一带一路"概念涉及内容为主,两市自贸区概念、区域性题材、国资改革等主题保持活跃。由此可见,热点主线的清晰布局以权重为主、题材为辅,这令近期市场始终没有缺失过热点,短线快调过后亦会带来强势个股的介入良机。

综合技术走势观察,沪指 4 100 点附近高位震荡加剧,股指贴近短期 5 日、10 日均线运行,始终保持适度上行的速率。据以往历史走势来看,即使沪指盘中出现快速的技术回刺,只要不放量击穿 10 日均线,单日调整幅度控制在 1.5%~2.0% 的合理范围以内,震荡就属于强势调整范畴,随后短线资金的再度介入,也会成为推动后期市场上攻的新的做多动能。

预计本周后半周是短期行情演变的重要阶段,热点的延续性和小盘股的调整压力,是观测多空对峙结果的重要指标。需要提醒投资者的是,在坚定看多本轮牛市的同时,也不应忽视短期市场的不利信号,谨防指数上攻阶段震荡变为调整。操作策略方面,需要灵活控制仓位配置,弱势滞涨个股在股指冲高阶段果断减持,年报、季报绩优的强势品种仍可耐心持有。

（资料来源:慧博研报网华泰证券研报,2015-04-16.）

9.2 中观分析——行业分析

所谓行业是指生产类似产品或密切联系产品,或提供类似劳务或密切相关劳务的企业群体。就生产企业而言,通常对行业的判断有两个标准:一是产品与生产的相似性;二是生产过程所运用技术的一致性。

行业分析作为中观层次的分析,是股票投资分析中一个十分重要的方面。行业发展一方面与宏观经济因素密切相关,另一方面又有其自身的规律。行业分析主要任务是对影响行业盈利能力的各种经济因素的确认。行业内的竞争强度总体上决定了一个行业中的公司能否创造出超常的利润;行业中提供相同或相似产品企业的绩效;行业内企业的数量及其规模决定了行业的集中度,从而影响了企业的盈利水平与竞争方式;行业内各企业产品或服务的差异程度和替代成本,决定了同一行业内企业之间避免正面竞争的可能性等。

9.2.1 行业分类

行业的划分方法从某种意义上说,取决于行业研究的角度和根据不同的研究角度所确定的分类标志。对股票投资分析者来说,下面两类分类法有较为重要的意义。

1)管理型行业分类法

管理型行业分类标准用于政府部门对国民经济进行宏观统计和管理。目前,国内外主要的管理型行业分类标准有:联合国国际标准产业分类 ISIC、北美行业分类系统 NAICS、中国国家统计局国民经济行业分类标准和中国证监会《上市公司行业分类指引》。其中,ISIC是由联合国制定和发布的,是世界范围内最权威的管理型行业分类标准,已成为国际间统计数据对比和交流的工具。NAICS 是美国、加拿大和墨西哥在原美国标准产业分类 SIC 基础上借鉴联合国 ISIC 建立起来的,已成为北美三国行业分类的国家标准。中国《国民经济行业分类》国家标准于 2002 年 10 月正式实施,是国家统计局在参考联合国 ISIC 等行业分类标准基础上,根据中国国情制定的,目的是对国民经济进行产业分类。这种分类法一般是根据企业所从事的主要活动的性质和内容来划分行业的,先将国民经济分为若干个部门,再将统一部门内的经济活动划分为一定数量的行业,并对每一行业的主要活动、企业数量、生产规模、生产人员等经济数据作出较为精确的描述界定。大多数国家都运用标准行业分类法划分国民经济的部门。中国证监会《上市公司行业分类指引》是以国家统计局标准为主要依据,借鉴联合国 ISIC 等制定的。由于《上市公司行业分类指引》是以国家统计局分类标准为主要基础,同时参考了国外主要的管理型分类标准,因此事实上仍属于政府管理型。

2)投资型行业分类法

投资型行业分类标准的目的是为投资者评价上市公司投资价值、进行证券投资活动提供方便。中国目前还没有权威的投资型行业分类标准,国际上的权威标准主要有两个,即 GICS 和 FTSE。全球行业分类标准 GICS 是由摩根士丹利资本和标准普尔联合发布的,用于对全球上市公司进行行业分类,以满足投资者投资研究和资产管理工作的需要。伦敦金融时报指数系列 FTSE 是欧洲最权威的系列指数,其行业分类标准也已被广泛接受为一全球性标准,是伦敦证交所、欧洲第二交易所、香港恒生指数、美国罗素指数等所执行的。

对中国上市公司进行行业分类的实证分析结果表明:GISC 更能明确区分不同行业所具有的不同投资价值,更能反映当前股票市场上投资者的行业投资理念。

9.2.2　行业与经济周期分析

在国民经济发展中,行业的兴衰常常与经济周期有明显的相关性。根据行业发展状况以及与经济周期变化相关的程度,可以把行业分为以下类型:

1)成长型行业

这种行业受经济周期的影响程度小,其预期盈利增长率明显高于其他行业的平均水平,不论经济是否已进入衰退时期,成长型行业都能保持一定的发展速度。当然对不同的国家来说,成长型行业的内容存在着一定的差异。例如,美国 20 世纪 90 年代的成长型行业,包括生物基因工程、网络工程、计算机软件开发工程等,而我国目前的成长型行业主要是生物制药、移动通信业、计算机产业等。

2)防守型行业

这类行业受经济周期变化的影响较小,一般保持匀速发展的状态,如食品业、公用事业等。

3)周期型行业

这类行业的业绩随着经济周期的变化而变化。它有两种类型:一种是与经济周期同向变化的行业,在经济繁荣期间,它们的业绩普遍好于其他行业的平均水平,当经济转入衰退时期时,它们的业绩普遍差于其他行业的平均水平;另一种是与经济周期反向变动的行业,例如金矿业、宝石开采业,在经济衰退期间,投资者为求保值,黄金、宝石的市场购买量反而增大,从而使这类行业的业绩呈现与经济周期相反的变化状况。

9.2.3 行业生命周期分析

1)行业的生命周期

社会行业的兴衰呈现出此起彼伏的特点,每一行业的发展,常常要经历由萌芽到成长到成熟再到衰退的演变过程。这个过程就是行业的生命周期发展过程,它一般分为4个阶段:

①萌芽阶段。其主要特征是行业刚刚诞生或初创不久,行业进入者为数极少,一般仅限于对产业进行开拓的公司。由于创业阶段开发研究所需费用高,产业市场小,发展前景不明朗,企业大多无利可言,企业亏损较为常见,行业的开拓者一般有很高的经营风险。

②成长阶段。这是行业稳定发展的阶段,在这一时期,新行业的产品市场需求逐渐上升,市场前景良好,原来生存下来的生产经营商的利润开始形成,利润水平逐渐提高,从而吸引了大量的企业的加入。新行业的产品结构逐渐发生了变化,单一的产品、低质高价的产品逐渐被系列化、物美价廉的产品取代,企业之间的竞争日趋激烈,那些资本技术实力雄厚、经营管理水平高的企业,通过提高劳动生产率,降低成本,扩大生产规模,加强新产品的开发和市场推广等手段,逐渐扩大其产品的市场占有率,兼并或不断淘汰竞争能力不强的企业。

③成熟阶段。这是行业发展规模大,但发展速度逐渐下降的阶段。在这一阶段,新的企业难以再进入该行业,在竞争中生存下来的厂商数量有限,它们垄断了市场,行业中每一个厂商均占有一定的市场份额,由于竞争手段相似,行业一定程度的垄断使行业的利润保持较高的水平。

④衰退阶段。由于新的行业逐渐兴起,新产品和替代品开始出现,并不断扩大市场的占有份额。原行业的企业生产、销售量和利润水平逐步下降,不少企业由于利润低,开始退出该市场转入其他行业,还有不少企业因亏损有停业的可能。原行业逐步萎缩,有的行业因经营困难而消失。

2)行业生命周期与股票投资

行业生命周期的变更规律,行业在不同阶段的特点,决定了股票投资者在选择投资对象时,应注意以下问题:

①在行业的初创阶段,一方面由于行业能否最终形成尚难以预测,行业的开拓者投资风险极高;另一方面即使今后行业形成,但初创阶段的企业能否生存下来难以判断。因此,对初创阶段行业的股票投资存在着高风险、低收益或无收益的危险。

②在行业的发展阶段,竞争激烈,但行业平均利润水平较高。对发展阶段的行业进行的证券投资,具有高风险、高收益的特征。这对那些富有冒险精神的投资者来说十分具有吸引力。

③在行业的成熟阶段,由于市场竞争势均力敌,企业经营风险有所降低。行业利润水平较为稳定,对已处于成熟阶段行业的股票投资,具有低风险、低收益的特征。这对于那些较为保守的投资者来说,具有一定的吸引力。

④在行业的衰退阶段,由于市场萧条,行业利润水平下降,难以转行的企业之间竞争加剧,生存发展较为困难,对已步入衰退期的行业进行股票投资,一般具有低收益、高风险的特

征。大多数投资者总是回避这类行业的投资。

9.2.4 行业的地区因素分析

地理位置对公司的发展也是至关重要的。在生产性企业中,主要体现在生产成本的降低,甚至产品质量的可信度上;在商业经营性企业中主要表现为业务量的大小、进货渠道的多寡和商誉等。

在中国,由于政策导向,对不同地区的企业发展产生并将继续产生相当大的不平衡。深圳、珠海和上海浦东的发展速度大大领先于内地,总体上说,这些地区内的企业发展速度也会领先于内地的相关企业。因此这些地区的企业发行的股票往往更具吸引力。位于这些区位的股票,在股票投资中称之为区域板块(板块即由于某种题材而产生出某些概念,具有相同或类似题材或概念的证券群体形成一个板块)。区域板块主要是以行政区划来划分板块归属的,中国股票市场上具有代表性的区域板块有:本地股板块(指上海本地的股票和深圳本地的股票)、浙江板块、西部开发板块、东北板块等。

9.2.5 行业分析与行业配置

行业分析要建立在全面综合分析行业的基础上,除了以上各类分析外,还应注意以下几个方面的问题。

1)行业投资选择必须与投资目的相结合

对特定投资者来说,由于投资资金来源、投资资金可使用时间的长短、投资人风险的承受能力存在着较大差异,投资者的目标确定存在着差异,投资选择的行业标准可能不同。

2)充分考虑行业发展的历史,重视对行业发展趋势的预测

应充分考虑行业的历史业绩和行业技术特征。投资者应广泛搜集有关行业销售、盈利、股息分配、资本结构、技术发展、有关政策、行业相关的证券价格变动的历史资料,为行业变化趋势预测作好准备。

拓展阅读9.2

人工智能专题报告:人工智能——催化剂不断,科技巨头加速布局

人工智能首次写入政府工作报告,后续催化密集。2017年3月5日政府工作报告中首次提到,要加快人工智能等技术的研发和转化。人工智能首入政府报告也意味着其已经上升至国家战略高度。后续催化剂密集,此前科技部部长万钢表示两会后《中国人工智能创新发展的规划》将出台,相关人工智能主题事件驱动因素不断,行业有望再次站上风口;4月1日,2017年IT领袖峰会,共话"智能新时代"议题;4月6日至10日,Libratus扑克机器人主创团队访问中国,将上演人机大战;中国棋手柯洁4月与AlphaGo终极较量等热点接踵而至,将持续催化主题。

人工智能成资本热点,未来市场潜力巨大。自2010年以来国内人工智能逐渐进入爆发期,人工智能企业大量增长,一系列人工智能领域的创业公司和投融资机构进入大众视野。65家创

业公司获得投资共计29.1亿元人民币。2016年中国人工智能市场规模达到239亿元,最近两年来中国在人工智能领域的投资也明显加快,据"2017中国IT市场年会"预计,2018年人工智能市场规模将达到381亿元,复合增长率达26.3%,市场规模潜力巨大。

谷歌、腾讯、阿里、百度等国际科技巨头纷纷布局产业链,加速"人工智能"产业化的发展。2010年以来一系列人工智能领域的创业公司和投融资机构进入大众视野,人工智能成为新的资本热点,2016年中国人工智能市场规模达到239亿元。相关企业也争相布局人工智能。以谷歌为代表的巨头企业通过纵向收购,力图打造从基础层到应用层的完整产业链,以加快人工智能产品落地。国内BAT巨头主要借力自身的海量数据优势,通过横向"投资+合作"的方式,布局应用层面各领域,加快推进"AI+"在应用层面的落地。目前人工智能在语音识别交互和图像识别等领域已有所成,以百度大脑为例,其语音合成日请求量达2.5亿,语音识别率能达97%。

发改委组建人工智能国家队,助推人工智能发展。近日,国家发展改革委高技术司公布了2017年"互联网+"重大工程拟支持项目名单。名单公示了22个项目,有4家AI公司上榜:百度、科大讯飞、腾讯和重庆中科云丛科技。值得关注的是,拟支持的项目均为这几家公司的"人工智能基础资源公共服务平台/人工智能云服务平台",名称中显示出入选人工智能项目的基础性、标准化等特征。据了解,百度、腾讯此前经发改委批复,共建AI相关国家工程实验室,以搭建人工智能基础资源和公共服务平台,而科大讯飞、云从科技在语音识别、人脸识别等细分行业具有优势。

投资建议:两条投资主线,把握人工智能投资机会。

1. AI技术层:具优势底层技术的公司。建议关注科大智能(与复旦合作类脑人工智能技术)、赛为智能(智能识别技术应用于涵盖智慧交通、智慧医疗、智慧教育等方面);

2. AI应用层:已有产品投入特定行业应用的公司。建议关注科大讯飞(具有语音识别核心技术及智能语音交互产品)。

（资料来源:慧博研报网海通证券研报.）

9.3　微观分析——公司分析

在对影响股票价格变动的宏观经济因素和行业因素进行分析,并了解了一般的专业预测技术以后,投资者需要进一步选择一组具体的股票作为组合中的资金配置对象。这项具体工作就是要对经预选的股票的发行公司的基本状况进行详细分析,以判断公司的业绩和未来盈利增长潜力。这项工作从基本分析的角度看就是公司分析,也是证券投资基本分析的核心部分。只有充分掌握公司的详细信息,才能对该股票的投资决策作出正确判断。对于公司分析的基本内容主要包括公司基本因素分析、公司财务报表分析与预测以及公司估值。最后将这些分析结果进行汇总,与目前公司股票市场价格进行比较,以此判断该公司的股价是高估还是低估,并进行相应的投资决策和操作。

9.3.1　公司基本因素分析

公司基本因素分析其实是公司的发展前景分析,通过对一系列影响公司成长的因素进行分析,判断公司未来发展的前景以及风险。其分析的重点包括公司的行业地位分析、公司的产品分析、公司的经营管理能力分析、公司的成长性分析等。

1)公司的行业地位分析

行业地位分析的目的是找出当前公司在所处行业的竞争地位。判断一家上市公司在行业内的竞争地位的标准往往取决于以下3个方面:能否领导行业内其他公司、能否影响产品的定价、是否具有竞争优势。衡量公司行业竞争地位的主要指标有行业综合排名、产品的市场占有率等。

2)公司的产品分析

产品是公司竞争力的核心内容。一家能够生产持久具有市场竞争力、受消费者普遍欢迎的产品的公司,往往是行业内最具竞争力的公司。因此对公司产品的分析是公司分析中不可或缺的部分。公司产品分析通常包括以下几个方面:产品的比较优势,产品的市场占有情况,新产品、新技术研发能力以及产品的品牌战略。

3)公司经营管理能力分析

公司经营管理水平的高低,直接影响公司的盈利能力,对公司股票价格的表现有非常重要的影响。对上市公司经营管理能力的分析内容包括多个方面,其中比较重要的有:公司管理层素质与能力分析、公司管理风格与经营理念分析、公司从业人员素质与能力分析以及公司法人治理结构分析。

（1）公司管理层素质与能力分析

在公司里,管理人员不仅担负着对公司生产经营活动进行计划、组织、指挥、控制等管理职能,而且担负着公司对外形象的建立与维护的重任。因此,公司的管理层不仅是一批具备较高的经营管理能力,丰富的工作经验,能够在复杂多变、竞争激烈的市场环境中保持清晰的头脑和敏锐的判断能力,运筹帷幄、决胜千里的高素质人才,而且他们还必须具备较强的从事管理工作的愿望。

（2）公司从业人员的素质与能力分析

公司是一个团队,公司的业绩、对外的声誉是众多公司从业人员共同努力的结果,因此公司从业人员的素质与能力是公司经营管理绩效水平高低的直接影响因素。公司从业人员必须具备的素质与能力包括较强的专业技术能力、对公司足够的忠诚度、责任感、团队合作精神与业务创新能力。

（3）公司的管理风格及经营理念分析

管理风格是公司在管理过程中所一贯坚持的原则、目标以及方式的总称。一般而言,公司的管理风格和经营理念有两种模式:稳健型和创新型。稳健型公司的特点是在管理风格和经营理念上以稳健经营为原则和核心,一般不会轻易改变已经形成的管理模式和经营模式。创新型公司的特点则是在管理风格和经营理念上以创新为核心,公司在经营管理活动中开拓能力较强。创新型公司依靠开拓创新,可能在行业中率先崛起,获得超常的发展速度,但创新并不意味企业的发展路径一定能够通往成功,有时候一些冒进式的发展战略可能会加速公司的失败。

(4) 公司法人治理结构分析

公司法人治理结构在狭义上是指有关公司董事会的功能、结构和股东权利等方面的制度安排;广义上则是指有关公司控制权和剩余索取权分配的一整套法律、文化和制度安排,包括人力资源管理、收益分配和激励机制、财务制度、内部制度和管理等。良好的公司法人治理结构是公司实现其战略目标和实施战术的基本前提条件,也是公司经营管理能力的重要体现。

4) 公司成长性分析

公司成长性分析是投资者投资决策中必须包含的内容,直接影响投资者投资收益水平,对公司成长性分析通常包括公司经营战略分析、公司扩张能力分析两个方面。

(1) 公司经营战略分析

经营战略是公司面对激烈的市场变化与严峻的竞争挑战,为求得长期生存与不断发展而进行的总体性谋划。公司的经营战略应该具有全局性、长远性和纲领性的特征,它应该从宏观上规定公司的成长方向、成长速度以及实现方式。

(2) 公司扩张能力分析

公司规模的扩张是处于成长期公司的主要特征之一。公司扩张能力分析包括对公司扩张路径特征的分析和公司扩张潜力的分析。通常可以从这两个方面来分析公司扩张能力,进而了解公司的整体成长性。

第一,公司规模扩张的推动力。公司规模扩张的推动力可以来源于内生推动力或者是外生推动力。外生推动力包括市场需求拉动等因素。内生推动力包括技术进步、产品创新、竞争驱使等。

第二,公司规模扩张的潜力。投资者可以通过历史数据的比较来辨别具有较大扩张潜力的公司。通过纵向比较历年公司的销售、利润、资产规模的数据,可以了解公司的发展趋势;通过横向比较公司与同行业其他企业的销售、利润、资产规模等数据,可以了解公司的行业地位变化以及相对扩展速度;通过分析公司产品的市场前景、盈利能力、公司的研发能力以及公司财务状况、筹资能力可以了解公司未来继续保持或加快发展速度的基础条件是否充分。

9.3.2 公司财务报表分析

财务报表分析方法是指在财务报表分析、判断与评价过程中能够普遍适用的分析手段、技巧和技术。其中最常用的分析方法有比较分析法、结构分析法、趋势分析法、比率分析法以及综合分析法,下面对此逐一介绍。

1) 比较分析法

比较分析法,是指对两个或多个有关的、可比的绝对数或相对数的数据资料进行对比发现指标之间的数量差异,以暴露矛盾、发现问题的一种最基本的分析方法。比较分析法是财务报表分析中最基本、最普通的分析方法。在财务报表分析中,投资者可以对上市公司的各种重要指标进行对比分析,以评估其经营管理状况,辨明企业的优势与不足,找出生产经营中存在的问题,为进一步分析其原因、解决问题、进行投资作出决策。

在运用比较分析法进行财务报表分析中,一般进行以下 3 种形式的比较:实际指标与计划指标之间的比较;本期指标与前期指标的对比;本企业指标与同类企业的可比指标之间的比较。对实际指标与计划指标的比较可以帮助投资者了解企业项目的进展;对本期指标与前期指标的比较可以帮助投资者了解公司经营管理状况的变化趋势;对本企业指标与同类企业的可比指标的比较可以帮助投资者了解企业之间的差异。

相对其他分析方法来说,比较分析法具有方法简单、计算方便、应用广泛的优点。但是投资者在使用比较分析法时也应该注意比较指标之间的可比性问题。投资者在进行经济指标比较时,应在计量、计价标准、时间单位、指标内容、计算方法等方面保持一致的口径。

2)结构分析法

结构分析法是指分析企业某项经济指标的局部与总体之间的关系,比如固定资产占总资产的比重。结构分析法是基于比较分析法之上的。简单的比较分析不足以让投资者了解企业的全貌,尤其是对财务数据的绝对值进行比较分析时。在比较分析的基础上,通过结构分析有助于投资者了解企业资源结构的分配,为投资者的投资决策提供参考。

在财务报表分析中,一般选择某些关键项目,比如资产、营业收入作为总体,计算其子项目在总体中所占的比重,然后采取比较分析法进行横向或纵向对比分析。

相对比较分析法来说,结构分析法能够帮助投资者进一步了解企业的经营管理变化趋势以及同类企业之间的细微差异。不过需要说明的是,在运用结构分析法进行横向比较,即在企业之间进行比较时,需要谨慎使用。比如说固定资产比率,固定资产在总资产中所占的比例,在不同产业之间具有很大的差异。有一些结构化指标,即使在同行业企业之间,也可能有较大的差异,比如说未分配利润在所有者权益中的比率,处于成长时期的企业与成熟企业之间也会出现较大差异。这些都是需要辩证对待的。

3)趋势分析法

趋势分析法,是将公司连续两期或多期报表合并在一起,编制比较财务报表,对某些指标在不同时期的增减变化方向及幅度作出分析,以揭示该指标的发展变化趋势的一种方法。趋势分析法对于长期投资者来说,有助于了解公司的长期趋势,对投资决策有非常重要的影响。

趋势分析法一般采取两种计算方式:定基比率和发展比率。定基比率是确定某一年为基准数值,其他各年数值取其占基准数值的比率。发展比率是取各年数值与上一期数值的比率,即采用环比计算方法。

投资者采取趋势分析法时,通常需要 3 年以上的财务报表,并且获得时期越长,通过趋势分析法对公司财务状况和财务能力的了解会越多。趋势分析法还要求各期财务指标在时间上是连续的,并且只反映百分率的变化,而不是绝对值的变化。

4)比率分析法

比率分析法,是指计算两个指标间的相对数来说明其间的相互关系的一种方法。比率分析法可以将分析对比的数值变成相对数进行比较,而且可以将一些不可比的指标转为可比指标。相对其他分析方法而言,比率分析法是其他分析方法的基础。所以投资者在对公司财务报表进行分析时,使用最多的当属比率分析法。

比率分析法可以有以下几种形式:相关比率、构成比率以及动态比率。相关比率是根据经济活动中客观存在的相互联系、相互依存的关系,将两个性质不同而又相关的指标加以对比计算的比率,比如销售利润率、成本费用利润率等。构成比率是对那些由许多子项目构成的经济指标,计算其各自组成部分在总指标中所占比例,比如固定资产比率。动态比率是将不同时期的同类经济指标进行对比计算,比如主营业务增长率。

从财务分析的目的来看,可以将财务比率划分为四类:

①反映企业流动状况的比率,也称偿债能力比率。它主要是通过流动资产和流动负债的关系来反映,包括流动比率和速动比率。

②反映企业资产管理效率的比率,也称资产周转率。它是通过周转额与资产额的关系来反映的,主要包括应收账款周转率、存货周转率、固定资产周转率等。

③反映企业权益状况的比率。企业的权益主要包括债权权益和所有者权益。债权权益使企业所有者能够以有限的资本金取得对企业的控制权;而所有者权益资本越多,债权就越有保障,否则债权人就需负担大部分的经营风险。这样,对于债权权益拥有者即债权人来说,最关心的是总资产中负债的比率;对于所有者权益的拥有者来说,最关心的是其投资收益状况,主要包括价格与收益比率、市盈率、股利分配率、股利与市价比率、每股市价与每股账面价值比等。

④反映企业经营成果的比率,也称盈利能力指标。它是通过企业的利润与周转额和投入成本或占用资产关系来反映的。主要有销售收入利润率、资本金利润率和总资产利润率。

5)综合分析法

综合分析法,是指将所有有关指标按其内在联系结合起来,通过计算衡量相关指标影响程度的大小。综合分析法能全面反映公司整体财务状况,以及经营成果,对公司进行总体评价。

综合分析法主要有两种分析方法:杜邦财务分析体系和沃尔比重评分法。杜邦分析法将企业财务活动及财务指标看作一个系统,对系统内的相互依存、相互作用的各种因素进行综合分析。沃尔比重评分法则是选定流动比率、产权比率、固定资产比率、存货周转率、应收账款周转率、固定资产周转率、主权资本周转率等7个指标,通过线性关系结合在一起,并且赋予各个指标相应的分值,通过与标准比率进行比较,确定各项指标的得分以及总体指标的累计得分,从而对公司的财务状况、信用水平作出评价。

9.3.3 公司估值

公司估值与股票估值不同。公司估值是对公司所有资产进行估价,既包括公司股权价值,也包括公司的债权价值。公司总资产的形成来源于股权融资和债权融资,公司可以通过发行普通股、优先股、可转债、其他债务等形式筹集资金。因此,从数量上看,公司价值是普通股价值、优先股价值、可转债价值、其他债务价值等的加总。股票估值则是对公司所有者权益进行估值,是公司价值扣除公司债务价值、优先股股权价值,并且考虑可转债投资是否转换为股权投资之后,普通股股东拥有的公司价值。

对公司进行估值的方法主要有:自由现金流贴现模型、股利贴现模型以及相对股价模型。

1)自由现金流贴现模型

自由现金流贴现模型使用经典的现金流贴现方法对公司进行估值,它通过采用合适贴现率对公司自由现金流进行贴现,贴现结果就是公司的价值。贴现率是公司自由现金流风险的函数,公司获得自由现金流的风险越大,贴现率也越大。这里主要介绍加权资本成本贴现法。

加权资本成本是指在对公司自由现金流贴现时使用加权资本成本作为贴现率。加权资本成本法的计算公式为:

$$公司价值 = \sum_{t=1}^{t=\infty} \frac{FCFF_t}{(1 + WACC)^t}$$

式中　$FCFF_t$——公司在第 t 期的自由现金流;

　　　WACC——加权平均资本成本;

　　　t——公司自由现金流持续的期限。

使用 WACC 法进行公司估值的关键在于准确预测与计算公司的自由现金流量(FCFF)以及确定 WACC。

(1)计算公司的自由现金流量

公司自由现金是企业所有索取权持有者,包括普通股股东、优先股股东和债权人的现金流总和,它是企业在购买和销售产品、提供服务以及支付现金营运费用,作出短期和长期投资后可以对所有投资者进行分配的现金流量。公司自由现金流量的计算可用以下公式表示:

$$FCCF = NI + NCC + INT(1 - t) - FCI_{nv} - WCI_{nv}$$

式中　NI——净利润;

　　　NCC——非付现费用;

　　　INT——利息费用;

　　　t——所得税税率;

　　　FCI_{nv}——资本性支出;

　　　WCI_{nv}——营运资本追加。

由上面的公式可以看出,要得到公司自由现金流量,必须对净利润进行 4 个方面的重要调整,即非付现费用、固定资产投资、营运资本投资以及利息费用。

非付现费用是指在损益科目中作了费用处理,用来减少净利润,但实际并未支付现金的项目。最主要的非付现费用就是折旧和摊销,另外还有递延税款资产项的减少以及债券折价的摊销等。

固定资产的投资和营运资本的追加虽然没有反映在损益表上,但它代表企业资金的流出,因此要从净利润中扣除。固定资产的投资是一个净额的概念,等于固定资产投资减去处置固定资产的所得。营运资金的追加等于剔除现金、现金等价物、应付票据、长期负债中的短期部分等4个项目后的营运资本的净增加额。

利息费用是损益表上的一个费用科目,但它代表对债权人的一项投资报酬支出。根据公司自由现金流的定义,在支出前仍可由公司自由支配和运用,因此需要将其加回到净利润中,但因为利息支出可以减少所得税,所以不能将所有的利息费用加回去,而只是税后利息费用。

(2)计算公司的加权资本成本

加权资本成本是企业资产的必要收益率,它等于股权投资要求的收益率和债务税后成本的加权平均值。

$$\text{WACC} = \frac{S}{S + B} \times r_s + \frac{B}{S + B} \times r_B \times (1 - t)$$

式中 S——股权价值;

     B——债权价值;

     r_S——股权投资者要求收益率;

     r_B——债务成本;

     t——公司税率。

2)股利贴现模型

公司价值是公司股权价值与公司债券价值的加总。因此可以用现金流贴现的方法,对公司的股权投资者和债权投资者预期获得的现金流量分别取相应合适的贴现率进行贴现,分别计算公司股权价值和债权价值,然后求公司价值。

首先,计算公司股权价值。采用股权投资者要求收益率对股权投资者预期获得的现金流进行贴现,可以求得公司的股权价值 V_S:

$$V_S = \sum_{t=1}^{\infty} \frac{d_t}{(1 + k_s)^t}$$

式中 d_t——第 t 期股权投资者获得股利规模;

     k_s——股权投资者要求的投资收益率。

然后,计算公司债权价值。利用债权投资者要求收益率对债权投资者预期获得的现金流进行贴现,可以求得公司的债权价值 V_B:

$$V_B = \sum_{t=1}^{n} \frac{B_t}{(1 + k_B)^t}$$

式中 B_t——公司债券投资者在第 t 期回收的本利和;

     n——公司债权预期持续的年限;

     k_B——债权投资者要求的收益率。

最后,将公司股权价值和债权价值相加,得到公司总价值 V:

$$V = V_S + V_B$$

3)相对估值模型

相对估值模型是利用类似公司的市场定价来估计目标公司价值的一种方法。通常情况下,它假设存在一个支配公司市场价值的主要变量,比如净利润、净资产。市场价值与该变量的比值,通常称为乘数,该乘数在类似公司之间是相近的。

相比其他估值模型,相对估价法在实际操作中获得最广泛的应用。因为,第一,这种以乘数和可比公司为基础的估价方法,与现金流贴现方法比较起来,少了很多假设约束,并且计算方便;第二,与现金流贴现方法比较,相对估值法更容易被投资者理解;第三,相对估值法更容易反映市场对某种资产的现行感觉,一些公司,比如高科技公司,用现金流贴现方法可能无法估计其市场价值,或者估计结果难以解释市场价格,相对估值法可以避免这一不足。但是,相对估值模型通常忽视了其他影响公司价值的关键性变量,比如增长率,因此在实际操作中,通常会利用其他变量对乘数进行修正。

在公司估价中,常用的相对估值模型有:市净率模型、收入乘数模型、利润乘数模型。

(1)市净率模型

市净率模型认为公司净资产规模是决定公司价值的关键变量,同类公司之间具有相同的市净率。通过计算可比公司的市净率水平,可以用来作为待估价公司市净率标准。

$$公司价值=待估价公司净资产规模×同类公司市净率$$

(2)收入乘数模型

收入乘数模型认为公司销售收入规模是公司价值的函数,类似公司之间具有相同的市值/销售收入比率,通过计算可比公司的市值/销售收入乘数,可以用来作为待估价公司市值/销售收入乘数的标准。

$$公司价值=待估价公司销售收入×同类公司市值/销售收入乘数$$

(3)利润乘数模型

利润乘数模型认为,公司价值与公司息前税后的营业利润有关,同类公司之间,市值/息前税后营业利润乘数应一致,通过计算同类公司的市值/息前税后营业利润乘数,就可以求得待估价公司的价值。

$$公司价值=待估价公司息前税后营业利润×同类公司市值/息前税后营业利润乘数$$

拓展阅读9.3

贵州茅台:山高九千丈,只待君为峰

投资要点

事项:

贵州茅台公布了2016年三季报。1-3Q16(2016年1—3季度)营收275.33亿元,同比增长16%,归母公司净利51亿元,同比增长9.1%,EPS9.92元。3Q16(2016年第三季度)营收87.95亿元,同比增长16.5%,归母公司净利36.6亿元,同比增长3.6%。

平安观点:

3Q16营收增长16.5%略低于预期的21%,考虑3Q16预收款大升60亿~174亿元,实际业务再超预期。受消费税率和管理费用骤升拖累,3Q16归母公司净利仅增3.6%,低于预期的21%。

3Q16估计53度茅台酒实际出货增1%,普飞同比估计降10%~20%。

9月份酒厂就一直在收紧发货,10月中旬还有经销商未收到9月份货物。修正3Q16预收款

余额后,估算53度茅台酒(含普飞与订制)实际出厂量同比增约1%,扣除订制酒(含开发产品),估计3Q16普飞53度同比可能降10%～20%,推测节后一批价不跌反涨。因3Q15(2015年第三季度)报表确认数大幅低于实际数,3Q16预收款环比2Q16(2016年第二季度)大增约60亿元,估计3Q16报表确认销量同比增约9%。回顾1-3Q16,估计53度茅台酒出货同比增约9%,但53度普飞同比估计降5%～15%,订制酒(含开发产品)是增量主要来源,可能占当期53度茅台酒出货总量10%～20%。

继续藏富于预收款,只待华丽转身。

即使对因订制酒打款周期长和经销商提前打款导致的口径变化进行调整,我们估算,茅台3Q16末预收款仍相当于当季营收的约115%,自2Q14(2014年第二季度)以来上涨约110%。太阳底下没有新鲜事,类似情况也发生在2009—2011年。上次该项指标4Q10(2010年第四季度)见顶,这一次则至今仍在创新高,背后相对应的是极度保守的营收确认,以及2Q16以来的严格控货。

继续迎接超预期,"强烈推荐"。

预计2016—2018年EPS为14.56、17.57(升4%)、20.29元(升8%),同比增长18%、20.7%、15.4%,动态PE为21.8、18.0、15.6倍。茅台可谓中国最佳消费品品牌,且2016—2018年是业绩增长小高潮,市场预期仍较预测低至少10%,且超预期概率仍高,机会成本下行背景下,估值亦有逐步上升空间。

表9.1　贵州茅台主要财务指标

项目	2014A	2015A	2016E	2017E	2018E
营业收入/百万元	32 217	33 447	38 604	45 536	51 898
YoY/%	3.7	3.8	15.4	18.0	14.0
净利润/百万元	15 350	15 503	18 293	22 074	25 482
YoY/%	1.4	1.0	18.0	20.7	15.4
毛利率/%	92.7	92.4	91.4	91.4	91.7
净利率/%	50.5	49.2	50.3	51.5	52.1
ROE/%	32.0	26.4	28.3	31.2	30.8
EPS/元	12.22	12.34	14.56	17.57	20.29
PE/倍	23.6	25.7	21.8	18.0	15.6
PB/倍	7.5	6.2	6.1	5.2	4.5

表9.2　三季报快读:3Q16含利息收入增16.5%、净利增3.6%

单位:百万元

项目	3Q15	3Q16	同比变化	1-3Q15	1-3Q16	同比变化	原因
营业收入	7 549	8 795	16.5%	23 734	27 533	16.0%	受扣利息收入影响,3Q16白酒营收增约14.8%。且预收款环比增约60亿元,实际出货再超预期
营业成本	581	750	29.1%	1 747	2 225	27.4%	

续表

项目	3Q15	3Q16	同比变化	1-3Q15	1-3Q16	同比变化	
毛利率	92.3%	91.5%	−0.8%	92.6%	91.9%	−0.7%	系列酒占比上升略影响毛利率
毛利	6 967	8 045	15.5%	21 987	25 307	15.1%	
营业税金及附加	728	1 418	94.8%	2 172	3 624	66.9%	销售公司存酒上升＋营收确认滞后
销售费用	343	268	−21.9%	935	655	−29.9%	
管理费用	765	927	21.2%	2 593	2 786	7.4%	3Q16 管理费用骤增估计确认票据贴息
财务费用	−33	11	133.3%	−52	−1	98.1%	
资产减值损失	−0	−0	0.0%	0	5	3 547.7%	
公允价值变动收益	0	0	0.0%	0	0	0.0%	
投资收益	1	0	−100.0%	4	0	−100.0%	
营业利润	5 143	5 389	4.8%	16 295	18 150	11.4%	
营业利润率	68.1%	61.3%	−6.8%	68.7%	65.9%	−2.8%	
营业外收入	0	3	557.9%	1	8	700%	
营业外支出	131	120	−8.4%	134	120	−10.4%	
利润总额	5 013	5 273	5.2%	16 162	18 038	11.6%	
所得税	1 251	1 320	5.5%	4 035	4 708	16.7%	
所得税率	24.3%	24.5%	0.2%	24.8%	25.9%	1.1%	
少数股东权益	226	290	28.3%	702	865	23.2%	
归属于母公司净利润	3 536	3 663	3.6%	11 425	12 466	9.1%	
净利率	49.8%	44.9%	−4.9%	51.1%	48.4%	−2.7%	
EPS	2.82	2.92	3.5%	9.09	9.92	9.1%	低于预期的 21%

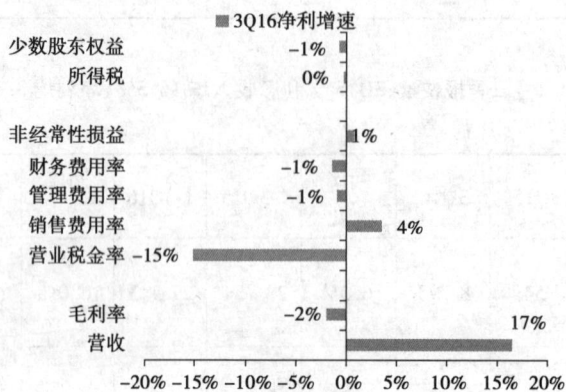

图 9.1　3Q16 税率提升吞噬净利增长

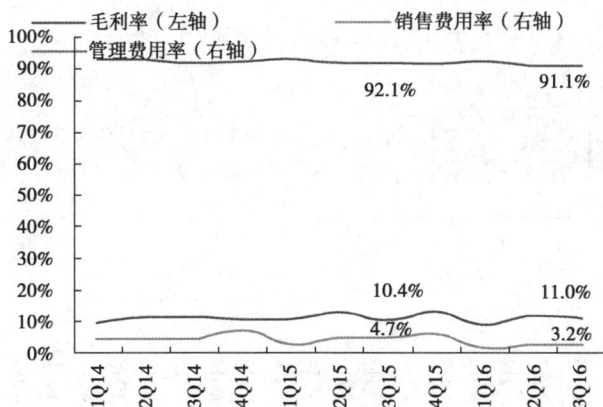

图 9.2 3Q16 毛利率略降, 销售费用率上升

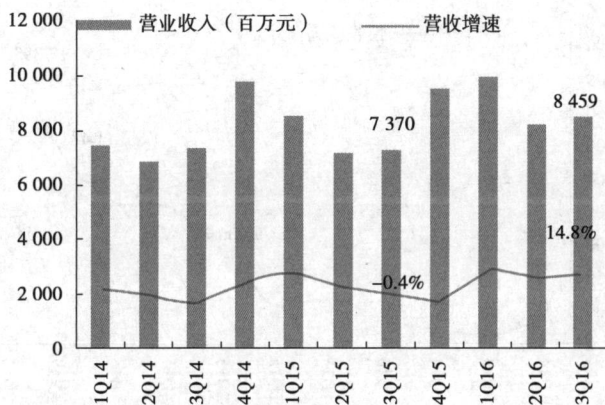

图 9.3 3Q16 酒类营收同比增长 14.8% 至 84.6 亿元

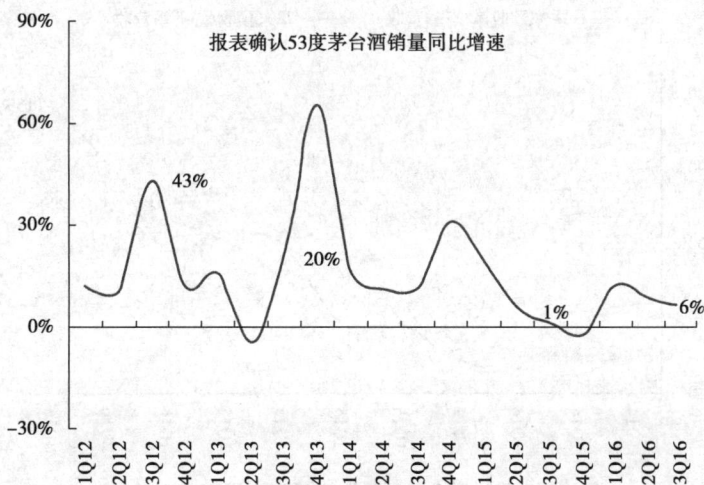

图 9.4 估计 3Q16 报表确认 53 度茅台酒销量同比增长 9%

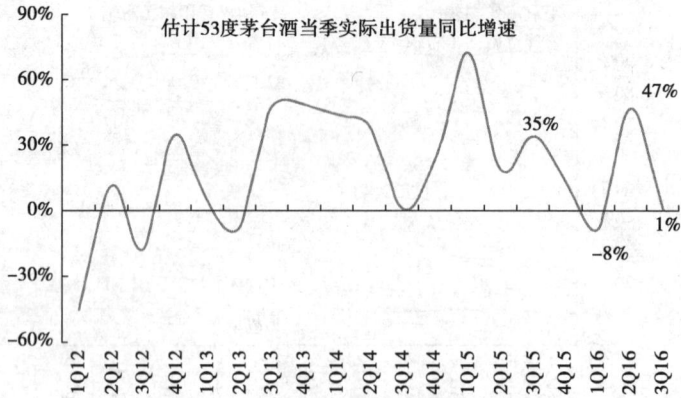

图 9.5　估计 3Q16 飞天 53 度实际销量同比增长 1%

图 9.6　3Q16 预收款同比增 174 亿元，环比增约 60 亿元

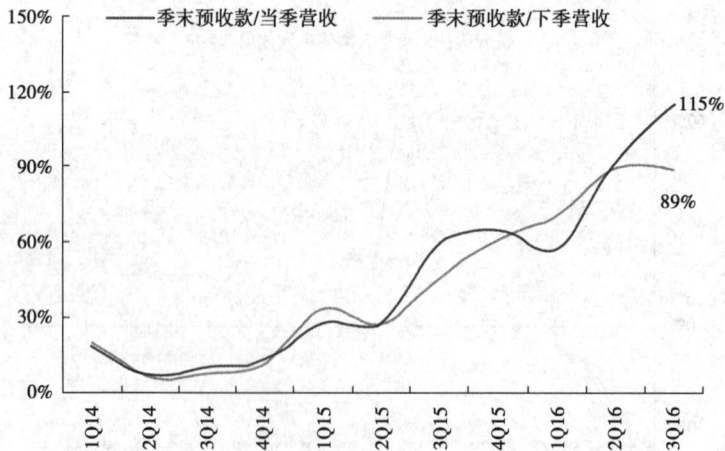

图 9.7　调整后 3Q16 预收款仍为当季营收 115%

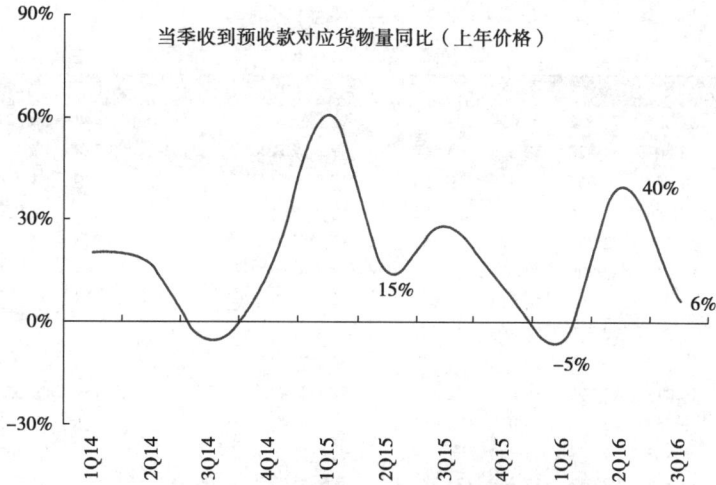

图9.8　3Q16 收到预收款对应货物量同比增 6%

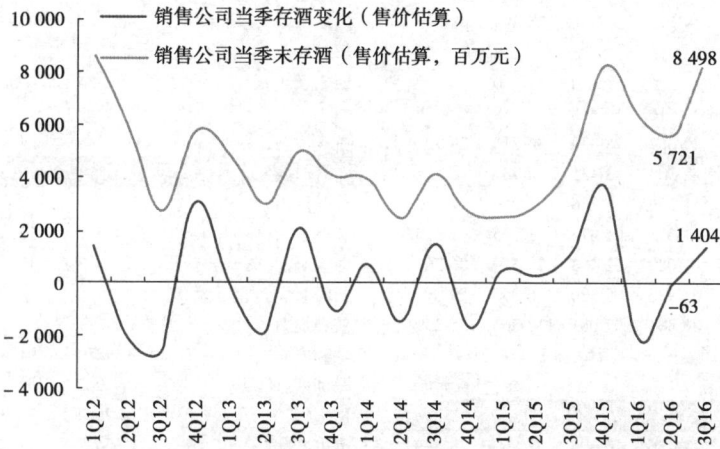

图9.9　3Q16 末销售公司茅台酒库存值约 85 亿元(含税)

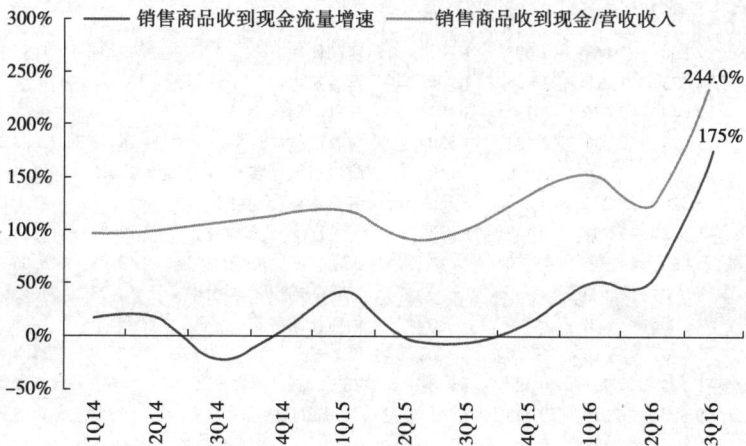

图9.10　3Q16 销售商品收到现金同比大增 244%

表9.3 贵州茅台预计财务报表汇总

资产负债值		单位:百万元			利润表		单位:百万元		
会计年度	2015A	2016E	2017E	2018E	会计年度	2015A	2016E	2017E	2018E
流动资产	65 005	74 372	93 057	108 332	营业收入	33 447	38 604	45 536	51 898
现金	36 801	42 820	53 398	65 560	营业成本	2 538	3 307	3 920	4 321
应收账款	8 579	6 061	9 415	9 439	营业税金及附加	3 449	4 246	4 781	5 449
其他应收款	48	76	78	96	营业费用	1 485	1 039	1 143	1 258
预付账款	1 478	2 988	2 911	3 557	管理费用	3 813	3 946	4 262	4 603
存货	18 013	22 329	27 139	29 549	财务费用	−67	1	1	1
其他流动资产	85	98	116	131	资产减值损失	−1	0	0	0
非流动资产	21 297	22 710	24 803	26 907	公允价值变动收益	0	0	0	0
长期投资	0	0	0	0	投资净收益	4	5	6	8
固定资产	16 311	17 779	19 605	21 583	营业利润	22 159	26 068	31 435	36 273
无形资产	3 582	3 752	3 915	4 087	营业外收入	5	2	1	0
其他非流动资产	1 403	1 179	1 283	1 238	营业外支出	162	162	162	162
资产总计	86 301	97 081	117 860	135 239	利润总额	22 002	25 908	31 274	36 111
流动负债	20 052	28 313	36 700	39 774	所得税	5 547	6 492	7 845	9 065
短期借款	0	0	0	0	净利润	16 455	19 416	23 429	27 047
应付账款	881	1 074	1 317	1 428	少数股东损益	952	1 123	1 355	1 565
其他流动负债	19 171	27 238	35 383	38 346	归属母公司净利润	15 503	18 293	22 074	25 482
非流动负债	16	18	18	18	EBITDA	22 940	27 125	32 560	37 509
长期借款	0	0	0	0	EPS(元)	12.34	14.56	17.57	20.29
其他非流动负债	16	18	18	18					
负债合计	20 067	28 330	36 718	39 792	主要财务比率				
少数股东权益	2 308	3 431	4 787	6 351	会计年度	2015A	2016E	2017E	2018E
股本	1 256	1 256	1 256	1 256	成长能力	−	−	−	−
资本公积	1 375	1 375	1 375	1 375	营业收入(%)	3.8	15.4	18.0	14.0
留存收益	61 089	62 483	73 519	86 260	营业利润(%)	0.3	17.6	20.6	15.4
归属母公司股东权益	63 926	65 320	76 356	89 096	归属于母公司净利润(%)	1.0	18.0	20.7	15.4
负债和股东权益	86 301	97 081	117 860	135 239	获利能力				
					毛利率(%)	92.4	91.4	91.4	91.7
现金流量表		单位:百万元			净利率(%)	49.2	50.3	51.5	52.1
会计年度	2015A	2016E	2017E	2018E	ROE(%)	26.4	28.3	31.2	30.8
经营活动现金流	17 436	16 406	22 860	26 579	ROIC(%)	54.7	57.2	60.2	62.8
净利润	15 503	18 293	22 074	25 482	偿债能力				
折旧摊销	761	912	993	1 093	资产负债率(%)	23.3	29.2	31.2	29.4
财务费用	−67	1	1	1	净负债比率(%)	−55.5	−62.3	−65.8	−68.7
投资损失	0	0	0	0	流动比率	3.24	2.63	2.54	2.72
营运资金变动	866	4 067	−1 693	−1 702	速动比率	2.34	1.84	1.80	1.98
其他经营现金流	373	1 268	1 486	1 706	营运能力				
投资活动现金流	−2 049	−2 636	−3 134	−3 380	总资产周转率	0.44	0.42	0.42	0.41
资本支出	3 279	2 636	3 134	3 380	应收账款周转率	14 744.3	26 226.8	20 372.8	22 651.6
长期投资	0	0	0	0	应付账款周转率	3.2	3.4	3.3	3.1
其他投资现金流	−5 328	−5 272	−6 268	−6 760	每股指标(元)				
筹资活动现金流	−5 588	−7 751	−9 148	−11 038	每股收益(最新摊薄)	12.34	14.56	17.57	20.29
短期借款	−63	0	0	0	每股经营现金流(最新摊薄)	13.88	13.06	18.20	21.16
长期借款	0	0	0	0	每股净资产(最新摊薄)	52.73	54.73	64.59	75.98
普通股增加	0	0	0	0	估值比率				
资本公积增加	0	0	0	0	PE	25.7	21.8	18.0	15.6
其他筹资现金流	−5 525	−7 751	−9 148	−11 038	PB	6.2	6.1	5.2	4.5
现金净增加额	9 800	6 019	10 578	12 161	EV/EBITDA	17.1	14.5	12.1	10.6

(资料来源:东方财富网,平安证券研报.)

◆本章小结

1. 自从格雷厄姆的经典之作《证券分析》面世以来,基本分析作为一种主要的证券分析方法,在西方成熟的证券市场迅速成为主流,涌现出一批如沃伦·巴菲特、彼得·林奇等著名的投资大师。他们的投资智慧和理念越来越被广大投资者所接受。

2. 基本分析分为3个层次:分别为宏观层面、中观层面和微观层面。其中宏观层面解决证券投资的择时问题,而中观和微观层面是解决证券投资的择股问题。

3. 宏观经济分析是对整体经济与证券市场关系的分析。股票市场活动是处于一定的宏观经济形势中的市场经济活动,股票市场的参与主体及其行为、股票市场的运行状况,都会受到宏观经济形势的影响。

4. 行业分析主要任务是对影响行业盈利能力的各种经济因素的确认。行业内的竞争强度总体上决定了一个行业中的公司能否创造出超常的利润;行业内企业的数量及其规模决定了行业的集中度,从而影响了企业的盈利水平与竞争方式;行业内各企业产品或服务的差异程度和替代成本,决定了同一行业内企业之间避免正面竞争的可能性等。

5. 公司基本因素分析其实是公司的发展前景分析,通过对一系列影响公司成长的因素进行分析,判断公司未来发展的前景以及风险。其分析的重点包括公司的行业地位分析、公司的产品分析、公司的经营管理能力分析、公司的成长性分析等。

◆综合练习与训练

1. A 公司账面反映的长期资金共 1 200 万元,其中长期借款 150 万元,应付债券 400 万元,优先股 100 万元,普通股 500 万元,留存收益 50 万元,其个别资本成本分别为 6.71%,8.15%,10.64%,13.02%,16%,公司所得税为 25%。计算该公司的 WACC。

2. 根据 B 公司的经营决策,决定将大量的资金投入到新产品的研发中,预计在未来的几年中不支付股利。某家基金有兴趣投资 B 公司的股票,对其进行了大量的研究,发现 B 公司的股价是根据自由现金流贴现模型来确定的,该基金的基金经理对 B 公司未来 4 年的净现金流进行了预测,分别为:300 万元、600 万元、1 000 万元和 1 500 万元。4 年后,预期 B 公司的净现金流将以 7% 的速度稳定增长。B 公司的加权平均资本成本为 12%,B 公司有 6 000 万元的负债和 1 000 万股普通股。

请计算:

(1)B 公司未来 4 年的自由现金流的总现值是多少?

(2)B 公司在 4 年后的终点日的价值是多少?

(3)B 公司现在的总价值是多少?

(4)B 公司的股票价格是多少?

3. 假设今天是 2009 年 12 月 31 日,以下是 C 公司的有关信息:

(1)预计 2010 年公司的税后营业收益[EBIT(1 − T)]为 5 亿元。

(2)预计 2010 年公司的折旧费用为 1 亿元。

(3)预计 2010 年公司的资本支出为 2 亿元。

（4）预计公司的净运营资本不变。

（5）预计公司的自由现金流按照每年6%稳定增长。

（6）公司的权益成本为14%。

（7）公司的加权平均资本成本为10%。

（8）公司债务的市场价值为30亿元。

（9）公司有2亿股发行在外的股票。

运用自由现金流贴现模型计算C公司股票当前价格应该为多少？

4. D公司是一家处在高速增长阶段的公司。分析师估计在未来3年中，D公司的自由现金流如表9.4所示，从此以后D公司将以每年7%的速度稳定增长。D公司的加权平均资本成本为13%。

表9.4　D公司的自由现金流

时间/年	1	2	3
FCFF/百万元	−20	30	40

（1）D公司3年后的终点日的价值为多少（提示：先求出3年后所有的未来现金流量的价值，然后贴现到第3年末）？

（2）D公司的当前价值是多少？

（3）假设D公司有1亿元的负债和1 000万股普通股，每股股价应该是多少？

5. E公司2009年每股销售收入为83.06元，每股净利润3.82元。公司采用固定股利支付政策，股利支付率为74%。预期利润和股利的长期增长率为6%。该公司的Beta值为0.75，该时期的无风险利率为7%，市场平均报酬率为12.5%。计算该公司的收入乘数，并以此对公司的股价进行估值。

◆案例分析

超强基本面助力PPP王者归来

PPP项目落地加速，建筑公司订单继续迎来高增长。2015年和2016年财政部项目库签约额分别为0.4万亿元和1.8万亿元，预计2017年将签3万亿元，较2016年增长超60%，建筑公司2017年还将迎来订单高增长。相关公司2016年下半年才进入拿单状态，2017年将全年拿单，预计PPP板块整体订单增速将达70%以上。政策面PPP资产证券化推进如火如荼，PPP立法稳步推进。同时财政部即将推出第四批PPP示范项目，打造行业精品与改革示范区，并将严格执行PPP项目信息公开管理办法，引导市场规范发展，第三批示范项目共有1.17万亿元（516个），估计第四批规模有望超过第三批，强大示范效应带动落地进一步提速。

一体两翼构架完成，PPP人才与模式优势显著。公司2014年成立PPP专业投融资子公司龙元明城，2015年收购项目建设管理机构杭州城投补充甲方思维，一体两翼PPP业务构架搭建完毕。龙元明城拥有50余名专业PPP人员，其核心成员具有多年的基础设施领域投融资经验，金融背景人才占40%以上，杭州城投共拥有员工110余名，其中工程技术、管理类人才占85%以上。公司4名员工入选财政部或发改委PPP专家库，其中3人为两库专家，人才优势明显。龙元建设构建开放式平台,整合各类外部战略合作资源要素,与大多数参与PPP的建筑企业不同,并不是想用投资拉动施工主业,而是定位精通建筑、融资、运营的投资人,核心竞争力在于PPP的专业性以及资源的整合能力。平台化战略也使得公司并不局限在单一行业领域的PPP项目,而是瞄准整个PPP大市场,因而具有更加广阔的潜在市场空间。

PPP订单趋势强劲,一季度同比大幅增长。公司2016年累计新承接业务量约377.51亿元,同比增长54.34%;其中单一施工合同模式153.7亿元,同比下滑8.5%,主要因公司主动控制传统模式订单承接;新签PPP合同共计223.8亿元,同比大幅增长192.4%。传统单一施工合同订单占比已由2015年的68.7%下降至2016年的40.7%。公司一季度公告中标(含预中标)PPP订单71亿元,较2016年同期增长450%,趋势强劲,预计2017年公司PPP订单仍将实现快速增长,业务结构及客户结构都将得到进一步优化。

在手PPP订单充裕,后续业绩高增长趋势明确。公司2015年新签PPP订单76.53亿元,2016年新签223.8亿元,2017年截至目前中标(含预中标)78亿元,合计378亿元。根据财报披露,2016年上半年公司结算PPP项目毛利率高达21.22%,远超公司传统土建施工的毛利率;净利率为9.1%(纯施工部分为4%~5%),也远高于传统业务。随着PPP项目逐个进入施工阶段,PPP贡献收入占比将进一步提升,公司盈利能力将得到显著增强,业绩具有极高弹性。PPP订单的大幅增长叠加盈利水平的显著提升,将驱动业绩加速增长。

增发补充资金实力,加速项目执行与承接。公司公告拟以不低于10.74元/股价格,非公开发行不超过2.9亿股,募集不超过31.1亿元用于PPP项目,有望改善公司的财务结构,增强资金实力,加速PPP项目的承接和执行。

(资料来源:东方财富网.)

思考:看完材料,请谈谈你对PPP的看法,并分析PPP的应用前景。

第 10 章

证券投资的技术分析

◆ 学习目标

　　1. 掌握技术分析的前提；

　　2. 掌握 K 线的含义和基本理论；

　　3. 熟悉各种技术分析方法及限制。

◆ 创设情境

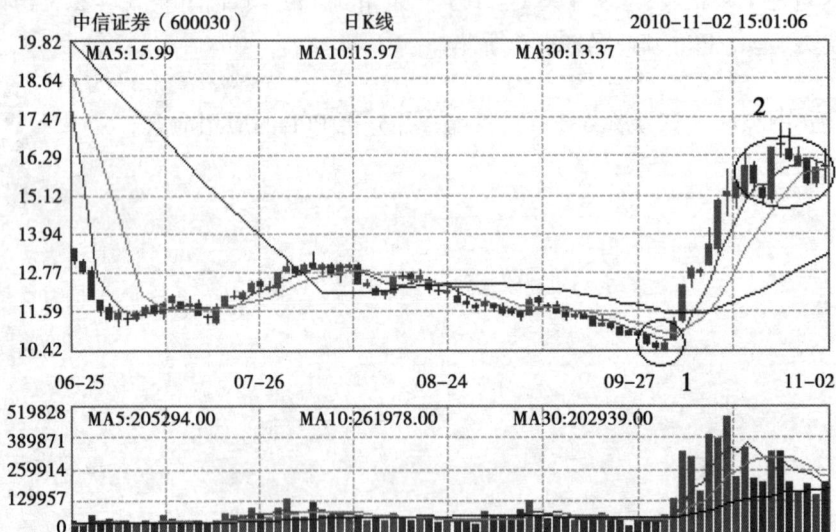

中信证券（600030）　　　　日K线　　　　　　　　2010-11-02 15:01:06

图 10.1　K 线图

技术面分析：

　　分析一：图中 1 位置出现明显的"希望之星"图形，是一个非常好的买入信号，同时，下方成交量较上一交易日有明显上升，这也是对买入信号的一个有力支撑。之后 5 日均线一改前面与 10 日均线纠缠不清的状况，一路直上，冲破 10 日均线的封锁，紧接着更是突破 30 日均线，一路上扬。

　　分析二：图中 2 位置已经出现"怀星抱月"，显示出多空双方力量正在发生转变。之后两天多空双方开始拉锯战,但从图中可以看出,卖方力量正在逐渐形成,同时应该看到成交量上较之前的大力上涨已经有了明显的放缓,5日线已经向下穿透10日线,说明后期可能出现成交量的反降。之后第四日无论是价格还是交易量都出现反常的增长,如果被这一反常的变化所迷惑那就很可能在接下来的交易中造成损失。其实仔细想想不难发现出现这一变化的原因。这正是价格即将下降前多方力量的一次全力出击,因为成交量的异常上升有力地说明了这点。随着前段时间价格的不断上涨,多方市场已经力量不足,之前出现"怀星抱月"的时候已经显露出来,但多方力量中,特别是一些大庄家手里已经持有一定的股份,这可以从前端时间的成交量呈现柱状图形,而非阶梯上升可以看出。这是庄家并不想这一段上升势头就此打住,所以在这一日出现了交易量和价格的异常反升,为的就是吸引更多闲散资金加入进来,使他们可以在高价位出手!

但从图表中可以看出第五日开盘价较上一收盘价有明显升高,整天的价格波动很大,成交量也出现难得的高水平,但最终还是出现了"十"字星。说明多空双方的较量在今天非常激烈,但最终还是卖方力量占了上风。可以说昨天还是多方力量主角的一些庄家今天就成为了卖方力量的生力军。其实这并不难发现,只要查看当天的交易记录就可以知道。

果不出所料,在接下来的时间段里,K线出现小幅上升、大幅下降的趋势。前段时间庄家抬高的价格,如今就由才进来的买家开始买单。

10.1　技术分析概述

10.1.1　技术分析含义

技术分析是通过对市场过去和现在的行为,运用一系列方法进行归纳和总结,概括出一些典型的行为,并据此预测证券市场的未来变化。

其特征表现为:①运用历史资料进行分析,主要采用的数据是成交价和成交量。这些数据昭示了市场未来变化的某个方面。②大量采用统计指标和图形方法。历史资料毕竟是零乱的,并带有一定的随机成分,通过一定方法对历史资料进行加工,可使其中揭示未来的成分更加昭彰。③许多技术分析方法包含着对人们心理活动的定量分析。

10.1.2　技术分析与基本分析的区别

技术分析方法和基本分析方法的主要区别是:

①技术分析是对股票价格变动趋势的分析,其目的是预测股价变动的方向和幅度;基本分析是对股票价值的分析,其目的是判断股票价格相对价值的高低。

②技术分析是根据历史资料分析股票价格未来的变化,基本分析是根据预期股息和贴现率决定股票的价值。

③技术分析侧重于短期分析和个股分析,基本分析着重于长期分析和大势分析。

10.1.3　技术分析的假设条件

技术分析方法能否正确预测未来市场行为,依赖于3个基本假设:

①市场行为包容一切信息。这一假定的基本思想是证券价格的每一个影响因素都完全、充分地反映在证券价格之中。这一假定暗含的思想是,仅仅对证券价格的高低和变化进行分析就足以包括对影响证券市场所有因素的分析,而没有必要知晓究竟是什么因素在影响证券价格。这一点是技术分析方法成立的基础。

②价格变动是有趋势的。这一假定的基本思想是,证券价格在一段时间内上涨或下跌,在将来一定时间内,如果没有足够的力量改变这一趋势,价格将沿袭过去的变化趋势。这一假定是技术分析方法成立的前提。

③历史会重演。这一假设的含义是投资者过去的经验是他制订投资策略的参考。这一假定是技术分析方法合乎科学的条件。

10.1.4　技术分析法的特点

①量化指标特性。技术分析提供的量化指标,可以指示出行情转折之所在。

②趋势追逐特性。由技术分析得出的结果告诉人们如何去追逐趋势,并非是创造趋势或引导趋势。

③技术分析直观现实。技术分析所提供的图表,是轨迹的记录,无虚假与臆断的弊端。

因此,技术分析首先是制作图表,进行分析,再作判断。

10.1.5　现代技术分析的原则

长期的市场投资实践经验表明,基本分析和技术分析都有各自的优势和缺点,单纯依赖一种分析方法很难实现投资收益的最大化目标。因此,在实际操作中,应该将基本分析和技术分析相结合,取长补短。具体而言,就是在投资战略上应用基本分析方法选择投资的股票,而在具体的操作时机的选择等投资战术上采用技术分析方法。

细化到技术分析的使用上,也要避免只见树木不见森林的错误,遵循局部服从整体,短期服从长期的原则。

最后,也是最重要的,需要确立"市场决定技术指标,而不是技术指标决定市场"的理念,在投资时要时刻保持停损思维,防止自己陷入死抱技术分析结果而忽视市场环境变化的思维陷阱。

10.2 技术分析理论

10.2.1 K线理论

1)K线

K线也称日本线,据说起源于200年前的日本。一条K线记录的是某一种股票一天的价格变动情况。将每天的K线按时间顺序排列在一起,就组成反映这只股票每天价格变动情况的K线图,这就叫日K线图。将每周、每月的K线按时间顺序排列起来,就是周、月K线图。价格的变动主要体现在4个价格上,即开盘价、最高价、最低价和收盘价。4个价格中,收盘价最为重要。K线是一条柱状的线条,由影线和实体组成。影线在实体上方的部分叫上影线,下方的部分叫下影线。实体分阴线和阳线两种,又称红(阳)线和黑(阴)线。图10.2是两种常见的K线形状。

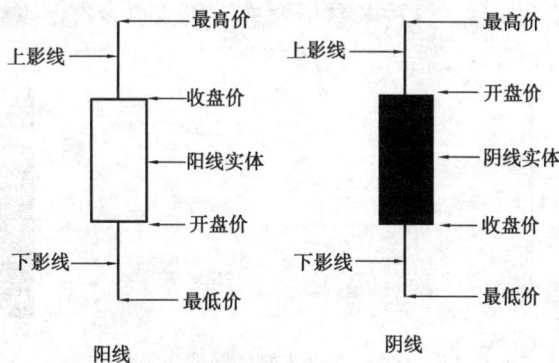

图10.2 两种常见的K线形状

图10.2中,中间的矩形长条叫实体,上、下伸出的两条细线叫上、下影线。如果开盘价高于收盘价,则实体为阴线或黑线;反之,则实体为阳线或红线。将4个价格在坐标上一一标出,然后按图的方式即可画出。将每个交易日的K线连接在一起,就构成反映股票价格历史情况的K线图。

2)K线的含义

除了图10.1所画K线的形状外,由于4个价格的不同取值,还会产生其他形状的K线,概括起来有下列5种。

①光头阳线和光头阴线。这是没有上影线的K线,当收盘价或开盘价正好与最高价相等时,就会出现这种K线,见图10.3。

图 10.3 光头阳线和光头阴线

②光脚阳线和光脚阴线。这是没有下影线的 K 线,当收盘价或开盘价正好与最低价相等时,就会出现这种 K 线,见图 10.4。

图 10.4 光脚阳线和光脚阴线

③光头光脚的阳线和阴线。这种 K 线既没有上影线也没有下影线,当开盘价和收盘价分别与最高价和最低价相等时,就会出现这种 K 线,见图 10.5。

图 10.5 光头光脚的阳线和阴线

④十字星。当收盘价与开盘价相同时,就会出现这种 K 线,它的特点是没有实体,见图 10.6。

图 10.6 十字星

⑤T 字形和倒 T 字形。在十字星的基础上,如果再加上秃头和光脚的条件,就会出现这两种 K 线。它们没有实体,而且没有上影线或者没有下影线,形状像英文字母 T,见图 10.7。

图 10.7 T 字形和倒 T 字形

在 K 线图中,阳线实体的长短代表多方力量的强弱,阴线实体的长短代表空方力量的强弱,上影线表示上方抛压,影线的长短代表抛压的大小,下影线表示下方接盘,影线的长短代表承接力量的大小。K 线图是反映股价变动情况的图形,其目的是测量多空双方的力量对比,为我们做多或空提供依据。

3)K 线组合的含义

在 K 线组合中,两根 K 线的组合情况非常多,只要掌握了几种特定的组合形态然后举一反三,就可得知别的组合的含义。无论是两根 K 线还是多根 K 线,都是以两根 K 线的相对位置的高低和阴阳来推测行情的。将前两天的 K 线画出,然后,用数字将前天的 K 线划分成 5 个区域,见图 10.8。前天的 K 线是判断行情的基础,第二天的 K 线是判断行情的关键。简单地说,第二天多空双方争斗的区域越高,越有利于上涨;越低,越有利于下降,也就是从区域 1 到区域 5 是多方力量减少、空方力量增加的过程。

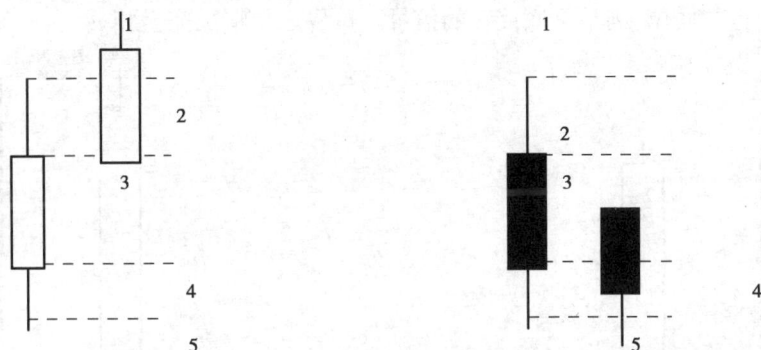

图 10.8　K 线的 5 个区域

以下是几种具有代表性的 K 线组合情况,由它们的含义可以得知 K 线组合的含义。

①曙光初现和乌云盖顶(见图 10.9)。曙光初现的第一根 K 线为阴线,第二根 K 线为跳低开盘,但收盘价切入第一根 K 线的实体部分(至少超过第一根 K 线实体的二分之一处),它表明空方的打压遭遇多方的顽强抵抗,若在股价运行的底部出现,则是见底回升的强烈信号。乌云盖顶正好相反。

图 10.9　曙光初现和乌云盖顶

②阴包阳和阳包阴(见图 10.10)。阴包阳是第一根阳线的实体较长,但第二根阴线的实体更长,第二根阴线把第一根阳线完全覆盖,阴包阳显示多方的进攻在空方的反击下土崩瓦解,后市看跌。阳包阴情况完全相反。

图 10.10 阴包阳和阳包阴

③早晨之星和黄昏之星(见图 10.11)。一根实体较长的阴线之后紧接着出现一根跳低开盘的小阳线,第三天又出现一根阳线,且收盘价切入第一根阴线的上半部分。这种组合若出现在股价运行的底位,则是见底反转的信号。黄昏之星情况完全相反。

图 10.11 早晨之星和黄昏之星

10.2.2 切线分析理论

1)趋势分析

趋势就是股票价格的波动方向。趋势的方向有上升方向、下降方向和水平方向。如果图形中每个后面的峰和谷都高于前面的峰和谷,则趋势就是上升方向。如果图形中每个后面的峰和谷都低于前面的峰和谷,则趋势就是下降方向。如果图形中后面的峰和谷与前面的峰和谷相比,没有明显的高低之分,几乎呈水平延伸,这时的趋势就是水平方向。水平方向趋势是被大多数人忽视的一种方向,这种方向在市场上出现的机会是相当多的。图 10.12是 3 种趋势方向的图形。

按道氏理论,趋势分为 3 种类型:①主要趋势。主要趋势是股价波动的大方向,一般持续的时间比较长。②次要趋势。次要趋势是在主要趋势中进行的调整。③短暂趋势。短暂趋势是在次要趋势中进行的调整。这 3 种类型的趋势的区别是时间的长短和波动幅度的大小。

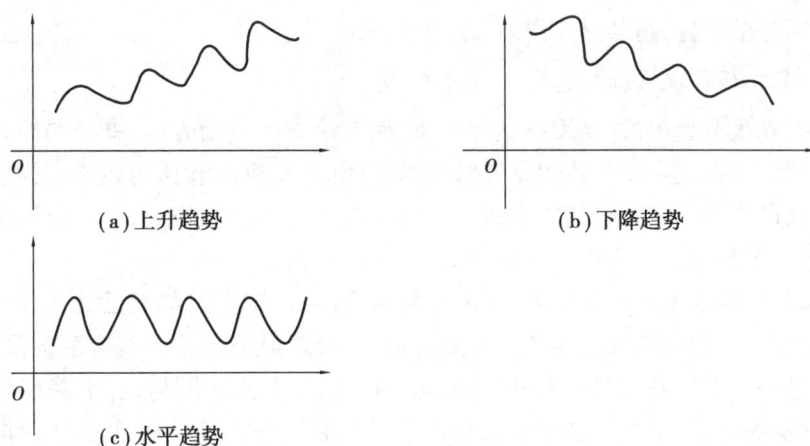

（a）上升趋势　　　　　　　　　　（b）下降趋势

（c）水平趋势

图 10.12　3 种趋势方向

2）支撑线与压力线

（1）支撑线与压力线

如果趋势已经确认了,比如投资者认识到大牛市来临,那么自然打算入市,这时就面临选择入市时机的问题。我们总是希望在涨势回落的最低点买入,这个回落的低点在哪里呢?支撑线和压力线会给我们一定的帮助(见图 10.13)。

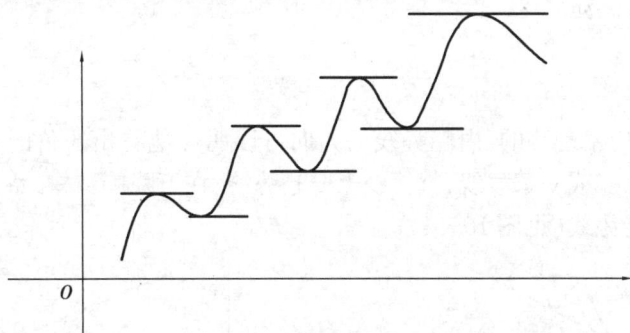

图 10.13　支撑线和压力线

支撑线又称为抵抗线。当股价跌到某个价位附近时,股价停止下跌,甚至有可能回升,这是因为多方在此买入造成的。支撑线起阻止股价继续下跌的作用,该价位就是支撑线所在的位置。压力线又称为阻力线。当股价上涨到某价位附近时,股价会停止上涨,甚至回落,这是因为空方在此抛售造成的。压力线起阻止股价继续上升的作用。这个阻止或暂时阻止股价继续上升的价位就是压力线所在的位置。

（2）支撑线与压力线的确认

每一条支撑线和压力线的确认都是人为的,主要是根据股价变动所画出的图表。一般来说,支撑线或压力线的重要性由 3 方面的因素决定,一是股价在这个区域停留时间的长短;二是股价在这个区域伴随的成交量大小;三是这个支撑区域或压力区域发生的时间距离当前这个时期的远近。有时,由于股价的变动,会发现原来确认的支撑或压力可能不是真正具有支撑或压力的作用,比如说,不完全符合上面所述的三条。这时,就有一个对支撑线和压力线进行调整的问题,这就是支撑线和压力线的修正。

(3)支撑线与压力线的突破及相互转变

股价的变动是有趋势的,要维持这种趋势,保持原来的变动方向,就必须冲破阻止其继续向前的障碍。支撑线和压力线迟早会被突破。同时,支撑线和压力线又有彻底阻止股价按原方向变动的可能。支撑线和压力线之所以能起支撑和压力作用,很大程度是心理方面的原因,历史会重复也是一个重要因素。

在上升趋势中,如果未创出新高,即未突破压力线,这个上趋势就已处在很关键的位置了,如果其后股价又向下突破了这个上升趋势的支撑线,就发出了趋势有变的强烈信号,通常这意味着这一轮上升趋势已经结束,下一步的走向是下跌。同样,在下降趋势中未创新低,即未突破支撑线,这个下降趋势就已经处于很关键的位置了,如果其后股价向上突破了这个下降趋势的压力线,这就发出了下降趋势将要结束的强烈信号。

支撑线和压力线也可能相互转变。一个支撑如果被跌破,那么这个支撑将成为压力;同理,一个压力被突破,这个压力将成为支撑。支撑和压力相互转化的重要依据是被突破,一般来说,有3个标准来判断一个突破是否有效:①幅度原则,要求股票价格高于(低于)压力线(支撑线)的幅度达3%,就确认该压力线(支撑线)被有效突破;②时间原则,要求股价在压力线以上(支撑线以下)运行3个交易日,就确认该突破为有效突破;③收盘价原则,要求股票的收盘价在压力线以上(支撑线以下),就确认该突破为有效突破。。

3)趋势线与轨道线

(1)趋势线

趋势线是衡量价格趋势的,由趋势线的方向可以明确地看出股价的运行趋势。在上升趋势中,将两个低点连成一条直线,就得到上升趋势线;在下降趋势中,将两个高点连成一条直线,就得到下降趋势线(见图10.14)。

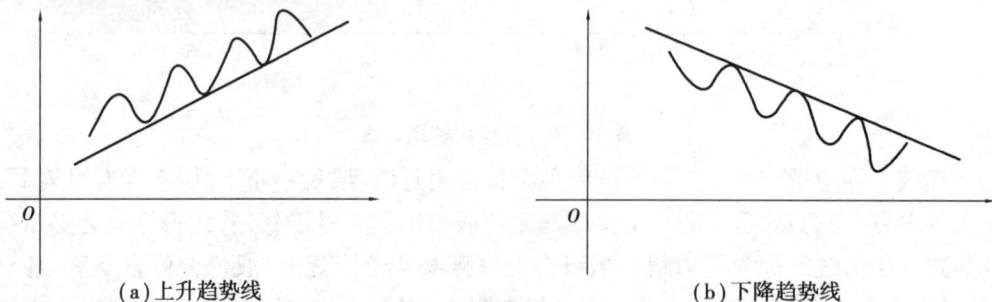

(a)上升趋势线　　　　　　　　　　　　　(b)下降趋势线

图 10.14　上升趋势线和下降趋势线

上升趋势线是支撑线的一种,下降趋势线是压力线的一种。在实际中对用各种方法画出的趋势线进行挑选评判,才能得到一条真正起作用的趋势线:首先,必须确实有趋势存在;其次,画出直线后,还应得到第三个点的验证才能确认这条趋势线是有效的。另外,这条直线延续的时间越长,就越具有有效性。怎样用这条趋势线对股价进行预测? 一般来说,趋势线有两种作用:对股价今后的变动起约束作用,就是起支撑和压力作用。趋势线被突破后,说明股价下一步的走势将要反转。越重要越有效的趋势线被突破,其转势的信号越强烈。即原来是支撑线的,现在将起压力作用,原来是压力线的现在将起支撑作用。

（2）轨道线

轨道线又称通道线或管道线。在已经得到了趋势线后,通过第一个峰和谷可作出这条趋势线的平行线,这条平行线就是轨道线,也就是常说的上升和下降轨道。轨道的作用是限制股价的变动范围。轨道一旦得到确认,那么价格将在这个通道里变动。轨道线的另一个作用是提供趋势转向的警报。如果在一次波动中未触及轨道线,离得很远就开始掉头,这往往是趋势将要改变的信号(见图10.15)。

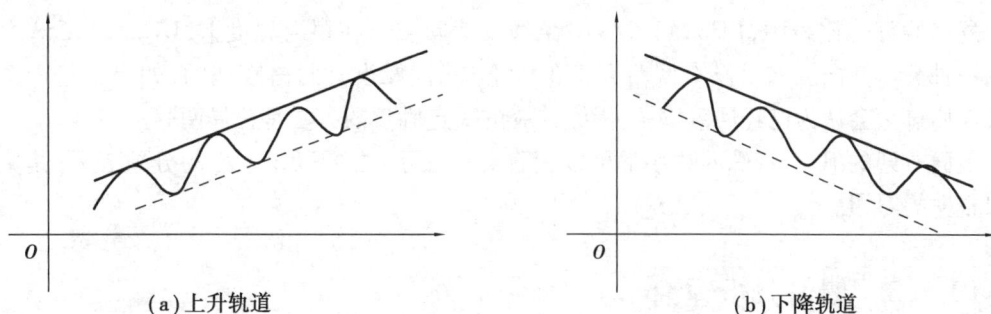

（a）上升轨道　　　　　　　　　　　　　　　（b）下降轨道

图 10.15　上升轨道和下降轨道

与突破趋势线不同,对轨道线的突破并不是趋势反转的开始,而是趋势加速的开始,即原来的趋势线的斜率将会增加,趋势线将会更加陡峭(见图10.16)。

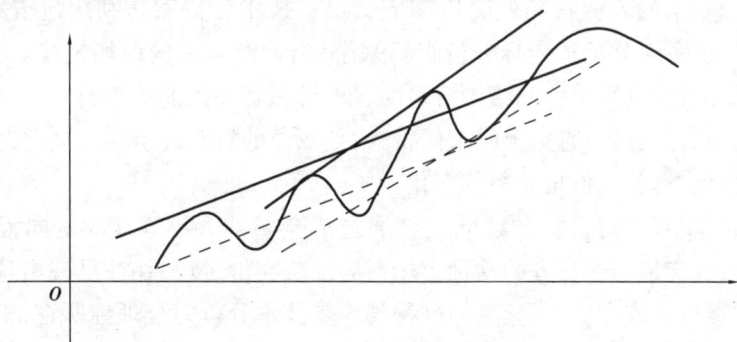

图 10.16　突破轨道线

轨道线被触及的次数越多,延续的时间越长,其被认可的程度和重要性就越高。

4）黄金分割线和百分比线

当股价持续上涨或者持续下跌到一定程度,肯定会遇到压力或支撑,遇到压力或支撑后,股价变动方向就可能发生改变。黄金分割与百分比线提供了支撑线和压力线所在的几个价位,而对什么时间达到这个价位不作过多关心。

（1）黄金分割线

黄金分割是一个古老的数学方法,它包含若干个特殊的数字:

0.191,0.382,0.618,0.809,1.191,1.382,1.618,1.809,2.000,2.618,4.236。

这些数字中,0.618、1.618 和 4.236 最为重要,股价极容易在由这 3 个数产生的黄金分割线处产生支撑和压力。

（2）百分比线

百分比线考虑问题的出发点是人们的心理因素和一些整数位的分界点。以某次上涨行情开始的最低点和开始向下回撤的最高点两者之间的差，分别乘以几个特殊的百分比数，就可以得到未来支撑位可能出现的位置。设低点是 10 元，高点是 17 元，这些百分比数一共 10 个，它们是：

1/8,1/4,3/8,1/2,5/8,3/4,7/8,1,1/3,2/3

这里的百分比线中，1/2,1/3,2/3 三条线最为重要。在很大程度上，1/2,1/3,2/3 是人们的一种心理倾向。如果没有回落到 1/3 以下，就好像没有回落够似的；如果已经回落了 2/3，人们自然会认为已经回落够了，因为传统的决定胜负的方法是三局两胜。

上面所列的 10 个特殊的数字都可以用百分比表示，之所以用上面的分数表示，是为了突出整数的习惯。

10.2.3 量价分析理论

1）量、价是市场行为的最基本表现

市场行为最基本的表现就是成交价和成交量。技术分析就是利用过去和现在的成交量、成交价资料，以图形分析和指标分析工具来解释、预测未来的市场走势。再把时间因素考虑进去，技术分析就可简单地归结为对时间、价、量三者关系的分析，在某一时点上的价和量反映的是买卖双方在这一时点上的市场行为，是双方的暂时均衡点。随着时间的变化，均势会不断发生变化，这就是价量关系的变化。

一般说来，买卖双方对价格的认同程度通过成交量的大小确认。认同程度大，成交量大；认同程度小，成交量小。双方的这种市场行为反映在价、量上往往呈现出这样一种规律：价升量增，价跌量减。成交价、成交量的这种规律是技术分析的合理性所在，价、量是技术分析的基本要素，一切技术分析方法都是以价、量关系为研究对象的。

2）成交量与价格趋势的关系

技术分析方法认为，价格的涨、跌和平是股价变动的方向，成交量是对价格变动方向的认同，也可以认为是价格变动的力量。股价变动与成交量之间的关系可以总结为以下 6 种情况：

①股价上升，成交量增加，即价升量增。表明股价上涨得到成交量的认同，后市具有进一步上涨的潜力。

②股价上升，成交量减少，即空涨。表明股价上涨没有得到成交量的认可，股价上升的动力不足，后市看跌。

③股价下跌，成交量增加，即价跌量增。表明股价下跌得到成交量的认同，后市具有进一步下跌的动力。

④股价下跌，成交量减少，即空跌。表明股价下跌没有得到成交量的认可，股价下跌的动力不足，后市看涨。

⑤股价持平，成交量增加。这种情况应具体分析，股价经历一段下跌后，放出了一定的成交量，而股价持平，表明逢低吸纳的投资者增多，股价有反弹或反转的可能，这种情况常称为底部放量，后市应看好；股价经历一段上涨后，放出了一定的成交量，而股价持平，表明逢高减磅的投资者增多，股价有反弹或反转的可能，这种情况常称为顶部放量，后市应看淡。

⑥股价持平，成交量较小。这种情况称为无量盘整。表明多空双方力量处于均衡状态，双方均在等待机会寻找突破方向，后市走向不明，涨跌依靠新的因素来打破平衡。

10.2.4　形态理论

形态理论这种技术分析方法是通过研究股价走过的轨迹，分析多空双方力量的对比结果，进而指导投资活动。如果一方力量的增加是决定性的，股票价格走势将出现反转，这一种价格走势称为反转突破形态；如果一方是暂时获得优势，多空双方将出现拉锯，这一种走势称为整理形态。

1)反转突破形态

(1)双重顶和双重底

双重顶和双重底因形似英文字母 M 和 W，所以又称 M 头和 W 底。图 10.17 是这种形态的形状。双重顶共有两个顶和一个底，也就是两个相同高度的高点和一个低点。下面以 M 头为例说明双重顶底形成的过程。

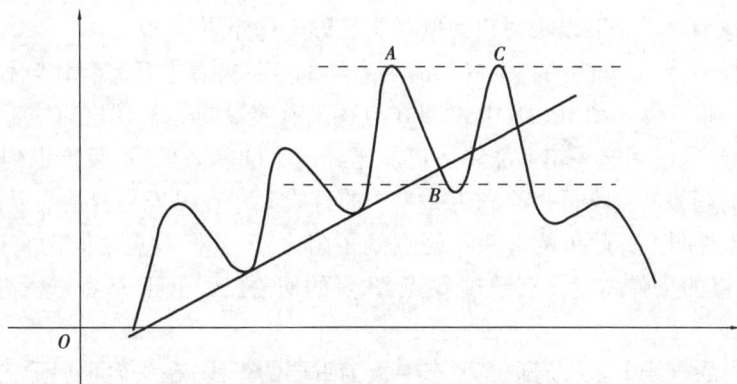

图 10.17　双重顶和双重底

受上升趋势线的支撑，股价回档在 B 点附近停止。往后是继续上升，但是力量不够，上升高度不足，在 C 点(与 A 点等高)遇到压力，股价向下，这样就形成 A 和 C 两个顶的形状。

M 头形成以后，有两种可能的情形：第一是未突破 B 点的支撑位置，股价在 A,B 和 C 点形成的范围内上下波动，这是一个潜在的双重顶反转突破形态。第二是突破 B 点的支撑位置继续向下，这种是双重顶反转突破形态。

以 B 点作平行于 AC 连线的平行线(上面的一条虚线)，就得到颈线。AC 连线是趋势线，颈线是与这条趋势线对应的轨道线，这条轨道线在这里起支撑作用。

双重顶形态应重点掌握以下要点：①两个顶点高度应大致相同，以不超过 3% 为限；②形态形成时间可长可短，少则一个交易日，多则数年，时间越长，对后市的影响越大；③突破颈线是形态成立的标志,突破颈线就是突破轨道线;④突破颈线后,从突破点算起,股价将至少要跌到与形态高度相等的距离。形态高度就是从顶点到颈线的垂直距离。

以上是以双重顶为例,对双重顶底形态进行介绍,对于双重底,情形完全相反,原理完全相同。

（2）头肩顶和头肩底

头肩顶和头肩底是实际股价形态中出现得最多的形态,是最著名和最可靠的反转突破形态。头肩形形成的时间较长,少则几个月,长则数年之久。图 10.18 是这种形态。

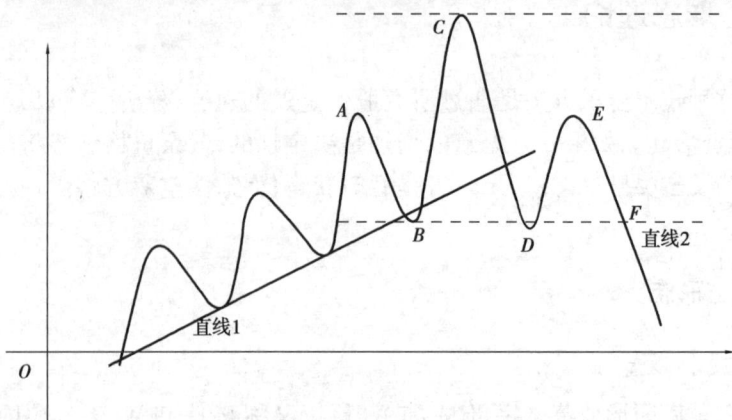

图 10.18　头肩顶和头肩底

这种形态一共出现 3 个顶和 2 个底,中间的高点比另外两个都高,称为头,左右两个相对较低的高点称为肩。以下以头肩顶为例对头肩形进行介绍。

在上升趋势中,不断升高的各个局部的高点和低点保持着上升趋势,然后在某一个地方趋势的上涨势头将放慢。图 10.18 中 A 和 B 点还没有放慢的迹象,但在 C 和 D 点已经有了势头受阻的信号,这说明这一轮上涨趋势可能已经出了问题。最后,股价走到了 E 和 F 点,这时反转向下的趋势已势不可挡。图 10.18 中的直线 1 和直线 2 是两条明显的支撑线。在 D 点突破直线 1 说明上升趋势的势头已经遇到了阻力,E 点和 F 点之间的突破则是趋势的转向。另外,E 点的反弹高度没有超过 C 点,F 点的回落已经低于 D 点,这都是上升趋势出了问题的信号。

图 10.18 中的直线 2 是头肩顶底形态中极为重要的颈线,在头肩顶底形态中,它是支撑线,起支撑作用。头肩顶底形态走到了 E 点并调头向下,只能说是原有的上升趋势已经转化成了横向延伸,还不能说已经反转向下了。只有当图形走到了 F 点,即股价向下突破了颈线,才能说头肩顶底反转形态已经形成。确认突破颈线的原则有收盘价原则、百分比原则和时间原则。

颈线突破后,股价运动的方向是下跌,下跌的深度从突破点算起,股价将至少要跌到与形态高度相等的距离,即是从头到颈线的距离,也就是头肩顶形态的高度。

以上是以头肩顶为例,对头肩顶底形态进行了介绍。对头肩底而言,情形完全相反,原理完全相同。

2)持续整理形态

(1)对称三角形

对称三角形大多发生在一个大趋势进行的途中,它表示原有的趋势暂时处于休整阶段,之后还要沿着原有趋势继续运行。

图10.19是对称三角形的一个简化图形,这里的原有趋势是上升,三角形态完成以后是突破向上。对称三角形有两条聚拢的直线,上面的向下倾斜,起压力作用;下面的向上倾斜,起支撑作用。两条直线的交点称为顶点。

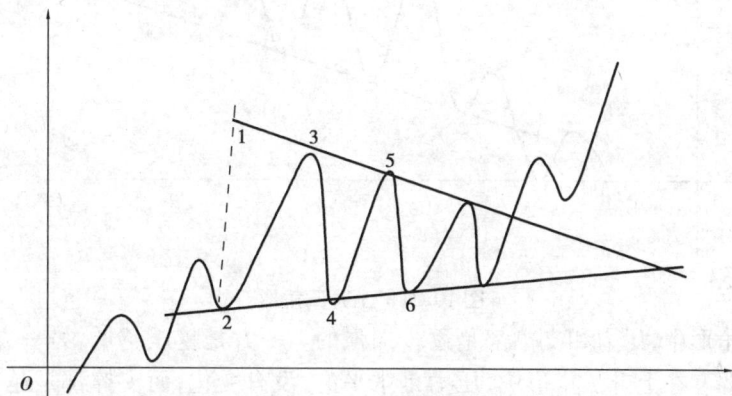

图10.19 对称三角形

根据多年的经验,突破的位置一般应在三角形的横向宽度的1/2到3/4的某个点。如果股价不在预定的位置突破三角形,那么这个对称三角形态可能转化成别的形态。突破的确认可以采用百分比原则、时间原则或收盘价原则。三角形的横向宽度指的是图10.19中顶点到虚线的距离。

对称三角形被突破后,有两种测算目标价位的方法。方法一:如图10.20所示,从 C 点向上的带箭头的直线高度,是未来股价至少要达到的高度,箭头直线长度与 AB 连线长度相等。AB 连线的长度称为对称三角形态的高度,从突破点算起,股价至少要运行到与形态高度相等的距离。方法二:如图10.20所示,过 A 作平行于下边直线的平行线,图中的斜虚线,是股价今后至少要达到的位置。

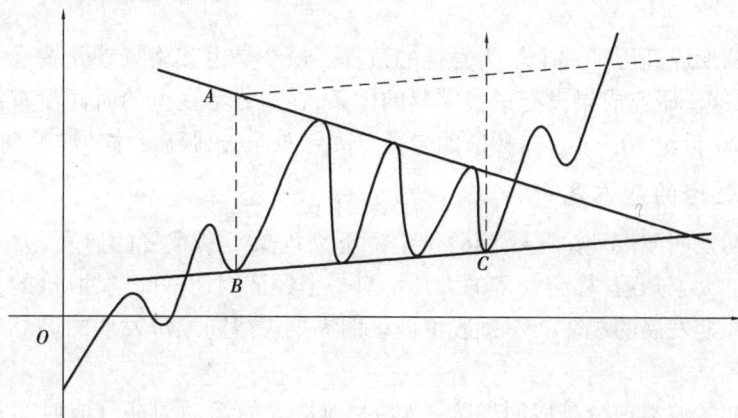

图10.20 对称三角形的突破

（2）上升/下降三角形

上升三角形是对称三角形的变形。对称三角形有上下两条直线，将上面的直线由向下倾斜变成水平方向就得到上升三角形（见图 10.21）。

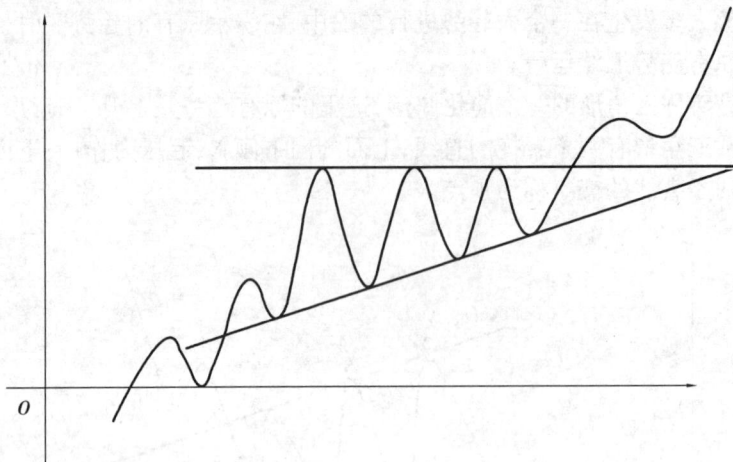

图 10.21　上升三角形

在对称三角形中，压力和支撑都是逐步加强的。一方是越压越低，另一方是越撑越高，看不出谁强谁弱。在上升三角形中，压力是水平的，没有变化，而支撑都是越来越高。由此可见，上升三角形比对称三角形有更强烈的上升欲望，多方比空方更为积极，通常以三角形向上突破作为这个持续过程终止的标志。

下降三角形同上升三角形正好反向，是看跌的形态。情形完全相反，原理完全相同。

10.2.5　波浪理论

1）波浪理论的形成过程及基本思路

（1）波浪理论的形成过程

波浪理论的全称是艾略特波浪理论，是以美国人 R. N. Elliott 的名字命名的一种技术分析理论。

波浪理论的形成经历了一个较为复杂的过程。最初是由艾略特首先发现并应用于证券市场，但是他的这些研究成果没有形成完整的体系，在艾略特在世的时候没有得到社会的广泛承认。直到 20 世纪 70 年代，柯林斯的专著 *Wave Theory* 出版后，才使波浪理论正式确立。

（2）波浪理论的基本思想

艾略特最初发明波浪理论是受到股价上涨下跌现象不断重复的启发，力图找出其上升和下降的规律。大家知道，社会经济的大环境有一个经济周期的问题，股价的上涨和下跌也应该遵循这一周期发展的规律。不过股价波动的周期规律同经济发展的循环周期是不一样的，要复杂得多。

艾略特最初的波浪理论是以周期为基础的，他把大的运动周期分成时间长短不同的各种周期，并指出，在一个大周期之中可能存在一些小周期，而小的周期又可以再细分成更小的周期。每个周期无论时间长短,都是以一种模式进行。这个模式就是将要介绍的 8 个过程,即每个周期都是由上升(或下降)的 5 个过程和下降(或上升)的 3 个过程组成。这 8 个过程完结以后,才能说这个周期已经结束,将进入另一个周期。新的周期仍然遵循上述的模式。以上是艾略特波浪理论最核心的内容,也是艾略特作为波浪理论奠基人所作出的最为突出的贡献。

与波浪理论密切相关的除了经济周期以外,还有道氏理论和弗波纳奇数列。道氏理论的主要思想是:任何一种股价的运动都包括 3 种形式的运动——主要运动、次级运动和日常运动。这 3 种运动构成了所有形式的股价运动。主要运动决定的是大的趋势,次级运动决定的是在大趋势中的小趋势,日常运动则是在小趋势中更小的趋势。

艾略特波浪理论中的大部分理论是与道氏理论相吻合的,不过艾略特不仅找到了这些运动,而且还找到了这些运动发生的时间和位置,这是波浪理论较之道氏理论更为优越的地方。道氏理论必须等到新的趋势确立以后才能发出行动的信号,而波浪理论可以明确地知道目前股价是处在上升(或下降)的尽头,或是处在上升(或下降)的中途,可以更明确地指导操作。

艾略特波浪理论中所用到的数字 2,3,5,8,13,21,34……都来自斐波那契数列。这个数列是数学上很著名的数列,它有很多特殊的性质,是艾略特波浪理论的数学基础。正是在这一基础上,才有波浪理论往后的发展。

2)波浪理论的主要原理

(1)波浪理论考虑的因素

波浪理论考虑的因素主要有 3 个方面:第一,股价走势所形成的形态;第二,股价走势图中各个高点和低点所处的相对位置;第三,完成某个形态所经历的时间长短。

在这三个方面中,股价的形态是最重要的,它是指波浪的形状和构造,是波浪理论赖以生存的基础。高点和低点所处的相对位置是波浪理论中各个浪的开始和结束的位置。通过计算这些位置,可以弄清楚各个波浪之间的相互关系,确定股价的回撤点和将来股价可能达到的位置。

完成某个形态的时间可以让我们预先知道某个大趋势即将来临。波浪理论中各个波浪之间在时间上是相互联系的,用时间可以验证某个波浪形态是否已经形成。

以上 3 个方面可以简单地概括为:形态、比例和时间。这三个方面是波浪理论应首先考虑的,其中以形态最为重要。

(2)波浪理论价格走势的基本形态结构

艾略特认为,证券市场应该遵循一定的周期规律,周而复始地向前发展。股价的上下波动也是按照某种规律进行的。通过多年的实践,艾略特发现每一个周期(无论是上升还是下降)可以分成 8 个小的过程,这 8 个小过程一结束,一次大的行动就结束了,紧接着的是另一次大的行动。现以上升为例说明这 8 个小过程。

图 10.22 是一个上升阶段的 8 个浪的全过程。

0~1 是第一浪,1~2 是第二浪,2~3 是第三浪,3~4 是第四浪,4~5 是第五浪。这 5 浪中,第一、第三和第五浪称为上升主浪,而第二和第四浪称为是对第一和第三浪的调整浪。上述 5 浪完成后,紧接着会出现一个 3 浪的向下调整,这 3 浪是:从 5 到 *a* 为 *a* 浪,从 *a* 到 *b*

为 b 浪,从 b 到 c 为 c 浪。

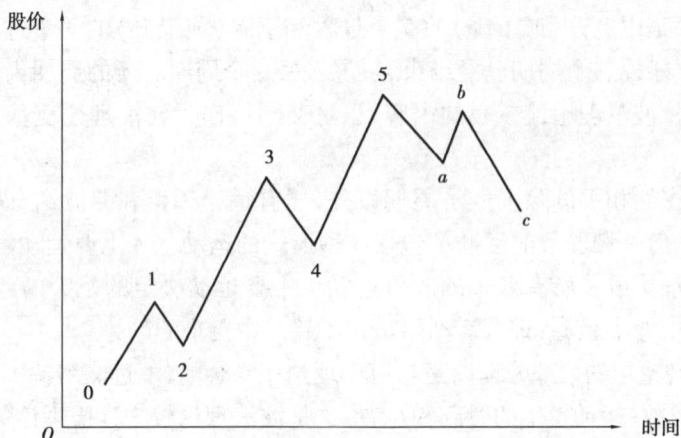

图 10.22   8 浪结构的基本形态图

考虑波浪理论必须弄清一个完整周期的规律大小。因为趋势是有层次的,每个层次的不同取法,可能会导致在使用波浪理论时发生混乱。但是应该记住,无论所研究的趋势是何种规模,是原始主要趋势还是日常小趋势,8 浪的基本形态结构是不会变化的。

在图 10.22 中,从 0 到 5 可以认为是一个大的上升趋势,而从 5 到 c 可以认为是一个大的下降趋势。如果认为这是 2 浪的话,那么 c 之后一定还会有上升的过程,只不过时间可能要等很长。这里的 2 浪只不过是一个大的 8 浪结构中的一部分。

3) 波浪理论的应用及应注意的问题

知道了一个大的周期的运行全过程,就可以很方便地对大势进行预测。首先,要明确当前所处的位置,只要明确了目前的位置,按波浪理论所指明的各种浪的数目就会很方便地知道下一步该干什么。

要弄清楚目前的位置,最重要的是认真准确地识别 3 浪结构和 5 浪结构。这两种结构具有不同的预测作用。一组趋势向上(或向下)的 5 浪结构,通常是更高层次的波浪的 1 浪,中途若遇调整,就知道这一调整肯定不会以 5 浪的结构而只会以 3 浪的结构进行。

如果发现了一个 5 浪结构,而且目前处在这个 5 浪结构的末尾,就可以清楚地知道,一个 3 浪的回头调整浪即将出现。如果这一个 5 浪结构同时又是更上一层次波浪的末尾,则可知一个更深的、更大规模的 3 浪结构将会出现。上升 5 浪、下降 3 浪的原理也可以用到熊市中,这时结论变成了下降 5 浪,上升 3 浪。不过,全世界股市的指数和股价都是不断上升的,从开始时的 100 点逐步上升到上千点、上万点,这样一来,把股市处于牛市看成股市的主流,把熊市看成股市的调整就成为一种习惯。正是由于这个原因,在大多数的书籍中,在介绍波浪理论时,都以牛市为例。上升 5 浪、下降 3 浪成了波浪理论最核心的内容。当然,下降 5 浪、上升 3 浪也是可以出现的。

从表面上看,波浪理论会给人们带来利益,但是从波浪理论自身的构造会发现它众多的不足。波浪理论最大的不足是应用上的困难。波浪理论从理论上讲是 8 浪结构完成一个完整的过程,但是,主浪的变形和调整浪的变形会产生复杂多变的形态,波浪所处的层次又会产生大浪套小浪、浪中有浪的多层次形态,这些都会使应用者在具体数浪时发生偏差。浪的层次的确定和浪的起始点的确认是应用波浪理论的两大难点。波浪理论的第二个不足是面对同一个形态,不同的人会有不同的数法,而不同的数浪法产生的结果可能相差很大。

拓展训练 10.1

股市知识:成交量与 K 线结合分析案例(图解)

在进行技术分析时,K 线和成交量的分析是必不可少的第一步,它们能告诉人们很多东西。在理解 K 线和成交量时,可以换一个角度进行理解,这个市场就像多空双方在进行斗争,力度的大小由成交量来确定,下面以大盘为例,对 K 线和成交量进行分析,希望对大家能有所启发。

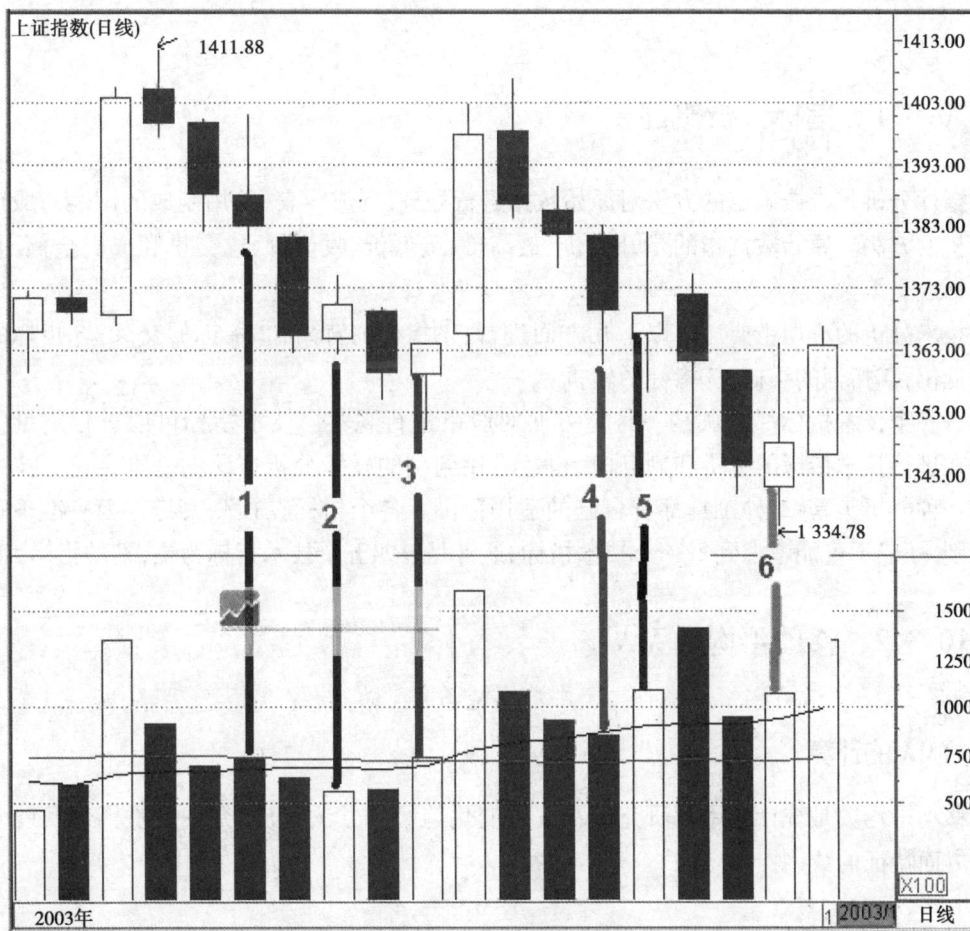

图 10.23　大盘 K 线和成交量

来对比一下"1"处和"4"处的阴线和成交量,看起来好像是一个样,一根大阳线之后三根阴线,但认真比较就会发现它们的差别:"1"处的阴线放量,并且上影线较长,表示空方的力度在继续增强;而"4"处的阴线缩量,有较长的下影线,说明空方的力量有所减弱,因此第二天出现不同的走势也就理所当然了。再来对比一下"2"处和"3"处的阳线:"2"处的阳线出现上影,并且成交量萎缩,说明多方反扑的力度不强;而"3"处的阳线下影线较长,并且成交量有所放大,在这一回合的交锋中多方明显占优,所以它们第二天的走势也不一样。看看"5"和"6"处阳线,同样都是上影线较长的阳线,成交量也较前日有所放大,但它们第二天的走势却完全不一样,好像有些不可理解,但仔细观察就会发现它们的不同之处:"5"处的阳线仅仅把前一日阴线的下影线吃掉,明显对其构不成威胁(就好像跟别人打架一样,别人只用了一只胳膊就让你打了半天);而"6"处的阳线几乎吃掉了前日阴线的1/3,对空方的挑战就明显强于"5"处。因此它们第二天走势不同也就不足为奇了!

10.3　主要技术指标分析

10.3.1　指标分析概述

指标分析是指按确定的方法对原始数据进行处理,制成图表,并用制成的图表对股市进行分析的方法。原始数据指的是开盘价、最高价、最低价、收盘价、成交量和成交金额,有时还包括成交笔数。

技术分析的应用主要通过以下几方面进行:①指标的背离;②指标的交叉;③指标的高位和低位;④指标的徘徊;⑤指标的转折。

每一个技术指标都是从某一特定方面对股市进行观察。技术指标可以进行定量的分析。在进行技术指标的分析和判断时,也经常用到别的技术分析方法的基本结论。技术指标是一种分析工具,每种工具都有自己的适用范围。各个指标在预测大势方面有准确程度的区别,一般不可能考虑到每一个技术指标,通常是以四五个技术指标为主,别的指标为辅。

10.3.2　移动平均数 MA

1)MA 的计算

移动平均数是统计学用以研究事物发展变化趋势的方法,假设有一反映事物发展变化某一方面特征的数字:

$$a_0, a_1, a_2, a_3, \cdots, a_n$$

假定数列 a 存在某种趋势,上升、下降或上下变动,数列的这种趋势是受到某种主要因素影响的结果。但一些次要的、偶然的因素也在影响这个数列,使其呈现出不规则变动,可用逐项移动平均的办法消除这些次要的、偶然的变动,使其主要趋势呈现出来。设移动项数是 3,移动项数常被称为移动平均数的参数,则移动平均数为:

$$b_0 = \frac{a_0 + a_1 + a_2}{3}, b_1 = \frac{a_1 + a_2 + a_3}{3}, b_{n-2} = \frac{a_{n-2} + a_{n-1} + a_n}{3}$$

也可以把移动平均数的参数设定为 7,14,21 等,分别求 7,14,21 日移动平均数,如果把这些数值标在坐标系中,连接这些点得到一条曲线,称这些曲线为 7,14,21 日移动平均线,记为 MA(7),MA(14),MA(21)。

2）MA 的特点

MA 的特点有：①趋势性；②滞后性；③真实性；④助涨跌性；⑤支撑线和压力线的特性。

MA 的参数强化了 MA 的特征，参数选择得越大，上述特征就越显著。使用 MA 时通常选择不同的参数，一般包括长期、中期和短期三类。在我国，短期一般是指 MA(5)，中期是指 MA(10)，长期是指 MA(20)。移动平均指标有快指标和慢指标之分，快慢是相对于收盘价的敏感性而言，对收盘价较敏感的称为快指标，对收盘价较不敏感的称为慢指标。参数较大的移动平均数被称为慢指标，参数较小的移动平均数被称为快指标。其他技术指标也有类似的区分。

3）MA 的测市法则

MA 在股价走势预测中的运用，经典的是葛兰威尔（Joseph Granvile）法则，其内容是：

①平均线从下降开始走平，股价从下上穿平均线；股价连续上升远离平均线，突然下跌，但在平均线附近再度上升；股价在平均线以下，并连续暴跌，远离平均线。以上 3 种情况均为买入信号（见图 10.24）。

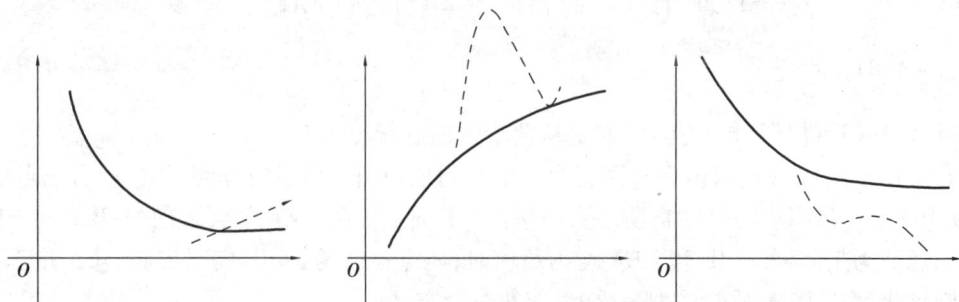

图 10.24 买入信号

②平均线从上升开始走平，股价从上下穿平均线；股价连续下降远离平均线，突然上升，但在平均线附近再度下降；股价在平均线之上，并连续暴涨，远离平均线。以上 3 种情况均为卖出信号（见图 10.25）。

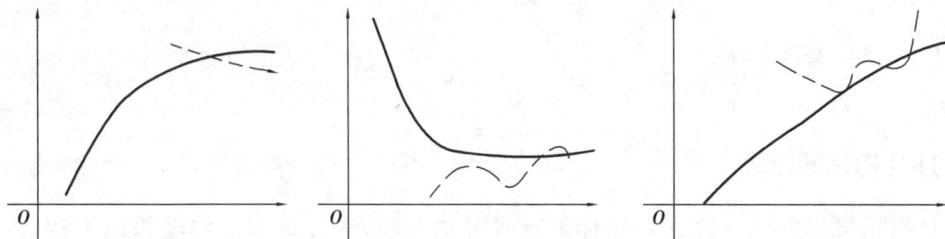

图 10.25 卖出信号

股价实际上是 1 日的 MA，股价相对于移动平均线实际上是短期 MA 相对于长期 MA。从这个意义上说，如果只有两个不同参数的 MA，则可以将相对短期的 MA 当成股价，将较长期的 MA 当成 MA，这样，上述股价相对于 MA 的所有法则，都可以换成快速相对于慢速的MA。常说的死亡交叉和黄金交叉，实际上就是向上、向下突破压力或支撑的问题。在盘整阶段、趋势形成后的中途休整阶段、局部的反弹和回档，MA 极易发出错误的信号，这是使用

MA 时应该注意的。MA 是用于反映股价变动的趋势,只有当股价运动确实存在趋势时,才能使用这一方法。

10.3.3 平滑异同移动平均数(MACD)

1)MACD 的计算

MACD 由正负差(DIF)和异同平均数(DEA)两部分组成,DIF 是核心,DEA 是辅助。DIF 是快速平滑移动平均数与慢速平滑移动平均数之差,快速是短期的 EMA,慢速是长期的 EMA。以最常用的参数 12 和 26 为例,DIF 的计算过程是:

$$当日 EMA(12) = \frac{2}{12+1} \times 当日收盘价 + \frac{11}{12+1} \times 昨日 EMA(12)$$

$$当日 EMA(26) = \frac{2}{26+1} \times 当日收盘价 + \frac{25}{26+1} \times 昨日 EMA(26)$$

$$DIF = EMA(12) - EMA(26)$$

得到 DIF 后,对连续数日的 DIF 进行算术平均就得到 DEA。

2)MACD 测市法则

利用 MACD 进行行情预测,主要是从两个方面进行。

①从 DIF 和 DEA 的取值和这两者之间的相对取值对行情进行预测。其应用法则如下:

a. DIF 和 DEA 均为正值时,属多头市场。DIF 向上突破 DEA 是买入信号;DIF 向下跌破 DEA 只能认为是回档。DIF 和 DEA 均为负值时,属空头市场。DIF 向下突破 DEA 是卖出信号;DIF 向上穿破 DEA 只能认为是反弹,作暂时补空。

b. 利用 DIF 的形态进行行情分析,主要是采用指标背离原则。如果 DIF 的走向与股价走向相背离,则此时是采取行动的信号,至于是卖出还是买入要依 DIF 的上升和下降而定。MACD 的优点是除掉了 MA 频繁出现的买入、卖出信号,使发出信号的要求和限制增加,避免假信号的出现。MACD 的缺点同 MA 一样,在股市没有明显趋势而进入盘整时,失误的情况极多。

10.3.4 KD 指标

1)KD 指标的计算

KD 指标又称随机指数,KD 指标的计算分为三步,先计算未成熟随机值 RSV,计算公式为:

$$RSV(N) = \frac{C_N - L_N}{H_N - L_N} \times 100$$

RSV 实际上就是 WMS%,只是名称不同。对 RSV(WMS%)进行指数平滑,就得到 K 指标:

当日 K 值 = 2/3 × 昨日 K 值 + 1/3 × 当日 RSV

式中,1/3 是平滑因子,也可以选择别的数字,不过目前已经约定俗成。对 K 值进行指数平

滑,就得到 D 值:

当日 D 值 = 2/3 × 昨日 D 值 + 1/3 × 当日 K 值

KD 指标是在 WMS% 指标基础上发展起来的,所以 KD 具有 WMS% 的一些特性。在反映股票价格变化时,WMS% 最快,K 其次,D 最慢。在使用 KD 指标时,往往称 K 指标为快指标,D 指标为慢指标。

2）KD 指标的测市法则

KD 指标是两条曲线,应用时主要从 4 个方面进行考虑。

①KD 的数值。KD 的取值范围是 0 ~ 100,可将其划分为几个区域:超买区、超卖区、徘徊区。按一般的划分法,80 以上为超买区,20 以下为超卖区,其余为徘徊区。KD 超过 80 就应该考虑卖出,低于 20 就应该考虑买入。

②KD 曲线的形态。当 KD 指标在较高或较低位置形成了头肩形和多重顶底时,是采取行动的信号。这些形态一定要在较高位置或较低位置出现,位置越高或越低,结论越可靠。

③KD 指标的交叉。K 上穿 D 是金叉,为买入信号,但出现交叉是否就应该买入,还要看别的条件。第一个条件是交叉的位置。应该是在超卖区的位置,越低越好。第二个条件是交叉的次数。有时在低位,K,D 要来回交叉几次,交叉的次数以两次为最少,越多越好。第三个条件是金叉的方向,即常说的"右侧相交"原则。

④KD 指标的背离。背离就是指标与价格走势不一致。当 KD 处在高位,并形成两个依次向下的峰,而此时股价还在一个劲地上涨,这叫顶背离,是卖出的信号;与之相反,KD 处在低位,并形成一底比一底高,而股价还在继续下跌,这叫底背离,是买入的信号。

10.3.5　威廉指标（WMS%）

1）WMS% 的计算

这个指标由 Larry Williams 于 1973 年首创,最初用在期货市场。WMS% 表示的是市场处于超买或者超卖状态。

WMS% 的计算公式:

$$WMS\%(N) = \frac{C_N - L_N}{H_N - L_N} \times 100$$

式中　C_N——当日收盘价;

H_N, L_N——N 日内的最高价和最低价。

由公式可知,WMS% 的参数是天数 N,WMS% 的参数习惯上取 10 或 20。WMS% 指标表示的含义是当日收盘价在 N 日内所处的相对位置。若 $C_N = H_N$,则 WMS% = 100,表明收盘价格处在最高位置;若 $C_N = L_N$,则 WMS% = 0,表明收盘价格处在最低位置;若 $C_N = L_N + (H_N - L_N)/2$,则 WMS% = 50,表明收盘价格处在中间位置(见图 10.26)。

2）WMS% 的测市法则

WMS% 的运用包括两个方面:一是 WMS% 的数值;二是 WMS% 曲线的形状。

①WMS% 的取值。WMS% 的值介于 0 ~ 100,以 50 为中轴将其分为上、下两个区域。当

WMS% 高于 80 时处于超买状态,行情即将见顶,应当考虑卖出。当 WMS% 低于 20 时处于超卖状态,行情即将见底,应当考虑买入。80 和 20 只是一个经验数字,不是绝对的,投资者可以根据各自的风险偏好选择不同的数值。

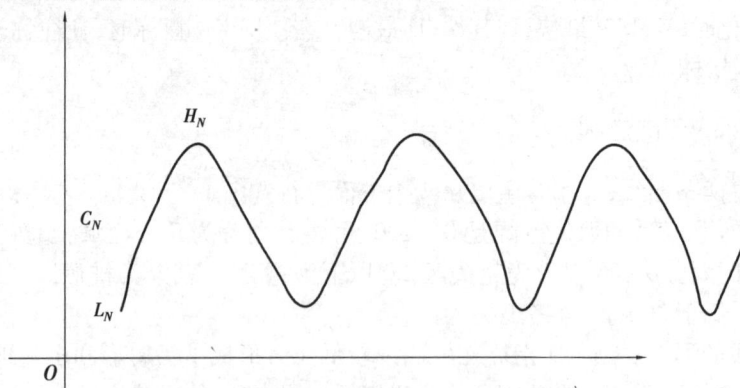

图 10.26 WMS% 的应用

②WMS% 曲线的形状。WMS% 进入高位后一般要回头,如果这时股价继续上升,这就是顶背离,是卖出的信号。WMS% 进入低位后一般要反弹,如果这时股价继续下跌,这就是底背离,是买进的信号。

10.3.6 RSI 相对强弱指标

RSI 的应用法则:

(1) 不同参数的两条 RSI 曲线的联合使用

参数小的 RSI 被称为短期 RSI,参数大的被称为长期 RSI,当短期 RSI > 长期 RSI,属多头市场;短期 RSI < 长期 RSI,属空头市场。

(2) 从 RSI 取值的大小判断行情

将 0 ~ 100 分成 4 个区域,区域的划分如表 10.1 所示。

表 10.1 RSI 的应用法则

80 ~ 100	极强	卖出
50 ~ 80	强	买入
20 ~ 50	弱	卖出
0 ~ 20	极弱	买入

(3) 从 RSI 的曲线形态上判断行情

当 RSI 在较高或较低的位置形成头肩形和多重顶底时,是采取行动的信号。

(4) 从 RSI 与价格的背离判断行情

RSI 处于高位,并形成依次下降的两个峰,与此同时,价格所对应的是一峰比一峰高的依次上升的两个峰,这就形成顶背离,这是比较强烈的卖出信号。与这种情况相反的是底背离,应该买入。

◆本章小结

基本分析的目的在于确定证券的内在价值,然后将内在价值与市场价格进行比较,若前者高于后者,说明证券价值被低估,买进,反之则卖出。技术分析着眼于对证券价格定势和影响价格的供求状况的分析。它以市场价格、交易量这些历史信息为基础,凭借图表和各种指标来解释、预测市场的未来定势。强调心理因素对证券价格定势的影响。换言之,利用技术分析作买卖决策时,也许不用花费时间、精力去作周密的宏观、行业和公司研究,甚至无须知道公司的名称,投资者只要坐在电脑前研究该公司的证券价格走势及价格所表现的各种指标和图表,就可以从中寻找买卖时机。因而有人称技术分析侧重于买卖时机的把握。目前,可以运用的技术分析理论和方法众多,本章主要介绍了技术分析的理论基础、价格趋势与确认、图形分析、技术分析指标等内容。技术分析作为一种股票投资分析工具,在应用时须注意以下问题:

1. 技术分析必须和基本面的分析结合起来使用;
2. 注意多种技术分析方法的综合研判,切忌片面地使用某一种技术分析结果;
3. 前人和别人得到的结论要通过自己实践验证后才能放心使用。

拓展阅读10.2

证券投资技术分析案例——江西铜业(600362)

江西铜业简介:

江西铜业股份有限公司(以下简称"公司")是由江西铜业集团公司(以下简称"江铜集团")与香港国际铜业(中国)投资有限公司、深圳宝恒(集团)股份有限公司、江西鑫新实业股份有限公司及湖北三鑫金铜股份有限公司共同发起设立的股份有限公司。公司于2001年12月21日发行230 000 000股人民币普通股(A股),并于2002年1月11日在上海证券交易所上市交易。A股发行以后,公司的股本总额增至人民币2 664 038 200元。根据公司2004年股东大会决议和经中国证券监督管理委员会证监国合字〔2004〕16号文核准同意,公司于2005年7月25日配售增发境外上市外资股(H股)231 000 000股,每股面值人民币1元。

1. K线分析

图10.27为江西铜业自2010年8月中旬以来的K线走势图,图中分别选取了几个特点比较明显的K线组合进行分析,如早晨十字星、倾盆大雨、射击之星和跳空高开等。

早晨十字星:通常出现在连续下挫的过程中。它由3根K线组成,第一根K线为阴线,第二根K线是十字线,第三根K线为阳线。第三根K线即阳线收盘,已深入第一根K线即阴线实体之中(见图10.27)。阳线深入阴线实体部分越多,信号就越可靠。早晨十字星的技术含义是:经过大幅回落后,做空能量已大量释放,无力再创新低,呈现底部回升态势,这是较明显的转向信号。一般见此信号,再结合其他技术指标,可考虑适量买进。图10.27中出现早晨十字星之后,股价呈缓慢上升趋势,但是由于没有量的支撑,因此当股价在9月中旬达到第一个高点时调头向下,直到9月底出现了止跌信号,随即价随量涨。从量上看,9月底时呈现出较大成交量,并且比之前的量要大很多,因此股价得到强势抬升,出现连续两天跳空高开,在短期内把该股价大幅拉升,直至10月底时达到第二个高点。

倾盆大雨,其特征是:在有了一段升幅之后,先出现一根大阳线或中阳线,接着出现了一根低开低收的大阴线或中阴线(见图10.27)。一般见此图形时,应及早平仓出局观望。这根低开低收的阴线使多方信心受到极大的打击。这种K线组合,如伴有大成交量,形势则更糟糕。尤其是

图 10.27

在上涨了很多之后看到这种图形,从规避风险的角度出发,还是多仓减磅操作为好。在这之后,如果重心仍在下移,就应该坚决出局。图 10.27 中,股价达到第二个高点时,出现了倾盆大雨的 K 线组合,随即股价开始回调,并在短期内呈现震荡整理趋势。

射击之星出现在上升趋势中,通常已有一段较大涨幅,其特点是:K 线实体很小,阴线、阳线均可。但上影线要很长(是 K 线实体两倍以上),如若有下影线,也是很短。从技术上来讲,在一轮升势后出现射击之星表示市势已经失去了上升的持久力,多方已经抵抗不住空方打击,随时可能见顶回落。因此,在市场价格大幅上扬后,见到射击之星应以空仓为宜。上图中该股价在出现射击之星后,连续大跌,回调至第一个高点的位置。

从该股整体 K 线走势上看,出现射击之星后,股价大幅回调,在图中第一个高点位置小幅震荡整理,并在 12 月份后缓慢上升。在此时段内,该股从跳空高走至最高点,后又大幅下跌,是一种合理的波动,且与成交量的波动也相互吻合。预计该股后市应为价随量稳,不会出现大幅震荡,可以适当介入。

2. 均线分析

图 10.28 分别选取了 5 日、10 日、20 日和 60 日均线作分析参考,在对该股的分析中,主要从各均线之间的交叉情况和与股价的偏离情况两方面着手。图中在点 1 处,5 日、10 日和 20 日线互相扭在一起,并且 60 日线与股价的偏离程度相对较低,可知该股在这个时段正处于整理过程中,但很快地到了点 2 时,5 日线从下分别上穿 10 日和 20 日线,10 日线也同样上穿 20 日线,彼此形成金交叉,同时,股价处在均线之上并缓慢上升,这是股价上涨的信号。在点 3 处,成交量大幅增加,股价跳空高走,使四条均线彼此偏离度较大,尤其在股价达到最高点时,60 日线大幅偏离股价,说明股价在强势拉升。但是由于均线与股价的较大偏离,也使这种上升趋势增加了回调的风险。如图中所示,当股价从高位回调至点 4 时,5 日线从上下穿 10 日和 20 日线,10 日线也下

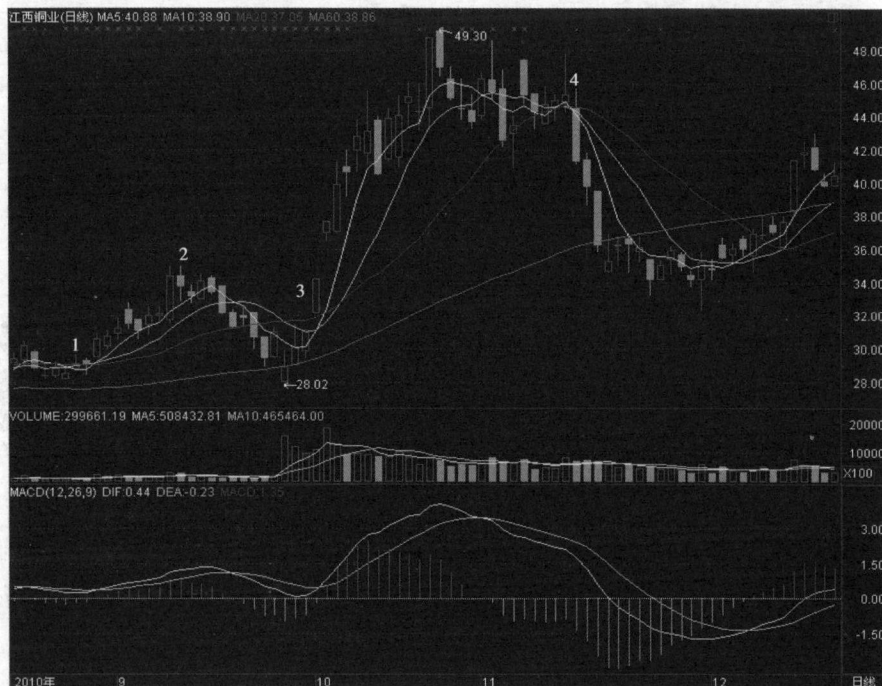

图 10.28

穿 20 日线,形成死叉,此时,股价大幅下压,回调至均线之下,这是股价下跌的信号,一般来说,见到这种较大的偏离和交叉情况,应该平仓出局。

该股在回调至已偏离 60 日线向下后,进入了一段震荡整理的过程,时至最近,与四条均线交叉向上,预计后市将缓慢拉升,可以持仓观望。

3. 轨道线分析

图 10.29 应用了切线理论中的轨道线进行分析,图中根据切线的理论画出了相应的轨道线。

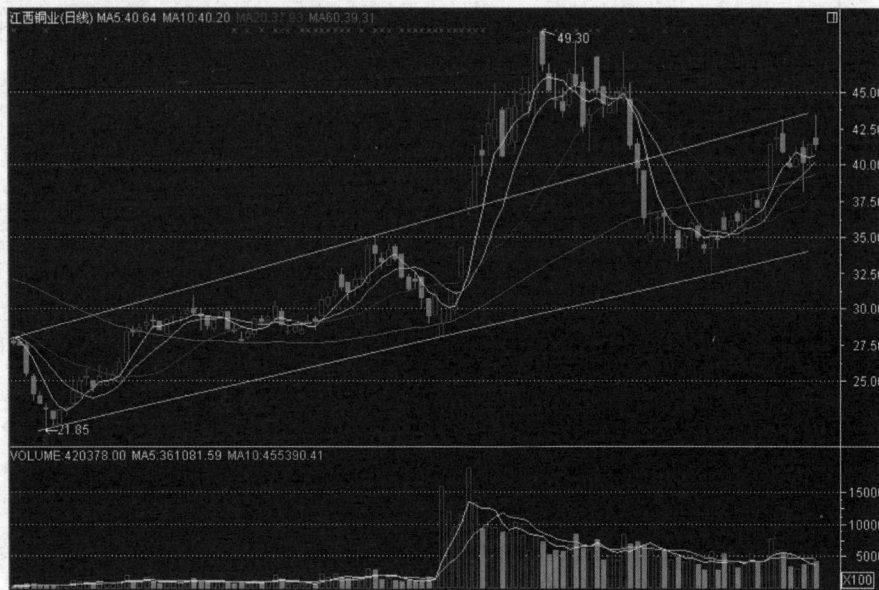

图 10.29

看图可知,这是一个上升轨道,该股在此时段内,分别出现了三次比较明显的上升波动,且在最近逐渐形成第四次上升波动。在第三次上升中,巨大的成交量使股价大幅度拉升,偏离了轨道线,但高位整理后,股价终究回调至轨道线内。这说明第三次股价拉升存在机构介入的可能,有炒作的嫌疑,没有量能支撑。特别在最近时段中,股价逐渐上升,并且在轨道线内波动整理,始终没有改变上升轨道的趋势。

综上所述,该股在上图这一时段内,上升轨道的趋势比较明显,股价始终在合理的轨道线内缓慢上升,预计该股后市仍然不改上升的趋势,可以继续持股或者看量做多。

◆综合练习与训练

一、单项选择题

1.( )是一种出现在顶部的看跌的形态。

A. 菱形   B. 旗形   C. 楔形   D. 三角形

2.( )是一种持续整理形态。

A. 菱形   B. 钻石形   C. 楔形   D. 三角形

3.( )表示的是市场处于超买或者超卖状态。

A. PSY   B. BIAS   C. RSI   D. WMS%

4.( )以一特定时期内股价的变动情况推测价格未来的变动方向,并根据股价涨跌幅度显示市场的强弱。

A. PSY   B. BIAS   C. RSI   D. WMS%

5.( )是描述股价与股价移动平均线相距的远近程度。

A. PSY   B. BIAS   C. RSI   D. WMS%

6. AR 选择的市场均衡价值(多、空双方都可以接受的暂时定位)是当日的( )。

A. 开盘价   B. 收盘价   C. 中间价   D. 最高价

7.( )是用于分析趋势的,它利用简单的加减法计算每天股票上涨家数和下降家数的累积结果,与综合指数相互对比,对大势的未来进行预测。

A. ADL   B. ADR   C. OBOS   D. WMS%

8. 关于 RSI 的描述中正确的是( )。

A. RSI 底背离,通常是该股买入信号

B. 行情震荡,当 RSI 小于 20 时,可考虑卖出

C. RSI 顶背离,表明股票虚跌现象

D. RSI 保持在 50 之下,表示行情处于弱势,是持现金信号

9.( )是由股票的上涨家数和下降家数的差额,推断股票市场多、空双方力量的对比,进而判断出股票市场的实际情况。

A. ADL   B. ADR   C. OBOS   D. RSI

10. 下列说法中哪个是正确的?( )

A. 支撑线一定比压力线所处位置高

B. 当股价在下跌,而指标在上升时是顶背离

C. MSI 是长期指标,与 MCL 互补

D. 当 ARMS 指标大于 1 时,代表大部分成交量流向上涨股

二、判断题

1. 黄金交叉是买入信号。 　　　　　　　　　　　　　　　　　　　　（　）

2. 在经济过热时,投资股票是最佳选择。 　　　　　　　　　　　　　（　）

3. 支撑线和压力线之间可以相互转化。 　　　　　　　　　　　　　　（　）

4. 对称三角形成交量上逐步放大,选择方向突破一般都会放量。 　　　（　）

5. RSI 走势顶背离,此种背离是价格虚跌的现象,通常是该股即将反转上攻的前兆。

　　　　　　　　　　　　　　　　　　　　　　　　　　　　　　　　（　）

6. 基础分析预测时间短,有利于短线投资者。 　　　　　　　　　　　（　）

7. 经济高速增长一定会伴随股市的繁荣。 　　　　　　　　　　　　　（　）

8. 技术分析的缺点在于预测时间短,对短线投资者的指导作用较弱。 　（　）

9. 下降三角形每一次起伏的幅度要比前一次大,每一次顶部的到达都高于前一次,每一次的底部基本同前一次。 　　　　　　　　　　　　　　　　　　　　　（　）

10. 心理学派认为市场对于未来股票市场信心的强弱是促成股价变动的主要因素。 （　）

三、简答题

1. 简述证券投资分析的不同方法,并作简单比较。

2. 为什么说通胀无牛市?

3. 列举 3 个常用的超买、超卖指标,并运用它们进行研判。

4. 在对股票进行技术分析时应该注意哪些问题?

5. 如何用趋势线分析股票技术走势?

◆案例分析

活用 MACD 指标,把握股票操作节奏

MACD 指标是被投资者广泛使用的技术指标,它对股票的运动形式(尤其是大的趋势)有非常好的指示作用,能够较好地帮助投资者把握股票价格的相对高点和低点。更为难得的是,通过 MACD 指标和其他指标的相结合,更会带来比较好的结果。

一、云南白药

图 10.30

从图 10.30 可以看到,云南白药在 2016 年 3 月份走出了 MACD 的背离走势,之后在背离走势之前的波峰附近反复横盘震荡了大概 3 个月。后续股价脱离了震荡区,走出了一波长达一年的上涨行情,从 62 元附近涨到了 93 元,涨幅超过了 50%。

将背离走势放大,细看一下,如图 10.31 所示。

图 10.31

在背离之前的 1 和 2 两段下跌走势中,第一段的成交量高于第二段的成交量,这说明空头力量已经基本释放完毕,背离的出现暗示市场的底部已经出现。此时,可以试探入场。

在后续的横盘震荡行情前半段,成交量始终没有有效地放大,基本上维持在点 2 的水平上,这更说明前期底部有效,并且市场在消化之前下跌中的套牢盘。观察横盘走势,可以发现,MACD 指标向下摆动的力度也越来越小,后面甚至无力进入到 0 轴以下,这更加证实了之前的判断,这时可以加强对股票走势的关注,静待行情启动时刻,加仓入场,如图 10.32 所示。

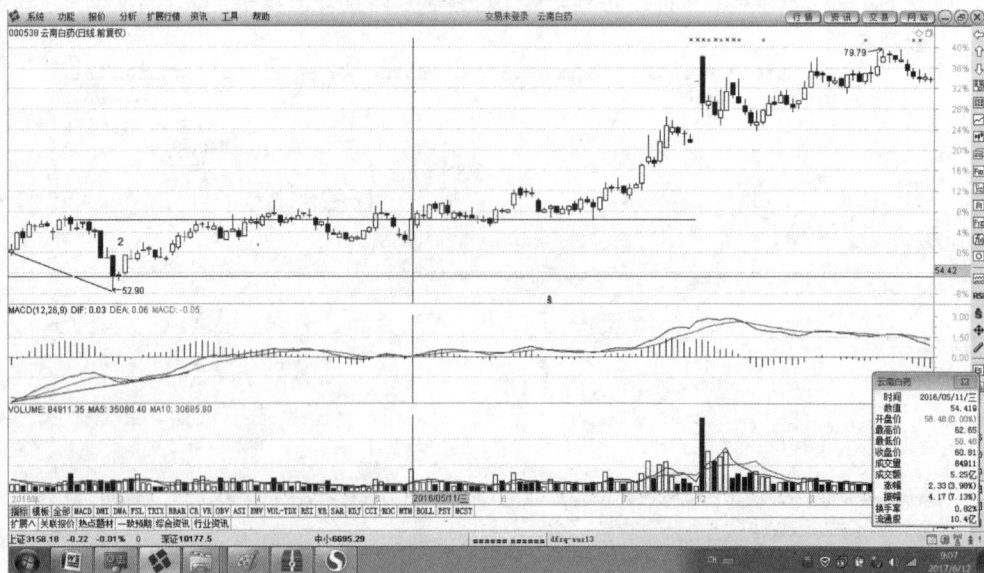

图 10.32

　　震荡行情的后半段，MACD指标给出了3和4两个在0轴附近金叉的进场机会，如图10.33所示，其中第一个进场机会3的成交量没有放大，这时对行情是否启动仍不能确定，但是后面进入上涨走势的可能性很大，为了不错过机会可以把握进场。第二个进场机会4的成交量却有效放大，因此，此时可以确定股价脱离震荡区域，进入行情启动阶段，可以大胆进场。

图10.33

　　随后，股价进入了多头行情，在2016年7月份的走势中，周MACD指标更是进入到0轴以上，根据经验，云南白药的股价MACD的目标涨幅可达50%以上，更加可以放心大胆地持股待涨，如图10.34所示。

图10.34

二、贵州茅台

贵州茅台 2016 年 7 月至 2017 年 6 月的走势如图 10.35 和图 10.36 所示。

贵州茅台经历大幅上涨之后，日 MACD 于 2016 年 9 月进入 0 轴以下区域，但是下跌过程中，成交量始终没有有效放大，说明贵州茅台的筹码没有松动的迹象。

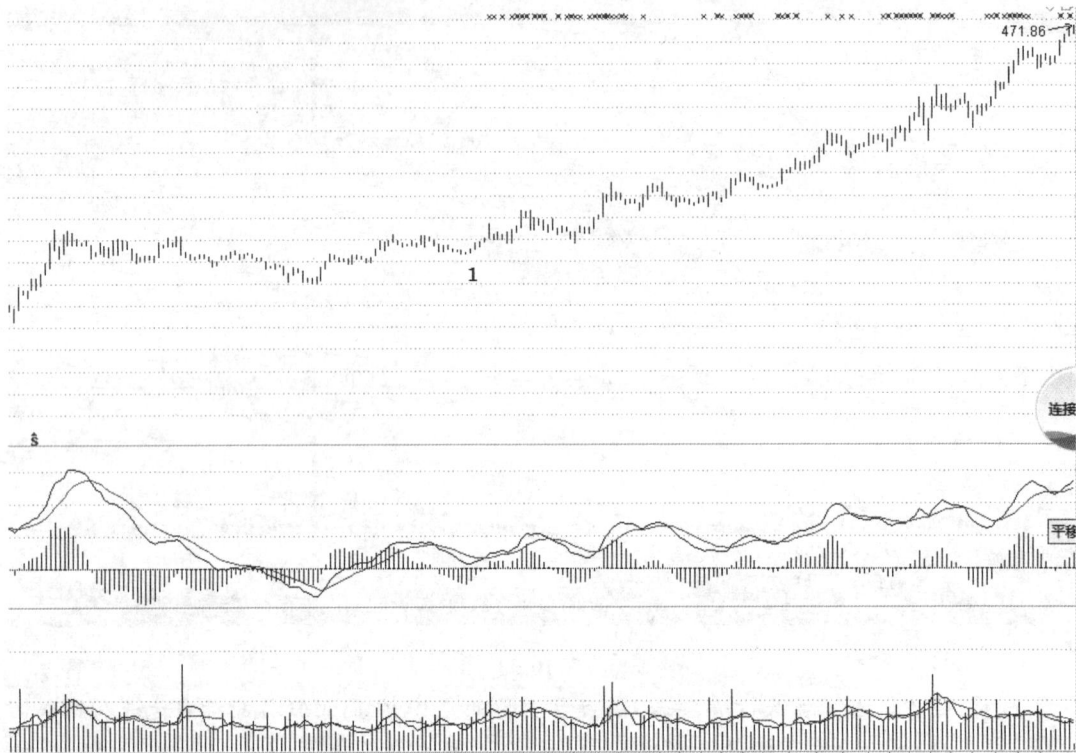

图 10.35

图 10.36

再观察贵州茅台的周线走势,周 MACD 指标始终在 0 轴以上运动,这说明贵州茅台的股价仍然处于大级别的上涨趋势中没有发生变化。

在大趋势没有变化的前提下,本着宁愿被短期套牢,也不能错过趋势的原则,在这里可以采取比较激进的操作手法。

在日线走势图中,日 MACD 指标再次回到零轴以上时,应注意观察随时准备入场。

在 1 处,MACD 指标走出 0 轴以上的第一个金叉信号,此时可以积极进场做多,后续只要日 MACD 指标不给出背离信号,可以不考虑出场。

最后,对 MACD 指标的使用总结:

第一,MACD 指标和任何技术指标一样,不能解决股票选择问题,只能解决交易时机的选择。因此,平时应加强对上市公司基本面的分析,追踪目标公司的股价走势,只有这样才能够在机会出现时把握住。

第二,MACD 指标的 0 轴有着多空分界线的指示意义,一定要给予一定的重视,同时,时刻关注大周期指标的状态,只有这样才能够从总体上把握股价当前位置。在使用时一定要贯彻局部服从整体,短期服从长期的原则。

第三,注意和成交量指标相结合。分析成交量变化后面的资金运动规律。

只有把握以上三条经验,就可以建立一个基本面、技术分析、成交量分析三维的操作体系。只要三维中有一维不支持交易,应该果断放弃,这样才能最大限度地规避市场风险,避免损失。

思考:结合材料,谈谈你对云南白药 MACD 指标运用的理解;请试着模仿该方法,对你感兴趣的某只股票进行分析。

参考文献

[1] 周正庆.证券市场导论[M].北京:中国金融出版社,2010.

[2] 中国证券业协会.证券市场基础知识[M].北京:中国金融出版社,2012.

[3] 证券从业资格考试编委会.证券投资分析[M].北京:京华出版社,2010.

[4] 中国证券业协会.证券投资分析[M].北京:中国财政经济出版社,2011.

[5] 中国证券业协会.证券投资分析[M].北京:中国金融出版社,2012.

[6] 杨兆延,刘颖.证券投资学[M].2版.北京:人民邮电出版社,2014.

[7] 陈月生.证券投资理论与实务[M].北京:教育科学出版社,2013.

[8] 刑天才,王玉霞.证券投资学[M].大连:东北财经大学出版社,2007.

[9] 曹雨,戴武堂.证券投资实务[M].成都:西南交通大学出版社,2013.

[10] 吴作斌.证券投资理论与实务[M].北京:人民邮电出版社,2011.

[11] 张先治.财务分析[M].大连:东北财经大学出版社,2012.

[12] 刘永泽.财务会计教学案例[M].大连:东北财经大学出版社,2011.

[13] 魏涛.投资与理财[M].北京:电子工业出版社,2007.

[14] 张礼卿.国际金额[M].北京:高等教育出版社,2011.

[15] 考试大证券从业资格考试 http://www.233.com/zq/.

[16] 和讯财经网 http://www.hexun.com/.

[17] 767 股票学习网 http://www.net767.com/.

[18] 道氏理论 http://baike.baidu.com/view/31654.htm.

[19] K 线学习网站 http://www.net767.com/gupiao/k/200901/11387.html.

[20] 东方财富网 http://www.eastmoney.com.